「ビジネス・ジェントルマン」の政治学

W・バジョットとヴィクトリア時代の代議政治

Walter Bagehot

遠山隆淑

風行社

「ビジネス・ジェントルマン」の政治学
――W・バジョットとヴィクトリア時代の代議政治

目次

[凡例]

本書で用いるバジョットの著作は、『バジョット著作集』（*The Collected Works of Walter Bagehot*, ed. by St John-Stevas, N., The Economist, 1965-86）―― 以下、*CW* と略記――および『経済学研究』（*Economic Studies*, ed. by Hutton, R. H., Longmans, 1880）――以下、*ES* と略記――による。註では「著作名略記、頁数、邦訳頁数」の順に記す。なお著作名略記、著作名、巻数、初出年は以下の通り。

AG; 'Average Government', *CW*, VI, 1856.
CLCR; 'The Chances for a Long Conservative Regime in England', *CW*, VII, 1878.
CSRP; 'The Character of Sir Robert Peel', *CW*, III, 1856.
DG; 'Dull Government', *CW*, VI, 1856.
DLB; 'The Death of Lord Brougham', *CW*, III, 1868.
EC; *The English Constitution*, *CW*, V, 1865-7〔小松春雄訳「イギリス憲政論」『世界の名著60　バジョット／ラスキ／マッキーヴァー』中央公論社、一九七〇年〕.
ER; 'English Republicanism', *CW*, V, 1871.
FER; 'The First Edinburgh Reviewers', *CW*, I, 1855.
HUP; 'The History of the Unreformed Parliament, and its Lessons', *CW*, VI, 1860.
IC; 'Intellectual Conservatism', *CW*, VI, 1856.
LDWC; 'Lord Derby on Working Class Conservatism', *CW*, VII, 1875.
LFC; 'Letters on French Coup d'Etat of 1851', *CW*, IV, 1852.
LL; 'The Leadership of the Liberals', *CW*, VII, 1875.
LM; 'Lord Macaulay', *CW*, I, 1859.

LP; 'Lord Palmerstone', *CW*, III, 1865.
LPB; 'Lord Palmerstone at Bradford', *CW*, III, 1864.
LS; *Lombard Street*, *CW*, IX, 1873〔宇野弘蔵訳『ロンバード街——ロンドンの金融市場』岩波文庫、一九四一年〕.
LSM; 'Lord Salisbury on Moderation', *CW*, VII, 1875.
MD; 'Mr. Disraeli', *CW*, III, 1859.
MDMH; 'Mr. Disraeli as a Member of the House of Commons', *CW*, III, 1876.
MG; 'Mr. Gladstone', *CW*, III, 1860.
MGM; 'Mr. Gladstone's Ministry', *CW*, III, 1874.
MGP; 'Mr. Gladstone and the People', *CW*, III, 1871.
MM; 'Mr. Macaulay', *CW*, I, 1856.
NM; 'The New Ministry', *CW*, VII, 1865.
NMP; 'Not a Middle Party but a Middle Government', *CW*, VII, 1874.
OGC; 'Our Governing Classes', *CW*, VI, 1856.
PAP; 'Politics as a Profession', *CW*, VI, 1865.
PAPR; 'Present Aspects of Parliamentary Reform', *CW*, VI, 1859.
Pitt; 'William Pitt', *CW*, III, 1861.
PMP; 'The Present Majority in Parliament', *CW*, VII, 1869.
PP, *Physics and Politics*, *CW*, VII, 1867-72〔大道安次郎訳『自然科学と政治学』岩崎書店、一九四八年〕.
PR; 'Parliamentary Reform', *CW*, VI, 1859.
Premiership; 'The Premiership', *CW*, VI, 1875.
R; 'David Recardo', *ES*, 1875-7?〔岸田理訳「D・リカードゥ論」『ウォルター・バジョットの研究』ミネルヴァ書房、一九七九年〕.
RRE; 'The Results of Recent Elections', *CW*, VII, 1874.
SDMB; 'The Special Danger of Men of Business as Administrators', *CW*, VI, 1871.
SGCL; 'Sir George Cornewall Lewis', *CW*, III, 1863.

SP1; 'The State of Parties', *CW*, VII, 1867.
SP2; 'The State of Parties', *CW*, VII, 1876.
SPR; 'A Simple Plan for Reform', *CW*, VI, 1864.

◉バジョットの著作中、邦訳がある場合には、筆者の知るかぎりそれを註に示した。ただし、本書におけるバジョットの邦訳は原則として拙訳による。なお引用文中における挿入については次の通り。

（　）…原著者による挿入。ただし、原語を示す場合にも、この括弧を用いている。

［　］…引用者による挿入。

◉引用文中の傍点は、原文イタリックの箇所である。

はじめに

ウォルター・バジョット（Walter Bagehot, 一八二六—七七年）が、著述活動を行ったヴィクトリア時代（一八三七—一九〇一年）のイギリスは、穀物法の廃止（一八四六年）や一〇時間労働法の制定（四七年）、オックスフォード大学法（五四年）をはじめとした様々な法の制定や改廃が次々に行われ、「改革の時代」と特徴づけられる時代である。しかしながら、そのような数多くの改革にもかかわらず、国政運営を実質的に担っていたのは、依然として貴族やジェントリたち伝統的政治支配者層であった。つまり、これまで多くの研究が明らかにしてきたように、地主階級は政治支配者層として盤石であったため、その構成が、大きく改革されることはなかったのである。(1)

しかし、いくたびにもわたる改革は、当然、政治支配者層による支配の自明性に疑問を生じさせ、また、その疑問自体が様々な改革の原因ともなった。支配の自明性に対するこうした疑問は、とりわけ、三度行われた選挙法改正（parliamentary reform: 議会改革）論争（三二年、六七年、八四年）においてクライマックスに達した。すなわち、これらの選挙法改正の是非や改正の具体的内容に関する論争の中で、数多くの論者たちによって、既存の政治支配者層の支配の正統性根拠が白日の下に晒され、精査されたのである。

このように、選挙法改正論争においては、だれがイギリスの政治支配者層であるべきか、政治的リーダーシップはどのようにあるべきか、という中心的テーマをめぐって、様々な議論が現れ対立した。一八六七年に行われることとなる選挙法改正に関する論争においては、主要な論者を挙げれば、たとえば、民主主義化は長期的に見て不可避であり、それが基本的には望ましいという見地から、階級にとらわれることなく、知的エリートによる政治的リーダーシップを構想したJ・S・ミル（一八〇六—七三年）[2]、伝統的ウィッグを自認し、あくまでも伝統的政治支配者層による政治的実権の掌握や伝統的国制の維持を支持する立場から、選挙権のあらゆる拡大に反対したJ・オースティン（一七九〇—一八五九年）[3]、さらには、独自の教養論を展開し、その教養の下に、イギリス国民の統合をめざしたM・アーノルド（一八二二—一八八八年）[4]など、枚挙に暇がない。

バジョットもまた、このような激しい論争の中、政治支配者層の人的・階級的構成を含めた政治的リーダーシップの問題に最大の関心を払っていた。バジョットは、「われらが支配階級」（一八五六年）と題する論考において、次のように主張している。[5]

自由な国（a free country）においては、一見して明らかなように、支配階級の選択ほど気をつかい、間断なく注目を要するテーマはない。[6]

このような関心から、バジョットは、選挙法改正問題を視野に数多くの論考を手がけ、自らが主筆を務めた『エコノミスト（*The Economist*）』（在任期間：一八六一—七七年）などの定期刊行物で公表した。バジョットによれば、今時の選挙法改正がめざすべき「善き統治（good government）」とは、イギリス社会において最高の政治的資質を有する人材が、庶民院議員として適切に選出される選挙制度をつくり出し、そのような人材のリーダーシップが十全に発揮される状況を整備することによって達成されるものであった。そうした考えから、バジョットは政治支配者層における人的・階級的構成の再編を訴えた。とりわけ、この選挙法改正こそが、バジョットにとって、「善き統治」を確かなものとするためのもっとも重要な機会であった。

重要なことは、このような政治支配者層再編問題の検討は、ただ単に、国政運営のトップに立つリーダーの人的あるいは階級的交代の検討にのみとどまるものではないということである。なぜなら、そうした交代の要求、あるいはそうした改革論への反対意見の根底にあるのは、政治家が依拠すべき政治手法や政治姿勢のあり方、さらには政治的資質をも含めた、政治的リーダーシップをめぐる見解の対立だったからである。さらに、ヴィクトリア時代は、選挙権の拡大が進み、政治的発言権を獲得する国民が徐々に増えていく状況にあった。こうした特殊な時代状況を考慮に入れれば、国政の方向性を左右することができる有権者層をどのような人々から構成するべきか、また、有権者層と政治的リーダーとの関係はどうあるべきかという問題にも注意を払わなければならなくなる。この意味で、選挙法改正の問題を追究することは、バジョットも含めて、思想家一人一人が持つ、あるべき政治社会の全体構想あるいは思想家の政治思想総体と密接不可分の関係を有するのである。

本書では、おもに選挙法改正論争という文脈に焦点を当て、その中でバジョットが展開した政治的リーダーシップ論を検討することによって、彼の政治思想が、「ビジネス・ジェントルマン（business-gentleman）の政治学」という内容を有する政治支配者教育論であったということを明らかにする。バジョットは、「政治」を目的合理的な組織の「経営（management）」あるいは「管理運営（administration）」という意味での「ビジネス（business）」として論じた。バジョットは、工業化や経済成長の著しい当時のイギリスにおいて、「善き統治」を行うためには、様々な事業における組織運営経験を有する事業経営者たち「ビジネス・ジェントルマン」による国政運営が必要不可欠であると主張し、加えて、そのような人々によってこそ実践可能な「ビジネスとしての政治」運営のあり方を説いたのである。

バジョットには、大衆時代の予見者として、また政治心理学の開拓者としてしばしば高い評価が与えられてきたが、意外にもバジョット研究は必ずしも多いとは言えない。従来のヴィクトリア時代政治思想研究において、これまで注目されてきた思想家は、時代順に挙げるならば、たとえばJ・ベンサム（一七四八―一八三二年）やジェイムズ・ミル（一七七三―一八三六年）とJ・S・ミル父子、T・H・グリーン（一八三六―八二年）、さらには世紀末のフェビアン協会の人々などであった。筆者の理解では、研究対象のこのような傾向には、民主主義発展史観とでも言うべきものが前提とされ、対象とする思想家を選択し解釈する姿勢が貫かれてきた。そうした研究においては、議会制民主主義が成立したとされる後世の視点から、イギリスの非合理的な伝統的地主支配体制が、ベンサムら理性主義的なラディカルに率いられた民主主義勢力による数次にわたる選挙法改正を経て崩壊し、最終的には議会制民主主義が完成に向かう（さらに二〇世紀には、福祉国家体制へと発展する）ことが自明視されてきた。このような見方に基づいて、従来の研究は、民主主義体制の実現を最重要課題に置き、その発展史に貢献する言説、別言すれば、被治者側の視点に立って政府に対する異議申し立ての言説を残した思想家や政治家に関心を向けることとなった。結果的には、そのようなタイプの研究が向けてきた関心の対象は、「自由」や「平等」であり、「民主主義」や「社会主義」である。つまり、個々の国民自らが、権力から自由な状態で人生の様々な決定を自発的に行うための条件を問い、またそのために必要な制度や国家のあり方を探究する、という方法を共有してきたのである。支配や政治的リーダーシップの問題に強い関心を寄せてきたバジョットの政治思想が、彼に対する高い評価にもかかわらず、本格的な研究対象となりにくかった理由は、一九世紀以降のイギリス政治思想に対する右のような共通理解の存在に見いだすことができる。(7)

筆者の考えでは、この民主主義発展史観は、権力からの自由や個人の自発的決定といった価値の偏重により、一九世紀イギリス政治思想に対する理解を著しく制限してしまっている。すなわち、従来の研究は、概して、政治権力に対立する存在としての人間の自由や、権力から自由になるための手段としての政治参加の側面が、それ単体としてあまりにも強調されすぎてきたのである。政治とは、「自主的に行われる指導行為」であり、国家とは、「ある一定の領域の内部で……正当な物理的暴力行使の独占を（実効的に要求する）人間共同体」だというM・ウェーバーの議論、すなわち政治が内包する治者と被治者の非対称性をわれわれが受け入れるのであれば、これまでの一九世紀イギリス政治思想研究は、自由や平等などの価値と表裏をなす「権力」や「支配」といった政治秩序形成的な側面を等閑視してきたと言わざるをえない[(8)]。このような視点をふまえ、人間は秩序なき自由を享受することが可能だというユートピア的立場をとることができないとすれば、探究されるべき自由とは、秩序と不即不離の関係にある自由や平等となる。そのため、たとえば、われわれが現実的に享受できる真の自由を見極めようとするのであれば、支配や指導といった秩序形成的営為という視点を欠いてはならない。この場合には、権力を不可欠の要素とする集団における自由という視点が必然的に要求されることとなる。

このような歴史観が一九世紀イギリス政治思想研究に与えてきた具体的な問題点は、当時の様々な政治的思考の中で重要な位置を占める政治支配者層に特有の政治的思考を見落としてきたことである。すなわち、従来の研究傾向には、政治参加の経験に乏しい中流階級や労働者階級の政治的発言権が増大するという歴史的に希有な状況の中で、商工業の未曾有の発展を実現させながら、革命のような政治的破綻を生じさせることなく政治秩序を維持してきたヴィクトリア時代の政治支配者層の貴重な政治的経験や政治運営に関する政治的思考を、適切に評価する視点が欠けている。このような状況だからこそ、また、このような政治的問題に他国に先んじて直面したからこそ、政治支配者層は、政治的リーダーシップの必要性や資質の問題を探求せざるをえなかったと筆者は考える。というのも、バジョットについて言えば、彼はそうした歴史的状況をふまえて、政治的リーダーシップの問題に意識的に取り組んでいたからである。

先行研究に目を向ければ、政治的リーダーシップ論という研究視角からのバジョット政治思想の解明という点において、克服すべき難点を共有している。バジョット政治思想に関する先行研究のほとんどにおいて、関心の対象は、概して主著『イギリス国制論（*The English Constitution*）』（一八六五―七年、以下『国制論』と略称）に向けられてきたと言ってよい。そのため、『国制論』以外のバジョットの多くの著作は、あまり言及されることはなく、言及される場合にも、『国制論』の補論という地位を与えられがちであった。しかしながら、本書の議論が明らかにするように、バジョットのその他の膨大な著作群も、彼の政治思想を理解するためには決して軽視することのできない重要な内容を数多く含んでいる。たとえば、バジョットの政治的リーダーシップ論を理解するためには、彼によるいくつもの政治家論や選挙法改正論の検討が不可欠であり、加えて、政治的リーダーの要件として彼が最重要視した「性格（character）」に焦点を当てた、彼のもう一つの政治的主著『自然科学と政治学（*Physics and Politics*）』（一八六七―七二年）にも、他の様々な著作との関係に留意しながら目を配らなければならない。本書のねらいの一つは、『国制論』以外にも、そうした数多くの論考を手がかりにしてバジョット政治思想の解明を行う点にある。

先行研究がとりわけ関心を集中させてきた『国制論』研究においては、そのほとんどのものが、バジョットが同書において、「尊厳的部分（the dignified parts）」の議論を提出することにより、大衆民主主義体制下における政治的服従の獲得および政治指導の問題に取り組んだ思想家だとする誤った想定に基づいている。たとえば、法学者A・V・ダイシー（一八三五―一九二二年）は、『国制論』を大衆民主制論の視点から解釈し、三権分立論や抑制均衡論といった伝統的な制度論的国制解釈に代えて、大衆の服従調達に目を向けて「現代史の進路を予見した」点をバジョットの理論的独創性として高く評価した[9]。また、R・H・S・クロスマンは、現代のイギリス国制から尊厳的要素が除去され、真の共和制になるとすれば、そのような「共和制は［除去される前と］同様に十全に機能するであろうか」という関心から『国制論』を検討している。クロスマンは、バジョットがこうした問題に取り組み、「大衆（masses）」の服従を獲得するための「国民的結合のシンボル（a symbol of national unity）」として君主の重要性を鮮やかに描出したと評価している[10]。さらに、岩重政敏の研究では、『国制論』には、「一九世紀から二〇世紀にいたる『名望家支配』の解体の上に、しかし資本主義発展の延長線上に、成立する『大衆デモクラシー』」における「現代的な問題性」が示唆されているとして、民主主義がはらむ問題を、『国制論』の究明を通じて探るという方法が採用されている[11]。

大衆民主主義の視点からバジョットの『国制論』を読み込むこれらの研究は、バジョットを大衆民主主義における政治的諸問題にいち早く取り組んだ「先駆者」として高く評価するという点で共通している。たとえば、エリート理論の論者であるD・イーストンは、そのような意味において、バジョットをG・モスカ（一八五八―一九四一年）やV・パレート（一八四八―一九二三年）の先駆に位置づけた。[12] また丸山真男は、『国制論』を、「大衆デモクラシー」の問題性を鋭く意識するようになった近代政治学の嚆矢であり、「制度を動かしている現実的な権力関係と大衆統合の象徴的役割という二側面から解明した不朽の労作」と位置づけている。[13]

バジョットの政治的リーダーシップ論の考察という課題に取り組む場合、大衆社会論の先駆者というバジョット理解が有する問題点は、イギリス国民をエリートと大衆とに大別して、バジョットが、『国制論』などの著作で、民主制下におけるエリートによる大衆指導の問題に専心したと想定することにある。しかしながら、すぐ後で論じるように、バジョットが直面した時代とは、そのような大衆民主主義体制の時代などではなかった。[14] 先行研究は、バジョット自身が実際に生きた時代とは異なる時代の問題に取り組んだとするアナクロニズムに陥っていると言わざるをえない。[15]

たしかに、バジョットが著述活動に取り組んだ時代は、J・ブライト（一八一一―八九年）やJ・S・ミルらラディカルが、将来の普通選挙制の実現を念頭においた選挙法改正をめざして、旧来の地主支配体制に対する強力な批判運動を展開しており、なおかつ後世から見れば、順次、選挙権が拡大されていった民主化の時代という側面を持っている。しかし、バジョットは、そうした民主主義体制の実現をまったく志向しなかった。一九世紀イギリスにおける民主化の趨勢の中で、バジョットは、むしろ、そうした民主化の流れを当然視する思想の危険性を強烈に意識して、民主主義体制をめざす運動の阻止のために尽力した。政治的リーダーシップ論の検討においてバジョット政治思想が占める独特の位置は、民主主義体制へ向かう過程で、彼が、そうした過程に対抗しながら、なおかつ名望家支配体制における政治的リーダーシップ論を非常に意識的に展開した思想家であった点にある。別言すれば、名望家支配の継続を当然の前提条件とする知的地平から同時代のイギリス政治社会を眺めた思想家であったところにバジョットのユニークさがある。本書では、バジョットの政治思想が有するこうした名望家支配志向が強調される。

バジョットのこうした政治的立場は、第一章で論じるように、彼の「自治（self-government）」観に明らかである。ヴィクトリア時代においては、イギリスが「自由な統治（free government）」であること、換言すれば、「自治」により運営されている国家であることは、イギリス人にとって自明であり、かつ自負の対象でもあったが、バジョットは、その自治が、ラディカルが主張するような民主主義体制下では実現できないという立場から、自治にこそ政治支配者層のリーダーシップが不可欠であることを唱導し続けたのである。[16]

自由な国制（a free constitution）の独自性は、社会における各部分の間で、主権的権威（the sovereign authority）が分有されるということにある。したがって、どの階級がその権威を享受すべきか、そして、どのような比率でその権威が、それらの階級に割り当てられるべきか、ということが省察に値するということは明々白々である。[17]

この議論に代表されるように、バジョットは、『エコノミスト』などで公表したイギリス政治に関連する様々な論考において、つねに「自治」が成立するための政治的リーダーシップの条件を探究し、さらにはその自治が「善き統治」となるためのリーダーシップのあり方を模索し続けた。従来、バジョット政治思想の中でもっとも高く評価されてきた『国制論』の議論、すなわち、国民から服従を獲得するためには国制における非合理的要素が不可欠であることを論じた「尊厳的部分」と「実効的部分（the efficient parts）」の議論や、さらには「信従心（deference）」、「世論（public opinion）」の議論なども、このような「自治」をめぐる難問との知的格闘の過程で形成されたものであった。つまり、これらに代表されるようなバジョット政治思想の独創性は、彼独自のリーダーシップ論や支配の論理を正当化する中で形成されたものだったのである。このような意味で、バジョットの政治思想の分析は、民主主義発展史観的な視角からではとらえることのできない名望家支配における政治支配者教育論という観点が必要不可欠である。

名望家支配の維持を望む立場にありながら、バジョットは、単に旧来型の地主支配の維持を望んだ守旧派の思想家ではなかった。バジョットのこうした思想的立場を明らかにするために、本書では、J・S・ミルら民主化への動きに肯定的なラディカルの思想潮流とバジョットの政治思想との関係について、従来とは異なる解釈を提示することに力点をおく。近年のイギリス政治思想研究においては、バジョットは、進歩と多様性との価値を最重要視する思想家の一員に位置づけられることが多い。たとえば、H・S・ジョンズは、「リベラル」を政治的リーダーシップと「世論」との関係を適切に処理することだと考えている人々と定義して、M・アーノルドからバジョット、J・S・ミル、J・モーリー（一八三八―一九二三年）、政治家では、W・E・グラッドストン（一八〇九―九八年）に至る人々をこれに含めている。ジョンズは、さらに、この「リベラル」を二分して、一方の代表者にアーノルドを、他方の代表者にバジョットを挙げ、彼らの思想を対照している。前者は、政治社会の「解体」を防ぐ「静態的かつ調和的」価値を重視する中で、有権者層のうち圧倒的な「多数者（numbers）」を構成する中流階級の政治的影響力の増大を、「低次の自我」の支配として危険視し、「教養（culture）」に支えられた知識人の「権威」の伸張によって「均衡（balance）」を保つことの必要性を論じた。他方、後者は、政治社会の「停滞」を阻止する「多種性（variation）」や「多様性（diversity）」に価値をおく「動態的な」進歩の状態を重視するため、討論や競争の役割が不可欠であることを強調した。加えて、彼らは、このような進歩をつくり出す要素として、政治参加を通じて政治的に教育された数的多数者と政治家や知識人との意見の交換に積極的な価値を見いだした。上述した人々のうち、アーノルド以外は、後者の陣営に含まれる。(18)

「多様性」や「進歩」の概念をヴィクトリア時代政治思想の中心にすえる見方に対し、筆者は異議を唱えるものではない。

しかしながら、こうした見方に沿って、バジョットを、ミルに近似の思想の持ち主として、上述した枠組みの中に強引に押し込めてしまうのは誤りである。本書で明らかにするように、バジョットは、人的あるいは思想的な多様性をそのまま放任しておけば、イギリス社会に進歩が約束されるとは考えなかった。バジョットは、進歩の継続を図るためにこそ、アーノルド的な権威による政治指導の必要性を強く訴えたのである。その意味で、バジョットは、アーノルド的な政治的思考とミル的なそれとの間にある、知的な隘路を切り拓こうと努めた思想家であった。本書では、バジョットの政治的リーダーシップ論の鍵概念をなす「性格」や「国民性（national character）」、「世論」の分析を通じて、こうした知的両面作戦を遂行した彼の政治思想の特徴を浮かび上がらせたい。[19]

このように、バジョットの「ビジネスとしての政治」論は、名望家支配の維持ならびに強化のためのみならず、同時に、進歩を重要視するヴィクトリア時代の思潮を、イギリス代議政治の成功や経済的・社会的繁栄の原動力として評価しようとするものであった。政治的リーダーシップ論は、プラトン以来、政治思想における伝統的なジャンルをなしてきたが、こうした意味で、バジョットの政治思想は、産業化による未曾有の繁栄期にありながら、同時に政治的民主化が進行するという特殊な時代に提出された政治的リーダーシップ論として、とりわけ検討に値する内容を有するものであると言える。

ここで、本書の理解のために不可欠となるヴィクトリア時代の階級観と当時の政治的支配構造について述べておきたい。当時のイギリスにおいては、社会の階級構成について考察する際、各論者の政治的立場にしたがって、様々な理解の仕方があった。重要なものとしては、国王あるいは地主貴族を頂点とする階層制（hierarchy）を支持するか否かに関する見解の相違、さらには、諸階級の境界をどこに設定するのかに関する見方の相違がある。[20] しかしながら、そうした見解の不一致はあったものの、成年男子それぞれの経済的基盤に即して、地主階級、上層中流階級、下層中流階級、上層労働者階級、下層労働者階級という階級構造をなしていたと一般的に見られていたと考えてよい。[21] 当時は、これらの諸階級のうち、地主階級が大半の庶民院議員を送り出し、国政運営を独占した政治支配者層であった。また、庶民院議員となり、国政運営を実際に担当するためには、不労所得を保証する土地財産を保有し、かつパブリック・スクールおよびオックスフォード大学あるいはケンブリッジ大学（オックスブリッジ）で古典教養を修めたジェントルマンでなければならず、地主階級こそがこの意味でのジェントルマンであるとするのがイギリス国民の通念であった。

このような状況の中で、一八三二年の選挙法改正により、バラ（borough: 都市）選挙区を中心に、中流階級全般に選挙権が与えられ、有権者層の大多数を構成する中流階級は、大きな政治的発言力を行使することが可能となった。しかしこのことは、中流階級による政治的支配権の掌握を意味しなかった。なぜなら、中流階級は総じて、自らの労働によって生計を立て、その生活実践から自律・自助の精神を有することとなった成り上がり者と認識され、ラテン語や古典の知識を身につけた有閑のジェントルマンのように尊敬を得ることができなかったからである。中流階級が庶民院議員に選出されることは依然としてまれなことであったため、この階級は国政運営の中枢には立てなかった。こうして、中流階級は、庶民院議員にはなることのできない有権者という地位にとどまることになった（本書では、選挙権を保持してはいるが、庶民院議員になることのできない諸階級のことを「選挙民」と表記する。また、政治支配者層も含め、選挙権保持者総体を意味する場合には、「有権者層」と表記する）。他方、労働者階級は、一八三二年の改正以後も、国政に対する発言権をまったくもたない非選挙民であり続けた。

このように、一八三二年の改革によって、地主階級、中流階級、労働者階級の順に、それぞれ政治支配者層、選挙民、非選挙民という枠組みが形成された。一八三〇年代後半から四〇年代におけるチャーチスト運動はそれに対する大きな抗議行動となりはしたものの、この枠組みは揺らぐことなく、地主階級と新たに有権者となった中流階級との支持を得て、約半世紀にわたり維持されることとなったのである。チャーティスト運動は、四〇年代後半からの好景気によって労働者が保守化していく中で、一八四八年の第三次請願を最後に急速に力を弱めていった。若きバジョットが、『プロスペクティブ・レビュー』誌上に「貨幣独占」と題するはじめての論文を発表したのは、このように一八三二年に決定された政治体制が安定期にさしかかった一八四八年の九月であった。

本論に先立って、本書の構成を示しておこう。本書は、すでに述べたように、選挙法改正という政治的トピックに特に着目して、バジョットの政治思想を、政治的リーダーシップ論という視点から検討する試みである。本書では、五つの章を大きく二つに分けて、バジョットの政治的リーダーシップ論を考察する。第一章から第三章までは、バジョットが、イギリスの国政運営に必要だと考えた政治的リーダーシップの資質に関する議論に特に焦点が当てられる。すなわち、国政の中枢に立つ政治家たちに不可欠の「性格」や、彼らの国政運営能力について考察される。さらに政治的支配は、支配者側の一方的な指導や命令によって成立するものではなく、被支配者側の自発的服従が不可欠であるという支配の正統性根拠の議論を加味するならば、支配という営為には、支配—被支配関係が安定的に保たれるための条件が問われなければならない。第四章から第五章では、多種多様な階級の人々を抱えるイギリスにおいて、政治支配者層が、全国民から服従を獲得するためにバジョットが提示した方法について検討される。

各章の概要は次の通りである。第一章では、イギリスで代議政治を成立させてきた原因を、政治支配者層の「性格」に見いだすバジョットの議論を検討する。バジョットは、イギリスでは、国民による「自治」が概して成功を収めてきたと評価した。未開人と同様の「衝動性」という秩序破壊傾向を人間本性に見るバジョットにとって、政治秩序を形成し、自治という困難な営みが実践されるためには、この衝動性が克服されなければならない。バジョットによれば、イギリス国民が代議政治制度を長期にわたり堅実に運営することができたのは、その制度の運用経験を経て、衝動性を克服し、他者と討論を行うことを可能にする「ウィッギズム（whiggism）」という「穏健な（moderate）」「性格」を形成してきたからであった。

第二章では、バジョットが、ヴィクトリア時代における国政運営にとりわけ必要だと考えた人材の具体像を明らかにする。当時のイギリスにおいては、地主階級こそが政治支配者層であった。なぜなら、支配者層の一員となるためには、「財産と教養」を有する「ジェントルマン」でなくてはならず、地主階級こそがジェントルマンであるという意識がイギリス国民一般の通念だったからである。バジョットは、時代に適合的な政治支配者層への再編をめざし、こうした伝統的な意識を修正しつつ、上層中流階級もまた政治支配者層に適任だとする議論を展開した。すなわち、バジョットは、「ビジネス財産」としての動産を持ち「ビジネス教養」としての企業組織運営経験を有する上層中流階級を、「ウィッギズム」を備えた「ビジネス・ジェントルマン」であると主張したのである。他方で、バジョットによれば、地主階級にも経営者に位置づけるべき人材が存在している。バジョットは、これらの議論を通じて、上層中流階級の庶民院への従来以上の参画を訴えることのみならず、より積極的に、従来は地主階級の独占的活動領域であった政治という営為を、「ビジネス教養」に基づいて行われるべきものとして読みかえることをも企図した。

第三章では、「ビジネス・ジェントルマン」によって行われるべき国家運営法の内容に焦点を合わせる。バジョットは、急激な経済発展ならびに社会構造の変化の中で、政治業務が質量ともに大きな変容を遂げていた当時の「ビジネスの時代」には、実務よりも美辞麗句に彩られた演説を賛美するような地主政治家のアマチュア的な政治手法は時代遅れだと批判した。バジョットは、このような時代に必要な「ビジネスとしての政治」とは、通行料の設定などの「細目事項（detail）」の処理を最重要視し、担当業務の細目全体に「真摯（earnest）」に取り組むことによってのみ可能な進取の「妥協（compromise）」に基づく「管理運営」だと主張した。バジョットによれば、こうした手法を基本にしながらも、安定的時代と改革の時代には、それぞれに応じて別種のリーダーシップが要請される。世論が一定の方向性を示す安定的時代には、議会内の多様な見解を調整しながら多数派を形成できる調停型の管理運営者が最適であった。他方、世論が進むべき方向を明白に指し示さない改革の時代には、自ら「真の世論」のありかを見抜きプランを練り上げた上で、有権者層全体をそのプランへ向けて嚮導する統率型の管理運営者が必要となる。バジョットは、このように、いわば政治における経営文化の創造を唱導することで、産業の大規模化や社会の急激な変化に十全に対応できなかったウィッグを政治的リーダーとして再生をさせようとした。

無知蒙昧な下層労働者階級への選挙権付与を、政治秩序の破壊行為だと危惧するバジョットにとって、目前に控えた選挙法改正は、普通選挙制導入の可能性も否定できない危険なものであった。第四章では、この危機を克服して、「ビジネス・ジェントルマン」の政治的実権の掌握を促進し維持するために、バジョットが『国制論』で提出した下層労働者階級対策法を分析した。バジョットは、イギリスにおいては、君主を中心とした「尊厳的部分」が、下層労働者階級独自の、神への忠誠心にも似た宗教的な「信従心」を喚起していると論じる。そうすることで、バジョットは、この階級を、選挙権の行使によって政治に参与するという意味での自治の領域の構成員に含めることを否定し、彼らを政治に参与させる必要性のない政治的無権利層として特徴づけた。バジョットが『国制論』を公表した主たる目的の一つは、君主などの「尊厳的部分」を積極的に活用することによって、下層労働者階級からの服従の獲得方法を「ビジネス・ジェントルマン」に伝授することにあった。

第五章では、「ビジネスとしての政治」がめざすイギリス政治の目的を、選挙民の服従の獲得方法との関連に注目しながら解明する。バジョットは、政治支配者層に対する選挙民の信従心を利用しながら、様々な見解を調整することで支配者層が形成する見解を、「真の世論」と呼び、これを国家経営が依拠すべき究極の指針だと考えた。「真の世論」は、自由・保守両党の穏健な議員たちが共有する見解であった。ただし、この見解は、両党の野合の結果生み出される政治的解決力を欠いた一時しのぎの折り合いという性質のものではない。バジョットが端的には中道左派の見解と見なす「真の世論」は、穏健な政治家たちに共有される「性格」としての「ウィッグズム」の具体的発現とでも言うべきものであった。イギリスにおいて、代議政治が成功裡に運営されてきた理由は、国家の繁栄の牽引役を務めた様々な事業の経営者「ビジネス・ジェントルマン」たちの性格であるウィッギズムを、世論という国家が進むべき方針として具体化することによって、さらにはこれを提示して選挙民の服従を獲得することによって国政運営を主導してきたことにあった。

〔註〕

（1）本書では、政治支配者層という概念を、国民一般に承認された価値に基づいて、大半の庶民院議員を送り出すことのできる人々の集団、という意味で用いる。詳しくは第二章を参照。

（2）関口正司『自由と陶冶——J・S・ミルとマス・デモクラシー』みすず書房、一九八九年、四〇五頁。

（3）J. Austin, *A Plea for the Constitution*, London, 1859. オースティンの地主支配擁護論については、*Ibid.*, pp. 11-3.

（4）M Arnold, *Culture and Anarchy and Other Writings*, ed. by S. Collini, Cambridge University Press, 1993〔多田英次訳『教養と無秩序』岩波文庫、一九四六年〕.

（5）本書で扱われるバジョットの論考では、彼は govern と rule を自覚的に使い分けていない。Cf. OGC, p. 112. 本書では、用語上の整合性を保つため、双方の訳語として基本的には「支配」を用いることとする。ただし、文意によっては「政府」や「統治」を使用することもある。特に、free government や good government の訳は、それぞれ「自由な統治」、「善き統治」と訳される場合が多いため、本書でも、これらの訳語を使用する。

（6）*Ibid.*, p. 112.

（7）J・S・ミル研究において、『自由論』に比べ『代議政治論』が軽視されてきたのも、同様の理由を挙げることができるであろう。ミル『代議政治論』の研究として、次の文献を参照。D. F. Thompson, *John Stuart Mill and Representative Government*, Princeton University Press, 1976.『代議政治論』の研究史については、*Ibid.*, Introduction. また、ミルの『代議政治論』までをも射程に収めた研究として、関口正司『自由と陶冶』第五章第二節。同書では、『代議政治論』が、「そこで取り上げられた様々な主題や提言が、何らかの形で、『代議政治論』以前に論じられていたという意味」ならびに「ミルの政治理論観とでも言うべきものが……包括的に示されている、ということ」の「二つの意味で、ミルの政治的思考の集大成」と位置づけられている。同前書、四一六頁。

（8）M・ウェーバー／脇圭平訳『職業としての政治』岩波文庫、一九八〇年〔1919〕、八—九頁。

（9）A. V. Dicey, *Law and Public Opinion in England during the Nineteenth Century*, 2nd ed., 1914, p. xxiv〔清水金二郎・菊池勇夫訳『法律と世論』法律文化社、一九七二年、八頁〕.

(10) W. Bagehot, *The English Constitution*, ed. by R. H. S. Crossman, Cornell University Press, 1963, Introduction, p. 24.

(11) 岩重政敏「国家構造における『尊厳的部分』と『実践的部分』(一)――W・バジョットの『英国国家構造論』のカテゴリー」『福島大学商学論集』第三九巻第四号、一九七一年、一一九頁。さらに、岩重は、こうした関心から、「『尊厳的部分』と『実践的部分』との『区別』における『結合』の構造を解明すること」の重要性を指摘している。岩重政敏「W・バジョットにおける『権威』の問題」『日本政治学会年報　一九七三年――危機意識と政治理論』岩波書店、一九七四年、九八頁。

(12) D. Easton, 'Walter Bagehot and Liberal Realism,' *The American Political Science Review*, Vol. XLIII, 1949.

(13) 丸山真男「政治学」『丸山真男集　第六巻』岩波書店、一九九五年［一九五六年］、一八二頁。

(14) 後世の視点からバジョットの思想を読み込むこうした方法、すなわち、われわれが直面する問題に対して、過去の思想家に解答を直接あるいは間接に求める方法では、バジョットが同時代において直面した問題には目を向けることができず、バジョットが様々な著作において読者に伝えようとした意図を正確に理解することはできない。したがって、「先駆者」という位置づけが与えられるにとどまり、バジョットが残した数多くの著作の内在的な把握にまで研究が進まないのである。これは、結局は、現代的な大衆民主主義への単線的発展の延長線上から過去に目を向けた思想史解釈の方法が、不可避的に有する欠点と言える。

(15) さらに、バジョットの独創的な思考法に注目する型の一群の研究がある。B・デクスターの論文「バジョットと彼の新鮮な目」がその典型的な例であろう。この研究では、バジョットの発想の独創性や斬新さが強調され、「この新鮮な目をつくり出しているのはなにか」という問題を設定して、彼が政治支配者層の外縁部に位置して著述活動を行っていたことにその原因を求めている。B. Dexter, 'Bagehot and the Fresh Eye,' *Foreign Affairs*, XXIV, 1945, p. 111. これと同型の議論として、G. Himmelfarb, *Victorian Minds*, Peter Smith, 1975, pp. 220-35. 添谷育志「バジョット――権威・信用・慣習」藤原保信、飯島昇藏編『西洋政治思想Ⅱ』新評論、一九九五年。これらのバジョット研究も、ヴィクトリア時代中葉という時代とは無関係に成立する、抽象的理論のテクストとして『国制論』やその他の著作を読み解くという方向性を共有している。このような意味で、これらの研究においても、バジョットの政治的意図そのものに踏み込んでいるとは言い難い。

(16) こうした観点から、バジョットの思想を検討した論文として、D. Easton, 'Walter Bagehot and Liberal Realism,' pp. 17-21. また、バジョット政治思想理解におけるリーダーシップ論の要素を鋭く指摘したものとして、辻清明「現代国家における権力と自由」『世界の名著60　バジョット／ラスキ／マッキーヴァー』中央公論社、一九七〇年。辻は、同論文において、バジョットが、マキアヴェッリと同様に「政治的支配に内在する普遍的真実への冷静な分析」を行ったと論じ、『国制論』を「一九世紀イギリスの中産階級に捧げられた第二の『君主論』である」と評している。同前書、三二頁。

(17) OGC, p. 112.

(18) H. S. Jones, *Victorian Political Thought*, Macmillan, 2000, pp. 63-73. 従来のほとんどのバジョット解釈において、彼が下層中流階級を中心とする「中流階級」全般の世論を擁護したと解釈されてきた。第三章で詳述するが、特に、バジョットの「世論」観の観点からは、他に次の文献を挙げることができる。J. Burrow, *Whigs and Liberals: Continuity and Change in English Political Thought*, Clarendon Press, 1988. 南谷和範「世論の国制――バジョット政治論再考」『政治思想研究』第五号、二〇〇五年。Cf. Himmelfarb, *Victorian Minds*, pp. 228-31. 特にリーダーシップ論については、S. Collini, P. Winch, J. Burrow, *That Noble Science of Politics*, Cambridge University Press, 1983, ch. 5. esp. pp. 178-9〔永井義雄・坂本達哉・井上義朗訳『かの高貴なる政治の科学――一九世紀知性史研究』ミネルヴァ書房、二〇〇五年、一五三―四頁〕. また、バジョットの「国民性」の議論の観点からは、R. Romani, *National Character and Public Spirit in Britain and France, 1750-1914*, Cambridge University Press, 2002, pp. 234-6; R. Colls, *Identity of England*, Oxford University Press, 2002, pp. 51-5.

(19) 近年、政治思想史におけるバジョット研究の重要性が認識されてきている。二〇〇一年に、オックスフォード大学出版会およびケンブリッジ大学出版会から、一八六七年の初版をもとにした『イギリス国制論』がそれぞれ出版された。これらの版に付された、編者による序文では、どのような歴史的コンテクストが『国制論』におけるバジョットの議論に影響を与えたのか、という問題が検討されており、この点で従来の『国制論』研究の視点から一歩踏み込んだ内容になっている。しかし、オックスフォード版の序文が考察の対象としているのはこの問題にかぎられ、逆にバジョットの思想内容自体には踏み込んでいない。W. Bagehot, *The English Constitution*, ed. by M. Taylor, Oxford University Press, 2001, Introduction. また、ケンブリッジ版の序文は、従来にはない詳細なコンテクストの検討がなされているという点で参考となる面を含んでいる。とはいえ、この版では、バジョットが論じた個々のトピック(たとえば、政党に関するバジョットの議論)への検討が加えられているのみであって、『国制論』全体を貫く彼の政治的意図を見いだそうとする視点には乏しい。W. Bagehot, *The English Constitution*, ed. by P. Smith, Cambridge University Press, 2001, Introduction.

(20) D. Cannadine, *Class in Britain*, Penguin Books, 2000 [1998], pp. 88-103〔平田雅博・吉田正広訳『イギリスの階級社会』日本経済評論社、二〇〇八年、一四〇―五八頁〕. 諸階級の境界については、イギリス社会を二階級に分ける見方では、どこに「上層」階級と「下層」階級を分ける境界があるのか、また、三階級に分ける見方では、上層階級と中流階級の境界や中流階級と労働者階級の境界はどこにあるのか、に関する議論が行われた。

(21) イギリスの社会史家H・J・パーキンは、イングランドおよびウェールズの全家族数約六一五万戸のうち、地主階級は約〇・五%、(上層)中流階級は約一・五%、下層中流階級は二三・五%、上層労働者階級は一三・八%、その他の労働者階級は六〇・七%であったとしている。H. J. Perkin, *The Origins of Modern English Society 1780-1870*, Routledge & Kegan Paul, 1969, p. 420. なお、ヴィクトリア時代の階級論については、次の文献を参照した。D. Cannadine, *Class in Britain*, ch. 3〔平田雅博・吉田正広訳『イギリスの階級社会』〕; R. McWilliam, *Popular Politics in Nineteenth-Century England*, Routledge, 1998〔松塚俊三訳『一九世紀イギリスの民衆と政治文化——ホブズボーム・トムスン・修正主義をこえて』昭和堂、二〇〇四年〕; G. Watson, *The English Ideology: Studies in the Language of Victorian Politics*, Allan Lane, 1973, ch. 10; A. Briggs, 'The Language of "Class" in Early Nineteenth-Century England', *The Collected Works of Asa Briggs*, Vol. 1, 1985〔1960〕, pp. 3-33; G. Crossick, 'The Emergence of the Lower Middle Class in Britain: a Discussion,' *The Lower Middle Class in Britain, 1870-1914*, ed. by G. Crossick, Routledge, 1977〔島浩二訳「イギリスにおける下層中産階級の登場:問題提起」G・クロシック編/島浩二代表訳『イギリス下層中産階級の社会史』法律文化社、一九九〇年〕; 村岡健次『ヴィクトリア時代の政治と社会』ミネルヴァ書房、一九九五年、新井潤美『階級にとりつかれた人々——英国ミドル・クラスの生活と意見』中公新書、二〇〇一年、中山章「トマス・ライトにおける尊敬されうる労働者」『ジェントルマン・その周辺とイギリス近代』ミネルヴァ書房、一九九五年〔一九八七年〕。

第一章　国民性と政治

本章では、代議政治の成立条件を、政治支配者層の「性格（character）」あるいは「国民性（national character）」に求めるバジョットの議論を検討する。バジョットが、政治に関する論考をはじめて世に問うたのは、彼が二五歳のときに、フランス旅行中に遭遇したルイ・ナポレオン（一八〇八—七三年）によるクーデタについて書簡形式で論じた「一八五一年のフランス・クーデタに関する書簡」（一八五二年、以下「クーデタ書簡」と略称）である。ルイ・ナポレオンのクーデタを目の当たりにしたバジョットは、一八四八年にヨーロッパ大陸を席巻した一連の革命を念頭に、次のように論じた。

この［一八四八年の］諸事件によって私は次のように述べることが可能になりました。つまり、これらすべての環境の中で、かなり影響のある政治的問題、断然、確実にもっとも重要な問題は「国民性」だということです。この年［一八四八年］には同じ経験——その擁護者は、自由主義的、立憲主義的政府の経験であるといい、その敵は無秩序と革命の経験であるというのですが——は、ヨーロッパのあらゆる国々で試みられました——しかし、なんと多様な未来であり、異なった結末になったことでしょう！　その影響からわれわれは、次のことを学びました。つまりわれわれは、スコットランド人やシチリア人、ドイツ人やフランス人、イギリス人やナポレオン主義者にとって適切かつ可能な同種の制度を想像するほどバカげたことはないということを、理屈の上で知るだけではなくて実感したのです。よく均衡のとれた国民性にとっては、自由は安定したものです（と、現在われわれは知っています）。真に実践的な国民は、私事において、考えうる規則中、もっともバカげていて、説得力に欠け、矛盾した規則の中でもうまくやれるように、政治的な仕事もうまくこなすでしょう。……「婉曲的な常識」を多分に持った人々が（環境や運はどうであれ、概して）ともかくも出世するように、正しい分別、自制、理性的かつ妥協的な習慣を自由な制度（free institutions）の運営に用いる国民は必ず成功するでしょう。その一方で、いくら素晴らしい性質をいくつも持っていても、これらの平明かつ確実、そして本質的な必要条件が備わらなければ、非常に卓越した国民性も、際限なく絶望的な破産への、単なる原因や起源となるでしょう。(1)

この議論に看取できるように、代議政治が安定的に営まれるための条件として、バジョットが「断然もっとも重要な問題」に位置づけたのが、「国民性」が代議政治の運営に対する適格性を有するか否かという問題であった。(2)

近年のイギリス政治思想史研究においては、ナショナル・イデオロギーに関する議論がさかんになされ、イギリスの「ナショナリティー」や「イギリス的なるもの（Englishness）」、「国民性」に関する研究が相次いで公表されている。(3) そうした研究の関心は、文明（civilisation）の発展段階におけるイギリス「国民」の位置づけ方に向けられている。P・マンドラーは、ヴィクトリア時代中葉においては、国民を人種論から説明するドイツ型の有機的国民観がほとんど語られなかったため、ヨーロッパ大陸諸国に比べて「国民」意識が例外的に希薄であったと結論づけている。(4) 他方、H・S・ジョンズやG・ヴァロクサキスらは、次の三つの理由から、マンドラーのイギリス例外説は誤りだと主張する。(5) すなわち、第一に、「国民」意識には、人種主義的内容は必ずしも必要ではないという理由、また、第二に、そうした意識は有機的国民観にのみ限定されないという理由、さらには、第三に、「国民」とは、人類が普遍的に向かう文明の階梯における、現状でもっとも普遍的な集団形態であるという認識は、イギリスのみならず大陸諸国にも共有されていたという理由である。ただし、こうした議論の対立があるにもかかわらず、これらの諸研究は、ヴィクトリア時代中葉の知識人たちが、イギリス国民を、文明の階梯のある段階に位置する集団という観点から認識していたという理解については共通している。

一般に、ヴィクトリア時代中葉の知識人は、イギリス国民がこうした文明の階梯の最上方に位置している理由を国民性に求めた。国民性に関する近年の研究が共通して論じているように、文明化の成功をもたらした国民性の中核的要素に、当時の知識人たちが見いだしたのが、「政治的能力あるいは適性」であった。上述したようなバジョットの国民性に関する指摘も、こうした潮流の中に位置づけられるものである。(6)

R・ロマーニは、近代英仏政治思想史における国民性概念の変遷を丹念にたどった著作の中で、国民性と政治的能力との関係をめぐる議論をもっとも明確に前面に押し出した。ロマーニによれば、「国民性」という概念は、個別の政治的文脈の中で様々な意味をなすものであったため、一義的に意味を確定することは不可能である。そうした政治的文脈として、ロマーニは、「自由な統治（free government）」あるいは「善き統治（good government）」を実現する「市民（citizen）」の「公共心（public spirit）」あるいは「シティズンシップ」に着目している。すなわち、ロマーニによれば、「国民性」概念の歴史は、「市民」の政治的資質との密接不可分の関係を保ちながら展開したのである。(7)

しかしながら、国民性と「市民」の資質を同一視するロマーニの枠組みを、バジョットにそのまま適用することには留保が必要である。ロマーニによれば、バジョットがイギリス人の国民性について論じる際に念頭に置いていた「国民」とは、「市民」としての政治的能力を持ち、有権者層の中で最大数をなしていた下層中流階級である。その当然の帰結として、バジョットが論じたイギリス人の国民性とは、この階級の「性格」だとされる。(8)しかし、第五章で詳述するように、バジョットによれば、この下層中流階級とは、有権者としての最低限の資格を有してはいるものの政治的知性に乏しい階級であった。そのため、バジョットは、この階級が、地主階級を中心とする政治支配者層に「信従（defer）」している現状を好ましい状況と考えていた。したがって、バジョットのこのような下層中流階級観から判断すれば、彼が「自由な統治」としての代議政治の究極的な担い手として下層中流階級を想定していたと解釈することには無理がある。本章で明らかにするように、バジョットが想定していた国民の「性格」とは、選挙権の単なる保持という意味におけるシティズンシップにではなく、代議政治を主導的に運営する政治支配者層に帰属する資質、すなわちリーダーシップの資質と密接不可分の関係にあったのである。

管見のかぎり、バジョット国民性概念に関する従来の解釈は、総じて十全になされたとは言えない。そうした不十分さあるいは誤解の最大の原因は、「国民の（national）」「性格（character）」という二つの単語のうち、前者すなわち「国民」的なるものの研究に比重が置かれていることに求めることができる。その結果として、一九世紀後半のベストセラー『自助論（*Self-Help: With Illustration of Character, Conduct, and Perseverance*）』（一八五九年）の最終章「性格――真のジェントルマン」において、S・スマイルズ（一八一二―一九〇四年）が、「人間のもっとも尊い所有物」であり「国家の最良の動力源である」と論じるほど、当時の思潮の中で重要な位置を占めた「性格」という概念に対して相応の注意が払われてこなかった。[9] こうして、「国民性」を対象とする一連の研究においては、「性格」という言葉に対しては、disposition や temperament と互換可能な単語として、本来の意味よりも曖昧に、多様な人々の性質を羅列的に記述するものという理解にとどまってしまっている。バジョットの国民性概念に関する従来の議論も、「性格」概念の探究不足という問題点を共有しているために、彼が、「性格」や「国民性」という言葉に、どのような意味を込めたのかという問題に明確な結論を与えることができてはいない。[10] しかし、政治的能力と国民の「性格」との緊密な関係を指摘するのであれば、その政治的能力が、思想家各人にとってなにを意味するのか、という問題を正確に把握する必要があり、当該思想家にとって「性格」という言葉それ自体が、どのような意味内容を持っていたのかという問題により注意を向けなければならない。

S・コリーニによる「性格」論は、バジョットの議論を直接扱ったものではないが、先行研究が共有する以上のような難点を克服し、バジョットの性格概念ならびに国民性概念をより正確に検討するために不可欠の論文である。コリーニによれば、「性格」という概念は、「記述的な意味」から「価値的な意味」への変容を通じて、ヴィクトリア時代政治思想において、「それ以前に経験したことがないほど」の重要な位置を占めることとなった。彼は、特にヴィクトリア時代中葉に関しては、M・アーノルドとJ・S・ミルの性格論を比較検討している。アーノルドは、スマイルズに代表される性格観、すなわち、「克己」や「正しい行為」を過度に重視する中流階級の偏狭な性格観を批判し、「教養(culture)」という解毒剤」によって、より高尚な自己のあり方へ到達する必要性を論じた。アーノルドのこのような議論は、人間精神の「完成形態」や「均衡(balance)」を特に重視したため、「探究や競争という創造的経験」を過度に軽視するものであった。他方、ミルも人間が社会的に画一化されることへの恐怖から、俗流の中流階級的理想としての自制的性格観に否定的であった。とはいえ、ミルは、アーノルドの静態的性格論にも違和感を覚えた。すなわち、ミルは、進歩を実現し維持するために、人間精神の「全方向への大胆かつ自由な発展」を重視するフンボルト的立場から、「相互の調和を保つための諸能力よりも、偉大で強力かつ多様な諸能力がより必要」だと考えたのである。(11)

本章で明らかにするように、バジョットのイギリス国民性論は、ミルとアーノルドの性格論の両要素を含むものであった。すなわち、彼は、精神の「均衡」を備えながら、なおかつイギリス政治社会を改善し発展させることができる「ウィッギズム(whiggism)」と呼ばれる動態的な「性格」論を展開した。

本章の概要を示そう。名誉革命後のイギリスでは、「自由な統治」すなわち国民による「自治(self-government)」が概して成功を収めており、その意味で「自由な統治」と「善き統治」との両立が実現されてきたとバジョットは理解した。第一節では、バジョットが提示したこの両立のための条件を明らかにする。その条件とは、様々な国家においてその国家における政治的にもっとも有能な人々が国政運営の実権を掌握することであった。

ただしバジョットは、「善き統治」が行われる前提としての自治そのものが人間には容易な営みではないと考えた。バジョットにとって、自治とは代議政治と同義であったが、代議政治の自律的運営が非常に困難なのは、人間本性には元来、秩序形成を不可能にする「衝動性」があるからであった。バジョットによれば、この「衝動性」を抑制した国民のみが、政治秩序を形成することができる。第二節では、その抑制が可能な「国民性」のうち、フランス国民型の性格に関するバジョットの議論を考察する。直面する状況に対して過敏に反応するフランス国民の性格は、即座の行動に対する自己抑止がきかない。そのため、この型の性格を有する国民は、自律的な秩序の形成・維持が困難であるから、強力な外的拘束力としての専制的な政治支配者を設けることによって、政治秩序の形成ならびに維持を実現しなければならない。

他方、バジョットによれば、自律的に政治秩序を形成し、なおかつ代議政治をも適切に運営できる国民性も存在する。その代表例が、第三節で検討するイギリス人の国民性である。バジョットは、イギリス国民が代議政治を効率的に運営することができたのは、「討論による政治」すなわち代議政治が、長期の歴史を経て形成してきた「穏健な（moderate）」性格によるものだと考えた。バジョットが「ウィッギズム」と呼ぶこの性格は、イギリスにおける代議政治運営の経験によって得られたものである。ただし、バジョットによれば、この性格の人々が存在したからこそ、名誉革命後におけ る代議政治を着実に行うことも可能であった。それゆえ、ウィッギズムという性格の持ち主にとって、国政運営のためには、イギリスの代議制が不可欠の制度であると同時に、「自由な統治」を維持するためには、性格としてのウィッギズムを有する人々が国政の実権を握らなければならなかった。ウィッギズムという性格は、このようにイギリス代議政治にとって不可欠の要素であった。バジョットは、ウィッギズムを、党派や政治的立場という意味での主義にとどまるものではなく、人間の生の態度を精神の深部において支える「性格」の視点から論じることで、イギリス代議政治におけるウィッグの政治的有効性を強く訴えた。

第一節 「自由な統治」と「善き統治」

本節では、「自由な統治(free government)」と「善き統治(good govenment)」とに関するバジョットの議論を検討することにより、この二つが両立するために不可欠であるとして彼が重視した条件を提示する。「自由な統治」を「自治(self-government)」すなわち、有権者層による国政の主体的運用ととらえたバジョットにとって、国政の運用は、イギリスのもっとも有能な人々によって担われなければ「善き統治」と呼べるものとはならなかった。このような理由から、バジョットは、なによりもまず、そうした人々に国政運営の実権が集中するための条件を重視した。

ヴィクトリア時代のイギリスにおいて、政治体制が「自由」なもの、すなわち「自由な統治」であるということは、少なくともイギリスにおける政治体制の最低限の成立条件とされることが多かった。加えて、この「自由な統治」とは、他者による支配を受けず、国民自らが国政の運営を担う代議政治であるという内容を、当然の共通了解としていた。バジョットは、『イギリス国制論』において、イギリスという国家が、「国民による国民の統治(a government of the people by the people)」としての自治によって成り立っている国家であると論じている。[12] 当時の思想界の中心人物であったJ・S・ミルの『代議政治論』(一八六一年)においても、このような「自由な統治」観は自明であった。[13] ミルは、『自由論』(一八五九年)第五章で、「自分たちの問題を自分たちで処理することに慣れた国民」こそが、「自由な国民(free people)」であり、そうした能力を有する国民は、「たしかに自由である」と論じ、「自由」であることと自治とが密接不可分の関係にあることも示している。[14] また、現実的ウィッグの立場から自由党の重要人物として財務大臣や陸軍大臣などの要職を務め、バジョットとも親交の深かったG・C・ルイス(一八〇六—六三年)も、他者からの「恣意的あるいは専制的支配」を受けないという意味で、「自由な統治」とは本質的に、国民に政治的権力が帰属する「共和国」だと定義している[15]。これらの議論から看取できるように、当時、「自由な統治」とは、公的事柄の国民による主体的運用に基づく代議政治を意味していた。

しかしながら、バジョットと一九世紀中葉においてJ・S・ミルを思想的支柱としたラディカルとの間には、そうした政治運営の主体とは誰なのかという問題をめぐって鋭い対立が存在していた。この対立は、とりわけ「自由」という言葉の理解に現れるものであった。すなわち、後に述べるバジョットの議論との関係でミルらラディカルの自由観の特徴を挙げるならば、ミルが『自由論』において強調したように、「自由」とは、他者へ危害を加えることのない領域における個々人の自由として画定される個人的自由、あるいは個人的自由領域画定の裏返しとしての、公的機関による正当な干渉領域の画定という意味合いが強く主張されるという特徴を有するものであった[16]。これと同様の見地から、ミルはまた『代議政治論』において、イギリスが、君主制的、寡頭制的な専制政治よりも繁栄している理由を、国民の利益が保護され自由な個人活動が保証されているという意味で「自由な統治」であることに求めている[17]。

このような「自由」ないし「自由な統治」観から、ラディカルは、長期にわたり個々人の自由を諸個人の選挙権保持と密接に関連づけ、制限選挙制を批判するという戦術を採りつづけていた。たとえば、R・プライス（一七二三―九一年）は、フランス革命擁護の有名な説教である『祖国愛について』（一七八九年）において、「代表制度が部分的である場合は、王国は自由を部分的にしか所有していない」ことを国制の不完全さの「もっとも重要な例」だと強く非難した[18]。これと同様の議論が、七〇年後のイギリスにおいても通用していた。マンチェスター派の一員であり地主階級の利益を守るために制定された穀物法の廃止を掲げ、「反穀物法同盟」を指導したJ・ブライトは、一八六五年の総選挙におけるバーミンガムの選挙演説で次のように普通選挙制度の実現を訴えた。

われわれは、［選挙権を制限する］防壁が引き倒され、特権と独占とが廃止される光景をまもなく目の当たりにするでありましょう。民衆に選挙権が与えられさえすれば、彼らの自由が最大限に実現されるのです。(19)

ミルもまた同様の見地から、次のように論じている。

自由の恩恵が今日まで享受されてきたかぎりでは、それは自由の特権を社会の一部分にだけ拡大することによって獲得されてきたのであり、特権が公平にすべての人々にまで拡大されるような政府は、まだまだ実現されずに将来に望まれているものであるということは、認められなければならない。……すべての人々が自由の恩恵に参与するということは、自由な統治の理念上完全な観念なのである。なんぴとであっても、このような自由の恩恵に参与することから排除されている度合に応じて、その人々の利益は、他の人々に与えられている保障を受けることなしに放置されているのである。(20)

ブライトやミルが論じたように、ラディカルの普通選挙権擁護論は、このように、外的存在としての統治機構の抑圧からすべての国民が自由になるためには、すなわち完全な「自由な統治」をうち立てるためには、成人男子全員に選挙権が与えられなければならないという強固な確信に基づいていた。

他方バジョットは、ラディカルのこのような自由観を「古い考え」だとして一蹴し、こうした自由観とは、もはや手を切らなければならないと主張する。なぜなら、バジョットによれば、「自由な国民を自認する国民が、行政府に警戒心を持つ」ということは、「定義上」矛盾しているからである。バジョットは、「自由な統治とは、すなわち自治」であって、「国民が服する政府を自発的に選出する（voluntarily choose）」代議制の統治形態だと定義した。(21) また、バジヨットは「自由」に関しても、これと同様の見地から、「国民が、すなわち、国民の中の政治的部分［有権者層］（the political part）が、行政府を使うことを意味する」と論じている。[22]「自由な統治」とは、国民の主体的運用によるものであるからこそ、執行部門である政府を国民の「外在的機関」とみなすラディカルの「自由な統治」観は誤解に基づくものとして非難されなければならなかった。

このように、バジョットは、イギリスは有権者層自らが組織し運営する代議政体の自治国家である、という「自由な統治」観を強く打ち出した。すなわち、イギリスという国家は、公的事柄の処理機関を経営するという一つの目的のために、有権者層が創出・維持する結社なのである。換言すれば、有権者層は、選挙権を行使することによって、イギリスという国家の運営責任者を庶民院に選出し、信託を受けた運営責任者は、有権者層に対し責任を負いながら、公的事柄の処理機関つまり庶民院を差配するのである。この意味で、有権者層は、国家運営プロジェクトへの自発的な参画者であり、庶民院議員たちは国家運営の専門家集団であると言える。

バジョットにとって「自治」とは右のようなものであるため、単なる放任の対象とはならなかった。バジョットが代議政治において「自治」の要素を強調した理由は、それが、なににもまして人為により成立するものであり、運営参画者の不断の努力が不可欠となるということを主張するためであったと言える。こうした認識から、バジョットは、自治が上首尾に運営され続けるためには、すなわち、自治が「善き統治」と両立するためには、クリアされなければならない厳格な条件が存在すると考える。一八五九年に公表された「議会改革論」と題する論考の中で、バジョットは、この「善き統治」の成立条件について次のように論じている。

支配者の適性――これが、支配する議会を選出するために選挙権を行使する、ということの本当の意味である――は、あらゆる個々人の絶対的属性ではない。この適性は相対的なものであり、比較的なものである。つまり、この適性は、支配される共同体に応じたものでなくてはならず、また、当該共同体を支配できるであろう人々の真価に応じたものでなくてはならない。未開の首長ならば、未開種族を支配することもできよう。つまり、彼は種族を支配する権利を持っているのである。というのも、おそらく、彼はそうすることができる唯一の人間だからである。しかし、彼にイギリスを支配する権利はない。われわれは、主権に競合してくる人々をこれと同じ見方で見なくてはならない。より優れた支配能力を持つ者を支配の座から引きずり落ろすことによって、支配権力を行使する機会を獲得する権利など誰も持ってはいない。こんなことをしてしまえば、共同体に害悪をもたらすことになる。なぜなら、そうすることによって、そうしない場合によってよりも、より善き統治（better government）を共同体から奪ってしまうことになるからである。同様に、取って代わられる支配者にも不正を加えることになる。なぜなら、彼ら元の支配者の能力の適切な行使を不可能にするからである。[23]

このように、バジョットによれば、「善き統治」とは、それぞれの国の国民の状態によって多様な形態をとるものであった。ただし、その多様性に関して、当該国においてもっとも優れた政治的能力を有する人々が国政運営を行うという外すことのできない大前提が存在するというのが、バジョットの「善き統治」論の中心的主張なのである。では、「自由な統治」が機能し「善き統治」とならねばならないという問題以前に、そもそも「自由な統治」、つまり自治が成立するための条件とはなにか。次節では、バジョットの「自由な統治」論において、自治が成立するための条件について検討する。

第二節　政治秩序と国民性

実のところバジョットは、「善き統治」実現以前に、そもそも、自治をとにかくも維持運営すること自体が、きわめて達成困難な課題であると見ていた。先述したように、バジョットにとって、自治とは代議政治を意味したが、数多くの人間が一定の政治秩序を形成し、自律的に議会を運営すること自体が、バジョットには容易ならざる営みだと映った。このような観点から、バジョットは、著述活動の初期より、代議政治の成立条件について深い関心を寄せてきた。この条件に関して、バジョットは、ルイ・ナポレオンのクーデタを目撃するという経験の中で、フランスとイギリスの政治状況の比較を通じて考察を深めた。イギリス思想史上、フランスという国やフランス国民に対する考察を通じて政治的思考を深化させてきた人物は、もちろんバジョットだけではない。たとえば、「別の場所にいるかぎりでは、私は私自身がなに者であるのかを忘れていたが、フランスでは、私は常にイギリス人（an Englishman）であった」というW・ハズリット（一七七八―一八三〇年）の言葉が端的に示しているように、[24]カトリック国であり最大の商業的・軍事的ライバルであり続けたフランスやその国民は、イギリス人が、自国民の知的・道徳的・政治的能力や政治的発展の度合いを測定する際に、比較の対象にされてきた。[25]とりわけ、伝統的なウィッグの思考においては、フランスは、「イングランドの政治的発展に対する主たる引き立て役」に位置づけられ、なかでも一八四八年の二月革命後においては、イギリスが革命を回避できたことに対する「自己満足」をイギリス人に与えることとなった。[26]このように、フランスは、ヴィクトリア時代においてもなお、当時のイギリス人が、比較という方法で自己を認識するためにもっとも注視せざるをえない国であり続けた。[27]

「クーデタ書簡」において、バジョットは、イギリスにおける一般的論調とは正反対に、ルイ・ナポレオンのクーデタを擁護した。なぜなら、バジョットによれば、ルイ・ナポレオンがクーデタを敢行しなければ、フランスには、回復不能なほどの秩序破壊がもたらされたに相違ないからであった。そのため、政治秩序を維持するためには、「われわれはすべてを犠牲にしなければならない」という立場から、バジョットは次のように主張している。

議会、自由、超一流の論説、エッセイ、雄弁――これらはすべて、すばらしいものですが、二次的なものにすぎません。あらゆる危機に際して、可能なかぎり、人類は生き延びなければならないのです。時を経るにつれて、この骨組みは脆くなってきている、ということを認めてください。文明は野営することはできません。人類の初期の強靭な筋力［の持ち主］にはわけもなく耐えることができた諸々の危険や困難や苦しみは、気品にあふれ教養のある生命体には致命的なものになっています。初期の女性は男性のように猛々しく、その代わりとして、近年の男性は女性のようになってきています。ナポレオンの侵略に対する強い不安は、バラ戦争の時よりも、イギリスにおいて、より深刻な悲劇の原因となったことでしょう[28]。

このような観点に立てば、国制やコモンローさらには商取引や宝石の類などは、政治秩序の価値に比べれば「まさにゴミ」に等しい。人類は、なによりも「あらゆる危機に際して……生き延びねばならない」のである。バジョットは、ルイ・ナポレオンのクーデタを目撃して、このように、秩序維持の根源的価値を力説した[29]。

フランスにおける政治秩序崩壊の危機は、ルイ・ナポレオンによって克服された。しかしながら、彼に対するイギリス世論一般の評価は、非常に辛辣なものであった。というのも、世論は、ルイ・ナポレオンに倫理性を要求しているからである。バジョットは、ルイ・ナポレオンに対するこのような見方に対して、ただ見ているだけにするという誓いを立てた人間は、その誓いに束縛されて、他人が溺れているのを土手でおとなしく見ていなければならないのか、という疑問を投げかける[30]。バジョットによれば、クーデタ直前には、ルイ・ナポレオンは土手に立っている人間と同じ状況にあったのである。したがって、溺死寸前のフランスにあって、そうした危機的状況の渦中にあったルイ・ナポレオンに倫理性を求めるような論調など、秩序維持の重要性をまったく理解しない誤った論調以外のなにものでもない。

バジョットによる秩序維持の重視は、彼の人間本性観と密接に関係している。すなわち、バジョットは、すべての人間に備わっている「遺伝的で性急な衝動性」という「本性」を、政治秩序の形成や維持に対する脅威として無視することができなかったのである。この点に関して、バジョットは、たとえば「クーデタ書簡」の一五年後に公表が開始された『自然科学と政治学（*Physics and Politics*）』（一八六七―七二年）において、次のように論じている。

文明時代も、野蛮時代において支配的であった人間本性を受け継いでいる。その本性は、多くの点において、文明化された環境にはまったく適していない。人類の初期における主たる根本的な卓越性は、行動への衝動（the impulse to action）である。当時の人々にとっての問題は、平明かつ単純であった。つまり、一生懸命働く人、もっとも多くの鹿を殺す人、もっとも多くの魚を捕る人――その後もこれは続き、もっとも大きな畜群を育てる人、もっとも大きな耕地を耕す人――が、成功する人であった。敵をもっとも素早く殺す国民あるいは敵のほとんどを殺す国民が、成功する国民であった。初期社会の刺激のすべては、即座の行動を促進する傾向を持っていた。(31)

人間本性に衝動性の潜在を認めるバジョットのこうした見方には、彼の姪R・バリントンが『ウォルター・バジョットの生涯』で触れているバジョットの母親の「ときおりの精神障害（insanity）」という特異な体験が影響していると考えられる。バジョットは、幼少期から、すべての人間が陥りかねないこうした衝迫的な狂乱状態に対する深い関心と恐怖感とを生涯抱き続けた。バリントンも指摘しているように、人間本性と「狂気（madness）」との関係に対するバジョットの関心は、彼の政治的思考に次に述べるような方向性を与える主要素の一つであった。

このことは、彼の生涯を痛めつける悲劇であった。「狂気」に比べれば、人生におけるどのような困難も、冗談にすぎない、と彼は言ったものである。それは、たしかに悲劇ではあった。しかし、もし彼がその痛みに苦しまなくてすんだなら、彼の本性においてもっとも賞賛すべき諸性質が、存在していたかもしれないが、少しだけにとどまったであろう。(32)

バジョットは、母の精神障害を人生における「暗黒の現実」と受け止め、さらには、自らへの遺伝的影響をもまた恐れた。(33)バジョットは、このように、人間とは無抑制的な発狂と実は隣り合わせで生きている存在だという強い確信を抱いていた。もちろん、個人差があるとはいえ、この発狂の可能性からは誰も逃れることができない。バジョットの政治思想は、人間本性にかならず潜むこのような衝動性を抱えた人間が、秩序を保ち、自治を行い、それどころが「善き統治」を実現することがなぜ可能なのかという問題を探求することにあったと言うこともできる。

本章冒頭で論じたように、このような問いに対するバジョット自身の回答を、はじめて提出した論考が、フランス滞在時に、ルイ・ナポレオンのクーデタを目の当たりする中で、「代議政治」の成立条件について考察した「クーデタ書簡」であった。バジョットが、その条件として提示したのは、代議政治の運営に適する「性格」あるいは「国民性」の存在であった。

代議政治の成立条件を「性格」あるいは「国民性」に見いだすという発想は、バジョット独自のものではない。ヨーロッパ大陸諸国を一八四八年に席巻したいくつもの革命、とりわけフランス二月革命は、イギリス人に次のような疑問を投げかけた。フランス大革命は、ブルボン王家の圧政に対する国民の当然の行動であったが、F・ギゾー（一七八七—一八七四年）のようなリベラルなジェントルマンによるイギリス的統治を暴力によって打ち倒してしまった二月革命をどのように理解すればよいのであろうか、という疑問である。この難問に対するもっとも説得的な議論が、当時においては「国民性」による説明であった。ヴァロクサキスが、フランス二月革命に対するイギリス人の典型的反応を示した人物としているW・R・グレッグ（一八〇九—八一年）は、四八年四月一日付『エコノミスト』において、「ヨーロッパの動乱」という文章を寄稿し、フランス国民の「卓越した点もあるが、嘆かわしい国民性、つまり、真の自由の基礎となる、なにが他人のものであるかという認識、他人の権利に対するはっきりした感覚が完全に欠如した国民性」を問題視し、「フランス人の不変の国民性」に対する失望感を露わにしている。さらに、T・B・マコーリー（一八〇〇—五九年）は、一八五八年に次のように論じている。「私は、フランス人に私の考えていることを言わざるをえない。……すなわち、立憲的統治を暴力的に打ち倒し、専制政治の下で静穏に暮らすような国民は、専制的に統治されなければならず、そうであるべきである、と」。アクトン卿（一八三四—一九〇二年）もまた、同年、ナポレオン三世（ルイ・ナポレオン）の専制を長年容認し続けてきたフランス人は、「そうした隷属（yoke）に適している」と述べている。[34] これらの議論には、フランス人は自由を享受することが可能な「性格」ではないという共通認識を看取できる。この後、一八五〇年代から六〇年代にかけて、イギリスでは国民性の議論が最高潮に達することとなる。[35]

バジョットが、国民の性格を把握することがもっとも肝要だと考える理由の一つに彼の次のような歴史観がある。バジョットは、後年、『自然科学と政治学』において、国民性について正面から取り上げ考察している。同書において、バジョットは、人間精神に働きかける影響力として、気候や経済的状態などの物質的環境を重視したH・T・バックル（一八二一—六二年）の法則史観を退け、歴史の展開における人間の「心的原因（moral causes）」の重要性を強調した。すなわち、バジョットによれば、「物質的な力が進歩の主たる原動力であり、心的な原因は［進歩にとって］二次的なもの」なのではなく、反対に「心的原因が、ここでは第一次的［原動力］」である。さらに、このような人間の「意志の働き（the action of the will）」が時間の経過とともに集積し、「無意識の習慣」が形成される。この「習慣」が、次には人間の意志に働きかける。このように、バジョットは、歴史とは、人間の意志とその堆積である習慣との相互作用によって進行していくものであると考える。[36] バジョットによれば、このような視点に立ってこそ、「歴史の科学［的説明］」が「可能」となる。

［歴史とは］精神（mind）によって創りだされ、肉体によって伝達される傾向性の法則（the laws of tendencies）を、［換言すれば］時代から時代へと人間の意志に働きかけ、それを傾向づける傾向性の法則を教える科学なのである。(37)

バジョットは、このような観点から、歴史を人間の心のあり方による環境への働きかけとして理解した。歴史の理解に際して「性格」に注目するアプローチも、これと同様の視点に立つものだと言える。

バジョットは、「性格」という言葉を、古代「ローマ人」の性格など文明史の展開の中で出現した一定の時代と場所に存在した（存在する）人々に特徴的な性格という意味で使用している。先に指摘したように、バジョットは、人間は本性的には衝動性を免れることはできないと考えていた。このことは、あらゆる人工物を除去した状況、別の見方をすれば、文明以前の状況における人間の状態にも当てはまる。そのため、バジョットの議論にしたがえば、未開人は性格など持ち合わせてはいないことになる。このような意味において、バジョットは、性格を、人間本性の外縁に時間の経過に伴い付着する歴史的産物として理解していたと言える。したがって、性格を有するということは、人間の衝動性を封じることにより、未開状態を脱し、散在する人々を一つの集団として結集させるための特徴的性格を持つことを表しているのである。(38)この意味で、性格とは、文明人だけにその保持を認めることのできる人間の心的なあり方なのである。(39)

バジョットは、このような見地から、人間一般における衝動性の抑制について、「マコーリー氏」（一八五六年）と題する論考で、「人間は、外的な道徳的規則に従う必然性を自覚」していることを指摘し、「性格」に関する説明を念頭におきながら、次のように論じた。

われわれは、本性上および万物の基本構造上、ある基準に順応する義務のもとにあることを感じている。さらに、われわれは、われわれに義務を課し、他者を強制しわれわれ自身を拘束する権威のない領域においても、［われわれが服する」義務をわれわれが探し求め作り出すことを感じている。この原理に感じ入った人が、これまで存在し現在も存在しているような世俗の統治機構と接触するとき、彼は、彼が欲しているものを見いだす。つまり、彼は、権威を見いだし、それに服する義務を感じる。もちろんこのことは、あらゆる人間の知性に判明かつ自覚的に起こることを意味してはいない。反対に、権威にもっとも影響されやすい知性の層は、一般的に、知性の働きや知性に影響を与えるものにもっとも自覚的ではない。実際、彼らは、自らの記憶に残っているもっとも早い段階から、法や政体の統制下のもとにあることを自覚し、その理由を知る前に習慣や慣習から、それに従うのである。……法は、彼らを一定の義務で縛り、既知の権威に服するようにする。より落ち着いた知性の持ち主は、内的良心を自らの権威と見なす。しかし、荒々しい本性（riotous natures）の持ち主の場合、その小さな声［内的良心］が、もし確固たる外的世界の乱雑な空気の中にも響かないのであれば、その声は消え去ってしまうのである。(40)

バジョットの「性格」論に関して、この議論から次のことを看取できる。すなわち、彼が、衝動性を抑制することが可能な「性格」には二つの類型が存在すると考えたということである。第一の型は、権力や制度などの外的拘束物を自らに課すことによって、衝動性を抑圧する性格である。第二の型は、自らの意志によって衝動性を克服することのできる自律的な性格である。フランス国民の性格は、これらのうちの第一の部類に属する。

バジョットによれば、一七八九年の大革命から四八年の二月革命まで、フランスが波乱に満ちた歴史を経験しなければならなかったのは、フランス人の国民性に重大な欠陥が存在していたからである。

フランス国民の国民性には、なにか隠された性質、もしくは足りない性質があるのではないか、そしてそういった性質からフランス国民は、自由な国制（これは彼らが熱狂して、愚かにも、常にはない頻度でうち立てようとしてきたものである）をとるのが不得手なのではないか、と疑わざるをえません。[41]

では、代議政治の運営に関するフランス国民の不適格性とはどのような性格であろうか。

フランス人の国民性の本質は、ある流動性、すなわち、……「現在の心象（present impression）に対する」一定の「過度な感受性」です。この感受性は、ときおり「軽率」となり――というのも、軽率は、一見、確固とした諸原理を後回しにして、一時の誘惑やその場かぎりの気まぐれ、そしてときおり「短気」を生み出すからです――そうして、この短気は既存の諸悪に関する誇張された感覚に導かれて、しばしば「興奮」へと到ります――この感情に没入してしまうと、さらにしばしば「無定見」に到ります――そうして、旧来からの慣習を現実の緊急事態のために犠牲にして、さらに別の好ましくない諸性質をもたらすこととなるのです。[42]

バジョットは、直面する状況に即座にかつ過剰に反応する激情的な性格は、人間本性に伏在する衝動性を容易に顕在化させる傾向があると考えていた。そのため、このような性格は、代議政治の成立の可能性という点のみならず、政治秩序の形成ならびに維持という点からも、非常に危険な要素をはらんでいる。バジョットによれば、フランス国民のような激昂しやすい性格は、未開人的衝動性が「先祖返り（atavism）」によって表面化したものに他ならない。

われわれは、秩序と文明とが、進歩する社会において、いかに不安定なものであるかを理解できる。われわれは、生物学者がしばしば「先祖返り」――すなわち、野蛮な祖先が持っていた不安定な本性への部分的回帰――と呼ぶものを、しばしば目の当たりにする。フランス大革命において起こったような、また、多かれ少なかれ、あらゆる大暴動において起こったような残虐性と恐怖の入り交じった光景は、人間本性の隠された側面、抑圧された側面を露呈させたと常に言われてきた。今やわれわれは、それらの光景が、固定的慣習によって長きにわたって抑制されてきた遺伝的情念の爆発であること、そうした抑制が破壊的に取り除かれるやいなや、その情念が息を吹き返すものであることを知っているのである。[43]

ルイ・ナポレオンのクーデタは、バジョットの診断によれば、フランス国民が国民的規模で衝動性を顕在化させてしまったパニックに端を発するものであった。四八年一二月に大統領に就任したルイ・ナポレオンの任期は四年で、再選禁止であったため、彼の任期は五二年五月九日に切れることになっていた。加えて、当時のフランス国会である立法国民議会における議員たちも、五二年五月に任期切れであった。したがって、「五二年五月」には政治的空白が生じ、なにかしらの政治的激変が起こるであろう、という予測はフランス国民全体の共通認識であった。

第一の型（フランス国民型）の性格に関して、代議制の成立のみならず政治秩序の形成や維持という観点から、バジョットが抱いた最大の危惧は、この性格の人々が通常持っている政治秩序への無意識的な信頼感が崩壊すること、すなわち既存の秩序は実は変更されることがありうるという認識を彼らが抱くことであった。なぜなら、そのような可変性の認識は、政治秩序に対する意識を平素は抱いていない彼らに、革命的事態の到来を予感させることとなり、彼らの間にパニックとなって爆発的に伝播することが確実だからである。そのため、バジョットによれば、第一の型の性格の人々に、政治秩序を維持させるための秘訣とは、既存の政治秩序への不信が引き起こすパニックを事前に阻止することに他ならない。[44]

ただちにクーデタへと直結した国民の精神状態を見れば、ルイ・ナポレオンは政治的に正当化されると私は理解しています。ある国がある一定期間内に起こる革命を予期することなど非常にまれなことです。実際、おそらくいかなる国においても、通常は一般庶民が革命を予期することなどまったくもってありえません。物事を深く考える人々は先の見通しを立てるかも知れませんが、大衆は、今日という日がそれほど豊かでないとしても、少なくとも明日も今日と変わらない、と常に考えています。しかし、いったん革命の期日が決められると、状況は一変するのです。予想というものをもっとも無視しそうな人々は、概して、目前に迫った事件の結果を必ず大げさに考えるものです。とにかく、五週間前［五一年一二月初、つまりクーデタ直前］のフランスでは、小売店主たちは、五二年五月のことを、まるでこの世の終わりであるかのように語っていました。［五二年五月の後も］文明と社会主義はおそらく残り続けるけれども、商取引はきっと終わってしまうだろう、といった風に。……間近に迫った政治的解体の恐怖は、どんなに些細なものであろうと、恩着せがましくその恐怖を押しつけるものである、ということは彼らには想像できないのでしょう。……そうして、取り引きが不振になるので、商売人はますます恐怖し、彼らが恐怖するのであらゆる取り引きが不可避的に悪化していったのです。[45]

このように、政治秩序のいわばスパイラル的崩壊作用を有するパニックの爆発的伝播力やその威力を強く感じ取っていたバジョットにとって、その契機となるような問題は、些細なものであっても決して放置されてはならないものであった。

ここで重要なことは、政治的知識のない民衆が、既存の政治制度の運用方法やその実績、従来の政治的慣習を無視して、秩序の変更可能性について自ら想像し判断することをバジョットが危険視したということである。なぜなら、そのような無知な民衆の無反省な政治的診断こそが、無根拠な不安を増幅しパニックをもっとも容易に惹起する要因となるからである。このような性格のために、フランス国民は、外的拘束物としてのルイ・ナポレオンの独裁を甘受しなければ秩序すら保つことができない。バジョットは、クーデタ直前の混乱の中で、秩序の維持を可能とするものは、「大胆不敵な政府のふてぶてしさ」以外にはありえなかったと分析し、軍事クーデタを断行したルイ・ナポレオンを支持した。

ふてぶてしい方法で、自らの地位に憲法上優越する議会を解散までもっていき、軍隊の力でその会合を妨害し、そうして、非常に巧みにかつ冷徹に暴動の出鼻をくじき、なにごとをも恐れることなく、独裁権力を引き受け、それを行使する一人の人間が存在するのです。彼には無視できない欠点もいくつかありますが、図太い支配者に違いないのです。おそらくもっとも良心に欠ける人物でしょうが、彼の権力に対するあらゆる挑戦にもひるむことはないのです。(46)

このように、バジョットが、ルイ・ナポレオンのクーデタに対して概して冷淡であったイギリスの知識人やメディアを批判して、ルイ・ナポレオンの行動を擁護せざるをえなかった理由は、フランス国民の性格にあった。すなわち、即座の自己判断からパニックに陥る傾向の強いフランス国民にとって、ともかくも治安維持に対する国民の安心感を醸成することが可能なのは、秩序の危機の到来が確実視される政治状況の中で、臆することなく独裁を断行できるルイ・ナポレオン以外にはありえなかったのである。このように、バジョットは、フランス人の性格に、衝動性という人間本性への容易な回帰傾向を見いだしたため、軍事力を背景にした強力な外的拘束物としての政治権力が必要であることを力説した。

第三節　代議政治と国民性——ウィッグ政治指導論

前節で論じたように、バジョットは、ルイ・ナポレオンによるクーデタを体験した時から、政治秩序や代議政治の成立条件としての「国民性」の問題に深い関心を寄せていた。バジョットが論じた「性格」の核心は、秩序破壊傾向をはらむ人間本性の衝動性を抑制し、一定の政治秩序の形成を可能とする性質であった。前節で扱ったのは、この性格のうち、外的拘束物を自ら設定することを通じて、衝動性を抑制することのできるフランス国民型の性格であった。他方、すでに論じたように、バジョットは、もう一つの型の性格の存在も指摘している。本節では、この第二の型の性格であるウィッグ型の性格を検討する。

フランス二月革命は、パリに始まりフランス全土を巻き込んだだけではなく、後年、四八年革命と呼ばれるように、ドイツ三月革命やオーストリア帝国内におけるハンガリー独立運動、イタリア統一運動など、大陸諸国に爆発的に波及することとなった。「クーデタ書簡」において、バジョットは、フランス国内における二月革命の爆発的伝播力を「『北部鉄道』を流れる電信の大洪水」にたとえた。この「大洪水」は、しかしながら、フランスの北方では、ベルギーとの国境でぴたりとせき止められることとなる。バジョットは、その理由を、次のようにベルギー人の国民性に見いだしている。

一八四八年の暴動にはフランスの全県が反応しました。パリの愚民（Parisian mob）の命令は、多くの都市のあらゆる当局に受諾され施行されました。革命は「北部鉄道」を流れる電信の大洪水のようでした。つまり、革命はベルギー国境で止まったのです。遅鈍な（stupid）フランダース人の無気力に一度接触すると、毒は無力化します。……「勇敢なベルギー人」（私はそうであるのを疑いません）は、非常に賢しいフランス人によって展開されていた愚行を観察して、大いに喜びました。(47)

バジョットは、このように革命の伝播を防いだのは、ベルギー人の「遅鈍」な国民性であると揶揄を込めて説明した。とはいえ、バジョットのこのような揶揄は、ベルギー人を貶めるためのものではなかった。なぜなら、バジョットは、この「遅鈍さ」こそが、フランスとは対照的に、代議政治を適切に機能させてきたイギリス人の国民性と共通のものに他ならないと考えたからである。この遅鈍さは、バジョットによれば、イギリス国民に安定的な秩序の形成維持を可能にする。

私が、適正な遅鈍さ（a proper stupidity）と呼ぶものは、この［フランス国民の］流動的性格のすべての欠点から人を守ります。つまり、遅鈍さは、才能ある人士を、彼の旧来の考え方に主として縛りつけ、新しい考えの中核を理解するのに七週間を要させ、新しい理論に盲従することから彼を守るのです。なぜなら、これほどにも彼を飽き飽きさせるものは他にないからです。さらに遅鈍さは、昔からの仕事や慣れ親しんだ習慣、試したことのあるやり方や立証済みの結論で彼を縛ります。彼は、軽率さや短気に誘惑されることはありません。というのも、彼にはしゃれが分からないし、現今の諸悪に対して無神経だからです。彼は、無定見［な人物］に悩みます。……彼は「興奮」するのに実に時間がかかります。彼の熱情、感情、愛情は愚鈍で緩慢なものであって、なにかしら既知の方向へと進み、既知の対象に固定され、穏やかな程度で、ノロノロとしたペースでいつも働くのです[48]。

このように、バジョットは、イギリスの代議政治が機能してきた理由を、「遅鈍性」という国民の性格から説明したのである。

もっともすでに述べたように、やはりイギリス人もまた、人間であるかぎり本性に潜む「遺伝的で性急な衝動」を免れることはできない。加えて、バジョットは、性格を歴史的に形成されるものと考えている。では、このようなイギリス国民の性格は、どのような過程を経て形成されたのであろうか。この問題について、バジョットは、後年、『自然科学と政治学』において検討している。『自然科学と政治学』とは、こうした点から見れば、当時「比較研究法（the comparative method）」と呼ばれた社会進化論を援用しながら、代議政治に適した国民性形成の原因を探究するという「クーデタ書簡」の主要テーマに関する考察を深化・発展させた著作として位置づけることができる。[49] 同書において、バジョットは、「討論による政治（government by discussion）」、すなわち代議政治が、イギリス国民における衝動性の顕在化を封じ込める役割を果たしてきたと論じている。

討論による政治の場合には、こうした事柄［性急な行動への衝動］に対してどうなのであろうかと言われるだろう。果たして防止するであろうか、さらに進んで緩和するであろうか。それは明らかにその二つのどちらをもなしうるし、また実際になしてもいる。性急な直接行動をとどめようと思う場合には、多くの人々がそれについて相談し、同意を得るまでは、その行動を始めてはならないという条件を作る必要がある。その際、もしこれらの人々が、それぞれ異なった気性や思想、教養を持った人々であるときには、なにごとも過度な性急さでなされないということは当然であろう。ところで、それぞれに異なった人々は、その異なり方に応じて代弁者を持つものである。各代弁者は、その性質に応じて異論を持ち、反対の主張を持っている。だから、こうした異論が開陳される結果、最終的にはおそらくなにごともなされないだろう。あるいは少なくとも、非常に危急を要することのみが、最小限度に行われるだけであろう。……現在当面している目的に関しては――性急な行動を防止し、慎重な考慮を確保するという目的に対しては――討論の政体に勝るものはない。[50]

この引用箇所からのみ判断するならば、イギリス人が代議政治を運営することができる性格をそもそもどのように身につけたのか、という疑問が当然浮上するが、性格と外部環境との関係の問題については、本節の後段で検討を加えることとする。

他方、フランス国民の移り気な性格が、討論に際して、他者の意見を落ち着いて冷静に聞くことができないものであることは言うまでもないであろう。このような国民性の歴史的結果が、「一七九一年憲法の失敗であったり、革命暦三年憲法の失敗であったり、革命暦五年の失敗であったり、憲章の失敗であったり、一八三〇年体制の失敗であったり、今になってやっと言えることだが、第二共和制の失敗であったり、デュパン氏の注釈付き憲法の失敗であったりする」ような、フランスに降りかかった「数多くの災難」であった。バジョットは、フランス議会を「議員全員がディズレイリであるような庶民院」だと論じ、またP・J・プルードン（一八〇九―六五年）のフランス議会評を借用して、フランス議会を議員の興奮からいつでも火の手が上がりかねない「マッチ箱」だと揶揄している[51]。

イギリス人は、このように討論を堅実に積み重ねることによって、人間本来の衝動性を克服し、イギリスの議会政治を運営主導することができた。「精神」とその時間的堆積である「傾向性」あるいは「習慣」との相互作用が歴史の流れを形作っていくというバジョットの歴史観を加味すれば、討論による政治に基づく諸個人の自己抑制の態度が長期間にわたって堆積し、慎重な考慮や行動を自らの行動の習慣にする「穏健な」性格を身につけさせてきたと解釈できる。バジョットは、衝動性が克服されたこのような状態を、「精神の均衡（balance of mind）」がとれた状態として、討論へのもっとも重要な参加資格に位置づけた[52]。

しかしながら、「討論の政体」によって創出されるのは、そのような「精神の均衡」状態だけにとどまらない。均衡は、政治秩序の安定のためには欠くことができないものであるとはいえ、それのみでは政治制度が改善される余地はない。政治社会における進歩の条件の模索という一九世紀イギリス政治思想の基調に、バジョットも歩みを同じくする[53]。すなわち、バジョットが討論を重視する理由の一端も、秩序の成立による停滞状況の出現と、そこからの突破、すなわち進歩の必要性という点にある。このような意味における討論の効果に関するバジョットの認識は、明快かつ楽観的である。バジョットによれば、およそ討論を行えるような人物であるならば——その条件こそが非常に厳格なものではあるのだが——だれでも、劣悪な慣習や観念によって討論が進められていくような有様には耐えることができない。そのため、討論の慣習が成立しているところでは、進歩は必然的な結果となるのである。(54)

はじめに提出されうる議題、あるいは文明が非常に進んだ後になって討論の俎上に乗せられる議題の唯一のものは、当該共同体において明白で切迫した利害を含んだ問題である。つまり、そのような問題は、高度でありただちに論じられるべき問題なのである。国民が、かなりの程度、これらの問題を自由に討論し、思慮分別をもって決定し多くの政治的問題を議論し、破滅的な議論をしない習慣を獲得し、その能力を示すならば、その他の種類の文明の多大なる進歩が達成されると予測して間違いない。その理由は、われわれが初期の文明の創出に見いだした諸原理から簡単に導き出せる。初期の先史人は、秩序を形成し一つの国家にまとまるには多大な困難を要する激情的な野蛮人（passionate saveges）であった。はじめに、秩序と国家形成のために多くの時間が費やされた。それを可能にするのに効果的であり十分な要因となるのは、神聖化された慣習である。しかし、その慣習は、ありとあらゆるものをとらえ、すべての進歩を阻んでしまい、人類を原初状態にとどめてしまう。それゆえ、もし国民が害悪なしに慣習の利点を得ることができるとすれば、——すなわち、もし国民が長い時間経過の後、秩序と自由選択とを併せ持つならば、ただちに、致命的な障碍が除去され、われわれが近代社会に認めているような進歩の跳躍が、柔軟に活動を始めるであろう。(55)

討論が進歩を自ずから導くというバジョットのいわば討論信仰の特徴は、たとえばミルの天才論と比較してみれば、より明確になる。ミルは『自由論』第三章において、「いまあるよいものはすべて過去の独創性の成果である」ことを理由に、「天才（genius）」を育む環境整備の必要性を訴えている。[56] 他方、バジョットは、多くの論考で、討論の場における天才不要論を展開した。この点に関しては、第三章で詳述するが、さしあたりここで指摘しておきたいのは、バジョットは、「進歩」には討論の着実な実施のみが必要だと見なしていたということである。代議政治においては、「ボナパルトやアレキサンダーのような独創的な天才はいらない」と指摘しているように、バジョットにとって、独創という新奇な行為の頻発は、むしろ政治秩序の安定を脅かす危険な状態を意味していたのである。[57]

このような観点からバジョットは、討論の効果を、精神の均衡のみならず、固定的慣習を打破し現状を改善する能力を有する国民性の形成にも見た。彼は、人間の「卓越性」を示すそのような性格を、「活力ある中庸（*animated moderation*）」と呼んでいる。

> 討論の政体は、われわれの遺伝的な欠点を減少させる傾向を有するだけではなく、少なくともある場合においては、後代へ伝えることのできる卓越性を増加させる傾向を有する。……イギリス人（the English）は、他のすべての国民よりも優れてこのような性質［活力ある中庸］を持っている、少なくとも私は彼らにそうあってほしいと思っている。ある意味において、イギリスは世界における栄達を得ている。この経歴において多くの欠点があるとはいえ、依然として概してすばらしい、上首尾の経歴を持っている。その理由が、まさにこの特別な性質をそのまま持っていることにある。貿易商（merchant）を成功させるものはなにか。彼は、活力に満ちているが、やりすぎることは決してない。もし、偉大な実際的イギリス人について述べてみろと言われれば、きっと次の叙述かそれに類する叙述を行うであろう。「そうだね。彼は自分のうちに十分な前進力を持っているのだが、引き止めるべきときも知っている」と。……彼の中には、拍車とくつわの結合物、精力と中庸（energy and moderation）との結合物が存在している

ている。たぶん、彼は、なぜ彼が止まるときに止まるのか、動き続けるときに動き続けるのかほとんど説明できないであろう。しかし、一種の漠とした本能によって、以前と同じ速度で進んでいても、引き止めるべきところでしっかりと引き止めるのである[58]。

このようにして、討論による政治は、人間に本来の衝動性を克服させ、政治秩序を創出可能な存在へと変える。それのみならず、討論による政治は、固定的状態から脱出し政治秩序の改良を志向することのできる「活力ある中庸」という卓越性をも人間に与えるものである。

バジョットは、『自然科学と政治学』公表のすでに一〇年以上前に、目前の状況の利点を十全に保持しつつ、なおかつその状況を改善せずにはいられない右のような性格の持ち主を、ウィッグ支持層に見いだしていた。バジョットは、F・ジェフリー（一七七三―一八五〇年）やS・スミス（一七七一―一八四五年）ら、ウィッグ系機関誌『エジンバラ・レビュー（*Edinburgh Review*）』の創刊に携わった知識人たちについて論じた「初期エジンバラ・レビューの人々」（一八五五年、以下「エジンバラ・レビュー論」と略称）において、独自の「ウィッギズム（whiggism）」解釈を展開した。すなわち、バジョットはその論考で、ウィッギズムをウィッグの「主義（creed）」や党員であることなどとは直接は関係のないものとしてとらえた。バジョットによれば、ウィッギズムを奉じることそれ自体が「性格」に他ならない。

多くの哲学者がその党派［ウィッグ］の主義の理論的確定および説明のために尽力してきた。［その結果］さまざまな形の抽象的な教義が引きだされた。入念な文章が脇へ追いやられ、苦心して、そのまた上に入念な文章が積み重ねられてきた。あるいは、少なくとも次代または後継の探求者によって活発に疑義が唱えられた。［しかし］実際、ウィッギズムは信条などではなく、性格である。おそらく、この国に政治史なるものが存在してきたかぎり、冷静

（cool）で穏健（moderate）、かつ毅然とした（resolute）人々が常に存在してきた。彼らは高度な空想力を持たず、熱狂的な感情に傾くこともなく、大理論や思索には無頓着で、美しい懐疑主義には無関心だった。［反対に］彼らは次のステップへ向けての明確な視野とそこへと至る賢明な意図、また、知識の諸要素が真実であるとの強い確信、さらに現実世界は平穏のうちに改善されうるし、そうされるべきであるとの確固たる信念を持っていた。[59]

ウィッギズムという性格の持ち主に共通して見られるのは、「改良可能性に対する不信と万物の不確実性への確信」の結果、「現状維持（*status quo*）に堕する」ような懐疑主義に対して、嫌悪感を抱くということである。[60] 本書では、「ウィッギズム」と表記するときにはすべて、このような性格としてのウィッギズムを意味することとする。イギリスにおける代議政治の希有な成功は、このような「到達することが困難であるが持続することがさらに困難である精神の活力と精神の均衡との一定の結合（a certain combination of energy of mind and balance of mind）」を内に秘めたウィッギズムの持ち主たちによって実現されてきた。[61]

　意見の自由な表明や応酬が、代議政治に有用な「性格」を形成するというバジョットの主張は、自由や多様性の価値を重要視する一九世紀の思想的特徴——J・S・ミルが代表例とされる——をわれわれに想起させる。J・バロウやS・コリーニが論じてきたように、一八世紀イギリス、特に、ウィッグにおける政治的思考の基調をなしたのは、混合政体論に代表されるように、さまざまな「勢力（interests）」の「均衡（balance）」を最重要視する静態的秩序観であった。また、このような秩序に対する脅威とは、「腐敗」であったため、有徳な（virtuous）人間が政体の維持のために不可欠だとされた。他方、一九世紀を特徴づける思想的枠組みとは、「進歩」ならびにそうした動態的状態を保証する「多様性（diversity）」の重視であった。また、意見の多様性や人的多様性を確保するためには、ミルが「世論の専制」に対して「個性」を強調したように、「活力のある性格（an energetic character）」、「強力な性格（much character）を持つ」ことが必要とされた[62]。こうして、「進歩」の対立概念としての「停滞」を回避するために、一九世紀においては、性格の「陶冶(cultivation)」そのものに政治的関心が集まることとなる[63]。このように、「徳の言語」から「性格の言語」への移行と「均衡」から「多様性」への思想枠組みの変化は連動して進行した[64]。

しかしながら、多様性に基づく政治社会や討論と性格との関係について、バジョットとミルが抱く基本的イメージは互いに異なるものであるということが、ここでは強調されなければならない。周知のように、ミルは、制度や社会組織と国民の性格形成との関係を探究する学問「ポリティカル・エソロジー(性格形成学)」を構想した[65]。バジョット性格論との比較でミルの議論の特徴を挙げるならば、ミルの性格形成学は、教育的要素を色濃く内包していることにある。すなわち、E・ビアジーニが論じているように、ミルは、公的活動への参画の促進によって、国民個々人の「能動的市民」への育成を通じ、「熟議するデモスの常設機関」の創出をめざした[66]。こうした目的のために、熟議するデモスを構成する市民に対しては、すでに論じたように、フンボルト的理想に基づく「あらゆる方向へ」向けられた性格の発展が推奨されることとなる[67]。

他方、バジョットの性格論は、教育的要素が非常に希薄である。バジョットは、教育的営為によって、国民個々人の性格が効果的に陶冶されうるという考え方には、一貫して懐疑的であった。バジョットによれば、「あらゆる人、あらゆる国民」に認められる「性格」とは、「一旦、定まると、不変であるとは言えないにしろ、……常に多様化し変化する世界において、もっとも変わりにくいもの」である。このように、「人をある「性格の」型に決定的にはめてしまえば、どんな技術や科学であっても彼を別物に変えることはない」のであるから、たとえば、「一度、屠畜業者になってしまえば」、「パン屋」になることはほとんど不可能なのである[68]。

性格が教育などの人為的努力によっては容易に向上するものではないとすれば、「ウィッギズム」や「活力ある中庸」という性格の獲得は、誰にでも開かれたものではない。そのため、ミルのように、政治参加の促進による性格の陶冶を政治目的に掲げることは、不適切かつ不可能である。加えて、性格が「もっとも変わりにくい」ものであるならば、「ウィッギズム」という性格の獲得は、出自において、この性格を獲得可能な階級に属する人々にかなりの程度かぎられることになる。実際、バジョットは、「ウィッギズム」の性格の保持者を、きわめて限定的にとらえていた。こうした性格はイギリスの「国民性」ではあるが、次章で論じるように、すべてのイギリス国民が有する性格などではないのである。

バジョットによれば、性格としてのウィッギズムは、このように「討論による政治」の堅実な実施の過程で形成された。この意味において、バジョットは、代議制という政治制度がイギリス国民の性格を形成してきたと考える一種の環境決定論（environmentalism）の立場に立っていたと解釈することもできる。実際、地質学や人類学、生理学などの自然科学的知識の増大によって、一九世紀のイギリスでは、人間の倫理性や性格は、人間の自由意志によってではなく、「人種」によって必然的に決定されると論じた当時の解剖学者R・ノックス（一七九一—一八六二年）や、「脳神経組織」により確定されると主張した生理学的心理学者H・モーズリー（一八三五—一九一八年）のように、人種や脳神経組織から必然的に形成されると主張することも可能になっていた(69)。

しかし、一九世紀イギリスにおいては、こうした知的潮流がメインストリームの位置を占めたことは一度もなかった。すなわち、「機械の時代」に対するT・カーライル（一七九五—一八八一年）の痛烈な批判にも表れているように、人間の倫理的な主体的活動領域を縮減する「科学」偏重の知的潮流に対して、人間の自発的な意志の活動領域を尊重し確保しようとする対抗的思潮が、とりわけベンサム主義の普及後には常に現れた。より正確に言えば、「科学の最重要視」と「倫理に対する強迫的没入」という二つの思想の対立や批判の応酬は、思想家個々人間や諸思想間で行われたというよりもむしろ、J・S・ミルの「精神の危機」に象徴されるように、多くの場合、思想家個々人の内面において行われた(70)。たとえば、スマイルズは、『性格論（*Character*）』（一八七一年）において、この問題について触れ、「人間は、自然の創造主ではないのと同様、被造物ではない」と述べ、「人間は、環境の建築家」だとするG・H・ルイス（一八一七—七八年）

の議論を引用している。[71]

こうした思想潮流のなかで、未曾有の繁栄期を迎えた五〇年代から七〇年代における思想的特徴の一つは、絶頂期のウィッグ的自己満足を反映して、イギリス国民の性格を賛美することであった。当時のイギリスでは、商工業のセンターとしての不動の地位が確立される中で、文明の牽引役としての、さらには、神の計画に代わる「自然の征服者」としての自意識が急速な広まりを見せた。[72]こうして、自由を享受することができる最高の文明国民の精神的特質としての「性格」にイギリスの成功の秘訣を見出すことが、R・コブデン（一八〇四―六五年）やミル、スマイルズ、カーライルといった相異なる思想的立場の思想家たちによって支持されることとなった。すなわち、当時のほとんどの思想家たちは、『精神なき自由な制度』は、失敗に帰する運命にある」と考え、国民個々人の「内面の自由」を、自治としての代議制を支える土台として最重要視したのである。[73]このような知的関心から、当時の思潮においては、イギリス的性格の内容を説明することに力点がおかれ、その性格が、どのようにして出現したのかという問題を探究しようとする知的姿勢は希薄であった。[74]

ウィッギズムや「活力ある中庸」について論じる際のバジョットの主眼もこれと同様の点にあった。すなわち、前節で論じたバックルの環境決定論批判やフランス国民性論に表れているように、バジョットの性格論は、人間の内面とは別のところにある性格の始原を探究し発見することにではなく、代議政治運営を可能にする国民性の模索に焦点が当てられていたのである。

バジョットの考えでは、代議政体とイギリス国民との関係は、前者が後者に、代議政治に適した性格の形成という恩恵を与えるのみの一方的な関係ではまったくなかった。バジョットには、討論による政治の円滑な運営は、性格としてのウィッギズムの持ち主たちが行ってこそ可能であるという確信があったのである。バジョットによれば、性格としてのウィッギズムの持ち主たちは、長期にわたるイギリス国政運営の経験を通じて、代議政治の手法を学び、徐々に理解していった。イギリス政治史を概観した『国制論』最終章において、バジョットは、「国制史上特に重要な問題」として、歴史を通じて「イギリスの民衆の多くが、上層の教養のある部分にかぎられるが、国制に基づく統治の本質を理解するようになった」ことを指摘している。(75)

バジョットによれば、ウィッグは、こうして代議制の主体的運用の技量を修得した。政治制度の活用に関する技量の洗練は、活用者に対して、政治制度が道具として有用性であるという意識を高めるであろう。実際、ウィッグに属する政治家や思想家には、国制を政治支配に利用すべき道具としてとらえる発想がうかがえる。たとえば、マコーリーは、「政治における国制の位置は、商業における紙幣の位置と同じである。それは、非常に有益かつ便利なものである」と国制を活用することの政治的有効性を打ち明けている。(76) バジョット自身、着実な支配のためには、政治制度を有効に活用することが必要であると考え、またウィッグの政治能力をこうした視点から高く評価している。

ウィッグは、着実に固守されてきた一定の実践的な諸規則を、すなわち多年にわたる通則と着実な成功によって確認された定式を適用することに本能的（instinctive）にこだわる。政治哲学者たちによれば、こうした考えは、規則や法という体系化された法典に対する愛着が、一人の君主という人格に対する排他的東洋的愛着に取って代わった偉大な一歩なのである。この一歩はウィッグ精神にとって自然なもの、本能的なものである。(77)

この引用箇所で注目すべきは、政治的営為において政治制度を運用するという方法が、ウィッギズムの持ち主たちには「本能的」に行われるようになっているというバジョットの説明である。先に指摘したように、バジョットの理解では、性格とは、歴史的経験の中で培われてきた後天的な人間の性質であった。この理解をふまえるならば、ウィッギズムを有する人々には制度運用が本能的なものだというバジョットの議論を根拠に、彼が、ウィッギズムという「性格」が「本能」

に変化したと考えた、と解釈することはできない。この引用箇所におけるバジョットの意図は、ウィッギズムの持ち主たちの場合には、あらゆる事情において既存の政治的慣習や法を遵守した政治運営が確実に行われるということを「本能的」という表現で強調することにあったのである。そうした既存の秩序や制度が存在しない場合には、彼らのこのような政治的能力は機能不全に陥ることになるであろう。しかしながら、バジョットの判断では、そのような潜在的危険性にもかかわらず、イギリス政治で必要とされるのはウィッギズムという性格のみであって、後で論じるように、その他の性格の持ち主がイギリス政治に関与することは有害でありさえする。

さらに右の議論からは、次のようなバジョットの認識を看取できる。すなわち、制度の利用を「本能」とするようなウィッギズムは、バジョットによって人間本性に備わっているとされた、政治における衝動性を完全に克服した状態に到達していると考えることができるのである。それゆえ、ウィッギズムの持ち主たちは、どのような政治状況においても自己抑制のきかないパニック状態に陥ることは決してない。イギリスにおける代議政治の歴史が、秩序の動揺や崩壊がもたらす精神的混乱から超越した性格をすでに育て上げてしまったのである。

このような観点から、バジョットは、「制度」の重要性を強く意識していた。なぜなら「制度」は、人間の衝動性を抑制し人間の行動を安定的に方向づけることによって、個々人の行為のみならず、集団にも一定の秩序をもたらす役割を果たすからである。バジョットは、『国制論』において、政治的服従獲得の役割を果たす君主を中心とした「尊厳的部分」の存在価値を論じている。周知のように、バジョットによれば、この部分によって、政治的知性を欠いた膨大な民衆の服従が確保されている。「尊厳的部分」のこの役割は、『国制論』を扱う先行研究ならば、かならず検討対象とされてきた。しかし、「尊厳的部分」については、従来ほとんど注目されることのなかったもう一つの重要な役割が存在している。すなわち、「もっとも知的な人間」に対する「尊厳的部分」の役割である。

イギリス国制のような古い国制においては、これ［「尊厳的部分」が民衆の服従獲得のために必要であること］に勝るとも劣らない別の理由が存在している。もっとも知的な人間であっても、彼ら自身の意志によってと同程度に、彼らが慣れている環境によっても動かされる。人間の能動的な自由意志の部分は、非常に小さいので、慣習という惰性によって節約するのでなければ、人間の意志的行為も無価値なものとなる。われわれは、毎日、なすべきすべてのことを、自分自身の頭を使って行うことはできない。そうしてしまっては、われわれはなにごとも達成できない。というのも、われわれのすべての活力が、取るに足りない修正の試みのために浪費されてしまうだろうからである。……人間のほとんどの行動を導くのは、人類の鈍重な伝統的習慣であり、斬新な作風の画家たちが自らの絵画を描かなければならないのは、しっかりとした額縁の内側になのである。そして、人間本性におけるこの伝統的部分は、言葉そのものから分かるように、受け継がれたものに非常に容易に影響され、行動を規定されるのである。他の条件が変わらなければ、昨日の制度が今日のためにも最上のものなのである。[78]

このように、バジョットは、「もっとも知的な」人々をも含む人間の行動を「習慣」的、「惰性」的に秩序づける役割を担うものとして、「制度」を重視した。他方、前節で論じたように、なんらかの既存の枠組みを無視して、すべての問題に対して自ら判断してしまうような場合には、フランスのように、政治秩序が危機的な状況に陥らざるをえない。バジョットによれば、人間は、卓越した政治的知性をたとえ持っていたとしても、行動を同方向へ向かわせる既存の枠組みを尊重しなければ、「団結（massed combination）が必要な危機が到来したときにも、二人の人間ですら協力して行動する」ことすらままならないのである。[79] バジョットは、このように、制度を単に人間が秩序を形成し維持するために利用する装置というレベルでとらえるだけにとどまらなかった。すなわち、バジョットは、慣習も含めた諸制度が、いわば身体化された知性としての暗黙知の次元において果たす、人間を規定する役割を重視した。バジョットが、「性格」

という観点からウィッギズムを論じた主たる理由の一つは、このような深い心身的次元で、制度との適切な関係を保つことが可能なウィッグの強みを前面に押し出すことにあった。

こうした理由から、バジョットは、性格としてのウィッギズムの持ち主たちこそが、イギリスの政治制度を十全に活用することのできる唯一の人材の供給源だと位置づけることとなる。『自然科学と政治学』においては、バジョットのこうした認識が、次のように積極的に打ち出されている。

心身が活気に満ちながらも中庸であること（a vigorous moderateness）は、討論によって動いている政体における規範［的性格（the rule）］である。そして、これこそが、概して、現代のような世界に生きる人間の活動的生活にとってもっとも適した気性なのである。(80)

このように、バジョットは、ウィッギズムの持ち主とイギリス代議政治の諸制度との関係を、この二者でなければ完全に符合することのない割り符の一片同士にも似た関係として位置づけていた。そのため、バジョットから見れば、代議政治の十全な運営を追求するのであれば、彼ら以外にその運営を任せるということはありえない。すでに論じたように、代議政治は、政治秩序を維持することのできるウィッギズムという「国民の」「性格」をつくり出してきた。しかしながら、そのようにしてつくり出された性格を、逆に、代議政治が必要とする。このように、バジョットによれば、イギリスでは、「討論による政治」運営の経験を着実に積み重ねることによって、代議政治は、ウィッグにとって自治を円滑に運営するためにはなくてはならない舞台装置となり、ウィッグは、代議政治をもっとも適切に活用し、自治をただしく稼働させるための不可欠のアクターとなったのである。

〔註〕

（1）LFC, p. 49.

（2）「クーデタ書簡」は次のような経緯で執筆された。バジョットは大学在学時、父の勧めもあって弁護士をめざして法律の勉強をはじめたが肌に合わず、将来に強い不安を覚えた。バジョットの精神的な落ち込みは、『バジョット著作集』の編者であるスティーバスによれば、「もし彼が弁護士職に就いていたならば、ものを書く時間などなかっただろうし、この仕事に拘束されることで、命を縮めていたであろうことは疑いない」ほどでさえあった。そこでバジョットは、気分転換のためにフランスへ渡り（一八五一年八月）、ルイ・ナポレオンのクーデタ（一二月二日）に遭遇した。バジョットは、ユニテリアン系の雑誌『インクワイアラー』の編集者、L・サンフォード（一八二四―七七年）の依頼によって「一連のフランスの出来事」を書簡形式で寄稿することになった（一八五二年一―二月）。この書簡は、「カトリックを称え、ルイ・ナポレオンを擁護し、フランス国民の議会制への不適格性を主張することで、多くの読者の憤慨を招」き、ある友人は彼との絶交を宣言するほどであった。しかし、ともかくも「クーデタ書簡」の執筆は、バジョットにとって「大きな気晴らし」となっただけではなく、さらには「治療」ともなり、完全に元気を取り戻したバジョットは、同年帰国後、弁護士への道を捨てて、父が共同経営者の一人であるスタッキー銀行を手伝うことに決めた。N. St John-Stevas, *Walter Bagehot: A Study of His Life and Thought together with a Selection from His Political Writings*, Eyre & Spottiswoode, 1959, p. 8.

（3）もちろん、このテーマは、L・コリーの有名な研究に代表されるように、四つのnationという関心も含めて、帝国意識と国民のアイデンティティーとの関連を探る研究が重要な位置を占めている。L. Colley, *Britons: Forging the Nation, 1707-1837*, Yale University Press, 1992〔川北稔監訳『イギリス国民の誕生』名古屋大学出版会、二〇〇〇年〕; H. Keaney, *The British Isles: A History of Four Nations*, Cambridge University Press, 1987; K. Kumar, *The Making of English National Identity*, Cambridge University Press, 2003. 本書では、こうした問題に立ち入る準備はないが、バジョットも、『イギリス国制論』において、植民地への本国代議政体の輸出の問題について強い関心を抱いていたことを指摘しておきたい。

（4）P. Mandler, ‘‘Race’ and ‘Nation’ in Mid-Victorian Thought’, *History, Religion and Culture: British Intellectual History 1750-1950*, ed. by S. Collini, R. Whatmore and B. Young, Cambridge University Press, 2000, pp. 224-44.

（5）G. Varouxakis, ‘Introduction: Patriotism and Nationhood in 19th-Century European Political Thought’, *European Journal of Political Theory*, Vol. 5, No. 1, 2006; idem, ‘‘Patriotism’, ‘Cosmopolitanism’ and ‘Humanity’ in Victorian Political Thought’, *European Journal of Political Theory*, Vol. 5, No. 1, 2006; H. S. Jones, ‘The Idea of the National in Victorian Political Thought’, *European Journal of*

Political Theory, Vol. 5, No. 1, 2006. Cf. S. Collini, 'Presentation of *History, Religion and Culture*', *History, Religion and Culture*, Cambridge, 2000; J. Stapleton, 'Political Thought and National Identity in Britain, 1850-1950', *History, Religion and Culture*, Cambridge, 2000, pp. 245-69; H. S. Jones, *Victorian Political Thought*, Macmillan, 2000, p. 49.

（6）G. Varouxakis, *Victorian Political Thought on France and the French*, Palgrave, 2002, p. 105; R. Romani, *National Character and Public Spirit in Britain and France, 1750-1914*, Cambridge University Press, 2002, esp. Introduction; H. S. Jones, *Victorian Political Thought*, p. 46.

（7）R. Romani, *National Character and Public Spirit*, Introduction.

（8）*Ibid.*, pp. 234-6; R. Colls, *Identity of England*, Oxford University Press, 2002, pp. 51-5.

（9）S. Smiles, *Self-Help: With Illustrations of Character, Conduct, and Perseverance*, ed. by P. W. Sinnema, Oxford University Press, 2002 [1859], p. 314.

（10）P. Mandler, *The English National Character: The History of an Idea from Edmund Burke to Tony Blair*, Yale University Press, 2006, ch. 3, esp. pp. 77-81; G. Varouxakis, *Victorian Political Thought*, p. 105; R. Romani, *National Character and Public Spirit*, pp. 234-6. たとえば、ロマーニは「クーデタ書簡」と『自然科学と政治学』とにおけるバジョットのそれぞれの国民性理解を「別物（variant）」と解釈している。*Ibid.*, p 236. 他方、ヴァロクサキスの議論は、バジョットのフランス国民性観を初期から晩年まで綿密に追跡している点で参考になる。しかし、ヴァロクサキスによるバジョット国民性論も、バジョットがどのようなイギリス国民の「性格」を代議政治に不可欠のものと考えたのか、というバジョット政治思想の重要部分についてまでは論じていない。もちろん、ヴァロクサキスの関心が、ヴィクトリア時代における知識人のフランス国民観であるというテーマ上の制約があるとはいえ、フランス国民という他者の理解を通じて、イギリス国民の自己理解を浮き彫りにするという同書のねらいを考慮に入れれば、同書のバジョット国民性論は不十分の感を免れない。G. Varouxakis, *Victorian Political Thought*, chs. 3-4.

（11）S. Collini, *Public Moralists: Political Thought and Intellectual Life in Britain 1850-1930*, Oxford University Press, 1991, pp. 94, 97, 101-3.

（12）*EC*, p. 306〔一九三―四頁〕.

（13）J. S. Mill, *Considerations on Representative Government*, *Collected Works of John Stuart Mill*, Vol. XIX, ed. by J. M. Robinson, University of Toronto Press, 1977 [1861]〔山下重一訳「代議政治論」『世界の名著38　ベンサム／J・S・ミル』中央公論社、一九

六七年〕、『代議政治論』におけるミルのこのような「自由な統治」観については、関口正司『自由と陶冶――J・S・ミルとマス・デモクラシー』みすず書房、一九八九年、第五章第二節参照。

(14) J. S. Mill, *On Liberty and Other Writings*, ed. by S. Collini, Cambridge University Press, 1989 [1859], p. 112〔山岡洋一訳『自由論』光文社、二〇〇六年、二四五―六頁〕.

(15) G. C. Lewis, *Remarks on The Use and Abuse of Some Political Terms*, ed. by T. Raleigh, The Clarendon Press, 1898, pp. 163-4.

(16) J. S. Mill, *On Liberty and Other Writings*, ch. 1〔山岡洋一訳『自由論』第一章〕.

(17) J. S. Mill, *Considerations on Representative Government*, pp. 405-6〔山下重一訳「代議政治論」三九六―七頁〕. 関口正司『自由と陶冶』四二八―九頁。関口は、ミルの「自由な統治」論における「自由」について、「自他の利益に影響を与える政治的決定に対して諸個人が自らの見解を表明することによって確保される、不当な支配からの自由」であると説明している。関口正司「ミル――代議制民主主義と自由な統治」田中浩編『現代思想とはなにか――近・現代三五〇年を検証する――』竜星出版、一九九六年、一一一頁。

(18) R・プライス／永井義雄訳『祖国愛について』未來社、一九六六年〔1789〕、五三―四頁。

(19) R. B. O'brien, *John Bright: A Monograph*, Smith, Elder and Co., 1910, p. 182. Cf. G. M. Trevelyan, *The Life of John Bright*, Constable and Company Ltd., 1913, p. 83. 一八六四年六月二三日付『タイムズ』では、普通選挙権を要求する集会の様子を伝えている。E・ビールス（一八〇三―八一年）やホリーオークらが、「非有権者大衆（unfranchised masses）」を招いて行われたこの集会において、男子普通選挙を要求するブライトからの書簡が読み上げられた。『タイムズ』の記事は、この書簡の内容を詳細に報告している。*The Times*, 23 June 1864.

(20) J. S. Mill, *Considerations on Representative Government*, p. 406〔山下重一訳「代議政治論」三九六―七頁〕.

(21) *EC*, p. 306〔一九三―四頁〕.

(22) *Ibid.*, p. 393〔二九六頁〕.

(23) PR, p. 203.

(24) W. Hazlitt, 'Travelling Abroad', *The Complete Works of William Hazlitt*, Vol. 17, ed. by P. P. Howe, Ams Press, 1967 [1828], p. 344.

(25) L. Colley, *Britons*, ch. 1〔川北監訳『イギリス国民の誕生』〕. たとえば、一八世紀においては、ジョージ三世の王室付き牧師などを務めたR・ハードは、『外国旅行についての対話』（一七四六年）において、ヨーロッパ、特にフランスの宮廷文化とイングランドの「男性的な」「公共精神」や「実務家（man of business）」の「精神力や活気」とを対照している。木村俊道「文明・作法・大陸旅行――

ジョン・ロックとシャフツベリの対話」『政治研究』第五二号、二〇〇五年、四一―五頁。

(26) S. Collini, P. Winch, J. Burrow, *That Noble Science of Politics: A Study in Nineteenth-Century Intellectual History*, Cambridge University Press, 1983, pp. 194-7〔永井義雄・坂本達哉・井上義朗訳『かの高貴なる政治の科学――一九世紀知性史研究』ミネルヴァ書房、二〇〇五年、一六五―八頁〕.

(27) G. Varouxakis, *Victorian Political Thought*, ch. 3, esp. pp. 57-8.

(28) LFC, p. 36.

(29) *Ibid.*, pp. 35-6.

(30) *Ibid.*, p. 37.

(31) *PP*, p. 122〔一二四頁〕. Cf. *ibid.*, p.130〔一三四頁〕.

(32) R. Barrington, *Life of Walter Bagehot*, Longmans, Green and Co., 1918, p. 66.

(33) *Ibid.*, pp. 65-70; G. Himmerlfarb, *Victorian Mind*, Peter Smith, 1973, ch. 7, esp. pp. 221-3.

(34) G. Varouxakis, *Victorian Political Thought*, pp. 68-71, 80-1.

(35) P. Mandler, *The English National Character*, ch. 3. 多岐にわたる意味を含むcharacterという単語を完全に日本語で表現するのは非常に困難である。このような認識の上で、本書では、characterの訳語に、日本語の訳語としてもっとも多用される「性格」を用いることとする。

(36) バジョットは、同書の別の箇所で、この「無意識の習慣」を「文明の『繋留組織』(‘the connective tissue’ of civilisation)」と表現している。*PP*, p. 21〔一一頁〕.

(37) *Ibid.*, pp. 22-3〔一四―五頁〕.

(38) コリーニによれば、ヴィクトリア時代のイギリスにおいて、一定の「性格」を持つということは、個人的衝動を抑制することのできる安定した性向の保持を意味していた。S. Collini, *Public Moralists*, p. 97; idem, *Liberalism and Sociology: L. T. Hobhouse and Political Argument in England 1880-1914*, Cambridge University Press, 1979, ch. 1, esp. pp. 28-30.

(39) このように限定的な「性格」について、マンドラーは、進歩した人間(the developed human beings)のみが有する「内面深奥の諸性質(the deep inner qualities)」を意味し、「作法」のような「外面的な(superficial)」内容やより狭い意味での「政治的『徳』(political ‘virtue’)」とは別個のものだと論じている。また、この意味における性格と、万人にその潜在的保持を認めるスマイルズの性格概念との相違が指摘されている。P. Mandler, *The English National Character*, p. 67.

（40） MM, pp. 407-8.

（41） LFC, p. 55.

（42） *Ibid*., p. 55.

（43） *PP*, pp. 104-5〔一八九頁〕.

（44） 経済思想史の観点から『ロンバード街』におけるパニック論に触れた論文として、次を参照。山根聡之「バジョット『ロンバード街』における信用――『自然学と政治学』との関連から」『一橋論叢』第一三四巻第六号、二〇〇五年、一二四〇―六四頁。

（45） LFC, pp. 31-2.

（46） *Ibid*., p. 34.

（47） *Ibid*., p. 52.

（48） *Ibid*., p. 57.

（49） たとえば、バジョットは、「クーデタ書簡」では、「性格」が形成される理由に関して、「もっとも不可思議な（the most secret）」問題であるため、「われわれの狭隘な洞察力ではほとんど説明不可能」だと述べ、説明を断念している。*Ibid*., pp. 49-50.

（50） *PP*, p. 126〔二三三頁〕.

（51） LFC, pp. 54-7. もちろん、バジョットは、フランスの歴史において、討論による政治が行われた経験が皆無であったと考えていたわけではない。たとえば、バジョットは、旧体制下のフランスにおいても、討論による政治が行われたことを指摘している。しかしながら、バジョットによれば、旧体制下のフランスの専制政治においては、そうした討論が国政運営に影響を与えるような有効な制度が存在していなかったため、討論による政治が「発作的に（spasmodically）」成立したにすぎない。*PP*, p. 118〔二二六―七頁〕.

（52） *Ibid*., p. 142〔二六七頁〕.「クーデタ書簡」における「遅鈍さ」の説明においても同様の議論を看取できる。「われわれが口汚くも遅鈍とよんでいるものは、一般的な社会を活性化するようなものでありませんが、行為の安定、意見の一貫性ための、自然にとってお気に入りの資源なのです。遅鈍は凝集力を高めるのです」。LFC, p. 52.

（53） J. Burrow, *Whigs and Liberals*, ch. 5, esp. pp. 112-3. Cf. H. S. Jones, *Victorian Political Thought*.

（54） *PP*, pp. 108-10〔一九五―二〇〇頁〕.

（55） *Ibid*., p. 109〔一九八―九頁〕.

（56） J. S. Mill, *On Liberty and Other Writings*, pp. 64-6〔山岡洋一訳『自由論』一四四―七頁〕.

（57） AG, pp. 89-90.

（58） *PP*, pp. 130-1〔二四二―四頁〕.

（59） FER, pp. 318-9.

（60） *Ibid*., pp. 317-8.

（61） *EC*, p. 142〔二六七頁〕.

（62） J. S. Mill, *On Liberty and Other Writings*, pp. 60-1〔山岡洋一訳『自由論』一三四―六頁〕.

（63） このような知的道徳的自己陶冶と、福音主義、トラクタリアン、リベラル・アングリカンとの関係については、H. S. Jones, 'The Idea of the National', pp. 12-21; idem, *Victorian Political Thought*, ch. 2; S. Collini, *Public Moralists*, p. 105.

（64） J. Burrow, *Whigs and Liberals*, ch. 5; S. Collini, *Public Moralists*, pp. 108-12.

（65） ミルのエソロジーや性格概念については、G. W. Smith, 'Freedom and Virtue in Politics: Some Aspects of Character, Circumstances and Utility from Helvesius to J. S. Mill', *Utilitas*, 1, 1989, pp. 112-34; R. Romani, *National Character and Public Spirit*, pp. 308-9; H. S. Jones, 'John Stuart Mill as Moralist', *Journal of the Historical Ideas*, 53, 1992, pp. 287-308. 関口正司『自由と陶冶』第四―五章。

（66） E. F. Biagini, 'Liberalism and Direct Democracy: John Stuart Mill and the Model of Ancient Athens', *Citizenship and Community: Liberals, Radicals and Collective Identities in the British Isles 1865-1931*, ed. by E. F. Biagini, Cambridge University Press, 1996, p. 41.

（67） 周知のように、『自由論』の冒頭には、W・フォン・フンボルト（一七六七―一八三五年）の『統治の領域と義務について』における次の議論が掲げられている。「本書で表明されているあらゆる議論が直接的に収斂する主要な大原理とは、人間が、最大限多様な方向へ発展することが、絶対的かつ本質的に重要であるという原理である」。J. S. Mill, *On Liberty and Other Writings*, p. 3〔山岡洋一訳『自由論』六頁〕.

（68） LFC, p. 50.

（69） P. Mandler, *The English National Character*, pp. 72-6. ただし、こうした議論が行われる場合にも、人間の倫理性をどのように説明するかというテーマが常に中心を占めていた。こうした思想的雰囲気を進化論の展開との関係で指摘した文献として次のものを参照。G. W. Stocking, *Victorian Anthropology*, The Free Press, 1987, pp. 222-4.

(70) H. S. Jones, *Victorian Political Thought*, ch. 3.
(71) S. Smiles, *Character*, Bibliobazaar, 2008 [1871], pp. 16, 29.
(72) P. Mandler, *The English National Character*, p. 65; R. Romani, *National Character and Public Spirit*, pp. 234-42.
(73) *Ibid*., p. 234. 同箇所で、ロマーニは、こうした議論の代表例として、バックルの『イギリス文明史』を挙げている。すでに論じたように、バックルは、バジョットによって環境決定論者として批判されているが、モンテスキューの思想的系列に属する気候重視の環境決定論者バックルという評価は、初期バックルの思想評価としては当時一般的であった。P. Mandler, *The English National Character*, p. 83. Cf. Stocking, *Victorian Anthropology*, pp. 112-7. 先に挙げたG・H・ルイスの議論も、このような認識に基づいている。ルイスは、同じ環境が与えられたとしても、その環境を十全に活用できるか否かは、「優柔不断」に陥らない果断さにあると考えた。S. Smiles, *Character*, p. 29.
(74) R. Romani, *National Character and Public Spirit*, p. 242.
(75) *EC*, p. 391〔二九四頁〕.
(76) J. Burrow, *Whigs and Liberals*, p. 103.
(77) FER, p. 322.
(78) *EC*, pp. 209-10〔七一―二頁〕.
(79) *Ibid*., p. 209〔七一頁〕.
(80) *PP*, p. 132〔二四六頁〕.

第二章　政治支配者層の再編

前章で論じたように、バジョットによれば、「善き統治（good government）」の成立条件とは、各国の社会状況に適するもっとも有能な人材が、国政運営の実権を掌握することであった。この見地から、バジョットは、たとえば、大革命後の情勢不安定なフランスでは、ルイ・ナポレオンのような独裁者による支配もやむをえないと説明した。さらに同様の観点から、イギリスにおける政治支配者層の地位には、ウィッギズムという「性格（character）」を有する人々がふさわしいとバジョットは考えた。なぜなら、「自由な統治（free government）」としての代議政治の着実な運営は、節度ある姿勢で冷静に討論を行うことができる性格の持ち主でなければ不可能だからである。

このような代議政治としての自治は、一八三二年の選挙法改正によって、基本的には安定的に運営されてきたとバジョットは評価していた。しかし、バジョットは、イギリスの工業化や経済繁栄が絶頂期を迎える一八五〇年代には、この安定を覆しかねない新たな要因が出現したと考えた。つまり、バジョットは、政治支配者層の役割が与えられてしかるべき人々、すなわち、この繁栄の牽引役であった上層中流階級に相応の政治的地位が与えられていないことが、既存の政治秩序への不満を惹起し、政治不安を醸成していると考えたのである。そのため、「善き統治」の完全な実現のみならず、政治秩序の安定化のためにも、今次の選挙法改正において、政治支配者層を適切に再編成することが喫緊の課題となる。

本章では、一八六七年に行われることとなる選挙法改正に関するバジョットの論考を中心に、政治支配者層に関する彼の具体的な人材論を分析する。この分析により「ビジネス（business）」という言葉で説明される事業組織全体の「経営（management）」あるいは「管理運営（administration）」の政治における決定的重要性を強調する中で、事業経営の実践を通じて修得される「ビジネス教養（business culture）」を身につけた「ビジネス・ジェントルマン（business-gentleman）」が国政運営の実権を握るべきとバジョットが訴えたことを明らかにする。

この点を論証するために、まず第一節では、バジョットの選挙法改正論の前提となる彼の状況認識を提示する。バジョットによれば、従来の政治支配者層である地主階級と、新興の上層中流階級とは、潜在的な対立関係にあった。ヴィクトリア時代中葉においては、地主階級の政治的支配は盤石であり、この階級は庶民院における議員構成を自らの意のままに操ることができた。ところが、経済的繁栄をつくり出していた上層中流階級は、この状況に大いに不満を持っていた。バジョットは、上層中流階級が、こうした不満から穀物法廃止以前のように再び労働者階級と結びつき、政治秩序の安定を脅かすような事態に陥ることを憂慮していた。バジョットは、こうした事態への進展を回避するために、上層中流階級が政治支配者層の一員に加わる方向での選挙制度の変更を主張したのである。

しかし、すでに述べたように、上層中流階級が国家運営を担う政治支配者層として国民から認知されるためには、正当な支配者層は「土地財産」および「古典教養」を有する「ジェントルマン」でなければならないという国民全体に広がる伝統的な意識を修正することが不可避であった。バジョットは、このような意識を修正しつつ、上層中流階級を政治支配者層として正当化するための議論を展開した。第二節では、財産と教養のこうした再定義を通じて、上層中流階級は「ビジネス」という独自の「財産」と「教養」を有すると主張したバジョットの議論に焦点を合わせる。

次いで第三節では、バジョットが庶民院運営に最適と考えた政治家像について検討する。バジョットは、このような政治家とは「ビジネス教養」を身につけた「管理運営者（administrator）」あるいは「事業経営者（manager, capitalist）」

だと論じた。この論拠から、バジョットは、上層中流階級が庶民院において自らの能力を十全に発揮することが期待できると主張した。他方で、バジョットは、地主階級にも「経営者」と呼べる政治家が存在してきたとも付論している。バジョットは、このように論じることで、上層中流階級の庶民院への従来以上の参画を訴えることのみならず、より積極的に、従来、地主階級の独占的活動領域であった政治という営為を、「ビジネス教養」にしたがって行われるべきものとして読みかえることをも企図したのである。「ビジネス教養」を共有するこのような人材こそ、第一章で論じたような「性格としてのウィッギズム」を有する「ビジネス・ジェントルマン」であった。

第一節　選挙法改正

一八五九年一月、バジョットの「議会改革論」が『ナショナル・レビュー』に掲載された[1]。この論考は、選挙法改正に関するバジョットの議論をもっとも詳細に展開した作品であり、改革の必要性を訴えるに至った彼の状況認識が明確に打ち出されている。バジョットによれば、選挙法改正の目的は、庶民院の見解と世論とを一致させることであった。しかし、彼によれば、当時、上層中流階級の発言権が不当に制約されていた。バジョットは、この状況を変えなければ、反穀物法運動の場合と同様、再び上層中流階級が労働者階級と結びつき、イギリスを危機的状況に陥れるであろうと主張し、上層中流階級に国政上のしかるべき権力を分与すべきことを訴えた。

バジョットにかぎらず、選挙法改正の目的は、当時は一般的に、庶民院の見解に民意を効果的に反映させることであると考えられていた。そのため、選挙法改正の争点は、どの階級にどれだけの選挙権を与えれば、庶民院において世論が正確に反映されるのかということになる。

当時の選挙法改正のアジェンダには、一八三二年の選挙法改正のときと同様、大きく分けて二つの制度改革が含まれていた。すなわち、選挙権の拡張と議席の再分配である。前者は主に、当時の国政選挙で採用されていた財産資格の緩和の問題であった。後者の問題は、工業化と都市化の進行にともなう人口変化に選挙区制度が対応していないことから生じていた。つまり、工業化の進行は北部の都市化と人口増加をもたらしたにもかかわらず、議席の割り当ては依然として農業を中心産業とする南部諸州に集中していたため、これが新興工業地域の人々の不満の原因となっていた。議席再分配とは、この不満に対処するために南部の議席を減らし、それを北部に割り当てることであった。たとえば、バジョットの「議会改革論」が発表された五九年当時、[2]ダービー保守党内閣が上程した改正案の骨子は、カウンティー(county、州)における従来の課税評価五〇ポンド占有者選挙権を一〇ポンドへ引き下げること、および代表権を持たない大都市および人口過密のカウンティーに一五議席を再分配することにあった。他方、同年のパーマストン自由党内閣による改正案は、カウンティー選挙区における選挙権を一〇ポンド占有者に、バラ(borough、都市)選挙区における選挙権を一〇ポンド戸主選挙権から六ポンド資格へと切り下げようとするものだった。

バジョットの改革論に戻ろう。バジョットによれば、一八三二年の選挙法改正の結果、「庶民院の見解と国民の見解は概して一致してい」たが、それでもなお改善すべき欠点が存在していた。[3]それは、議会が「土地所有勢力の感情と見解に傾きがちだ」ということであった。[4]バジョットの考えでは、この問題は、「国民中の発展的部分」を構成している上層中流階級が国政上「ほとんど影響力を持っていない」ことを意味していた。[5]「自由貿易運動の歴史が証明している」ように、一八四六年当時、もし保守党政権の首相であったR・ピール(一七八八―一八五〇年)が、自らの党の反対を押し切り、自由党の支持を取りつけ、穀物法廃止を断行するという「政治家らしい判断を行わなければ」、上層中流階級と議会との間で「争いが起こっていただろう」と考えるバジョットにとって、これは憂慮すべき状態であった。[6]

バジョットによれば、このような状況は一八五九年に至っても実質的には改善されておらず、イギリスにおいて商工業の繁栄をもたらしている上層中流階級は、こうした状況に不満を持っていた。たしかに、ピールによる穀物法廃止によって、上層中流階級の要求が満たされ、彼らと土地所有勢力との対立は一旦は回避された。しかし、イギリス社会における実力に比べ正当な評価が与えられていない「ブライト氏」ら上層中流階級は、十分な代表を与えられていないことに不満を抱いていた。その結果、上層中流階級が、自らの選挙権要求のみならず労働者階級の選挙権要求運動を指導する、という事態に陥っていたのである。

われわれは、現在の改革賛成派に存在するつまらない民衆的熱狂の隠れた源泉は、国民中の発展的でない部分と比べて、発展的部分が十分な代表を得ていないことに対する不愉快から生じていると信じている。〔しかしながら〕提案内容が、この事実とは異なったものとなっている。つまり、もっとも民衆の支持を受けている提案の主要点は、労働者階級に代表を与えるというものである。この運動の先頭に立っている人々は、運動に参加している人々と同様に、そのような提案が真の目的であると信じ切っているということには疑問の余地はない。しかし、〔その運動を〕製造業における雇用主たちが先導しているということは、少なくとも奇妙な話である。どのように見通してみても、国民の別の部分〔被用者〕に普通選挙権あるいは地方税納税者選挙権を付与することにより、富裕な事業経営者たち（opulent capitalists）は不利益をこうむるであろうことは明らかである。……〔本来であれば〕事業経営者たちから構成される議会であるならば、おそらく十時間労働法廃止が提案されるであろう。反対に、労働者たちから構成される議会であるならば、その〔労働者保護〕原則を拡張することを望むであろう。〔にもかかわらず〕少なくとも、ある階級に属する典型的な人物が、別の〔利害が対立する〕階級に全権力を進んで投げ出すということは奇妙なことである。(7)

バジョットの考えでは、こうした状況は政体の危機さえも招きかねないものであった。なぜなら、上層中流階級が従来の地位に留めておかれることによって、この階級もまた、「全人類共通の平等権」をふりかざしてはばからない「デモクラシー色（a tendency to democracy）」に染まってしまうことが懸念されたからである。このような理由から、バジョットは、「マンチェスターの創業者たちのような活力に満ちあふれた階級は懐柔され」ねばならないと訴えた。(8)

このように、バジョットは、上層中流階級と政治支配者層である地主階級との対立を強調した。その上で、この対立関係を解消しなければ、上層中流階級が労働者階級と結託し、一八四〇年代のような危機的状況に陥ると警告することによって、バジョットは、庶民院の議員構成を変え、上層中流階級により大きな発言権を与えるべきことを主張したのである。ただし、バジョットが求めたのは、議席を与えて上層中流階級を単に「懐柔」することにとどまるものではなかった。後に示すように、バジョットが望んだのは、上層中流階級そのものが政治支配者層に実質的に加わることであった。

しかし、選挙法改正をこうした方向に導いていこうとする際、当時のイギリスにおいては、非常に大きな困難が伴った。というのも、ヴィクトリア時代中葉のイギリスでは、貴族やジェントリといった地主階級が政治支配者層として確固とした政治的基盤を維持していたからである。地主階級は国政レベルにおいて、貴族院はいうまでもなく庶民院における議員選出でも圧倒的な影響力を保持していた。すなわち、カウンティ選挙区においては、借地農ら有権者は、地主の指図に従って投票することが自明視されていた。他方、バラ選挙区においても、その多くは地主が代々継承してきた「懐中選挙区（pocket borough）」であり、それゆえその選挙を意のままに操ることができた。そのため、当時にあっては、地主階級に属していることが、議会に入るためのもっとも有力な条件だったのである。(9)

地主階級の政治支配者層としてのこうした制度的基盤を支えたのは、イギリス国民一般に広く承認されていたある認識であった。それは、支配者層の一員として政治の任務に与るためにはジェントルマンでなくてはならず、地主階級こそがジェントルマンであるというものである。そもそも、国民のこうした認識は、地主階級のみが支配者層にふさわしいとする地主階級の自己認識からつくり出されたものである。なぜなら、当時において、「地主階級は、……イギリス社会における価値意識の支配者でもあ」ったため、「地主階級の価値体系がそのまま社会の価値体系」となっていたからである。[10]

ジェントルマンと見なされるためには、第一に財産の保有が条件とされた。一般に、政治に携わるためには、政治について常に思考を働かせることが可能な状態でなければならず、そのためには、生活の糧を得るための労働から解放されている必要があった。このような理由から、政治支配者層の一員となるためには不労所得を有する有閑階級であることが不可欠だった。ただし、ヴィクトリア時代において、ジェントルマンの財産と見なされたのは、地主階級が自らの財政的基礎として独占した土地（不動産）であった。そのため、たとえ商工業で莫大な財をなしたとしても、ジェントルマンとは見なされなかったのである。このような事情から、土地を取得して社会的上昇をめざす中流階級からの既存の地主層への批判、とりわけ土地の所有に対する批判は起こりにくく、一八七〇年代以降にようやく、地主層による土地の独占が大きく問題視されることとなる。[11]

ジェントルマンであると承認されるための第二の条件は、教養の修得であった。教養とは、パブリック・スクールおよびオックスフォード、ケンブリッジ両大学で修得される古典教養（liberal arts）であった。[12]オックスフォードは一八五四年まで、ケンブリッジは一八五六年までは、国教徒でなければ入学することができず、非国教徒が多くを占めた上層中流階級には門戸が開かれていなかった。[13]こうして、教養も主として、地主階級により独占されているものとして見なされることとなった。

このような事情から、地主階級は、当時のイギリスにおける国民一般に承認された価値に基づいて、大半の庶民院議員を選出することのできる政治支配者層として国政運営を独占していた。地主階級こそが政治支配者層であるとの見地は、たとえば、一八五九年に公刊された『国制擁護論』で、「ウィッギズム、自由主義的保守主義（Whiggism, Liberal

Conservatism)」の立場から、選挙権拡大に反対したJ・オースティンによって次のように端的に示されている。

不労所得のあるジェントルマンという重要な大集団は、地主ジェントリ階級および地主ジェントリと上院議員との様々な家族的つながりによって関係のある人たちから構成されている。この不労所得のあるジェントルマンの集団は……政治的アリストクラシー(*a political aristocracy*)と称されてよいであろう。というのも、彼らは地位と財産によって国家的業務に自らを捧げることを特に要求されているからである。[14]

こうした状況は、上層中流階級の政治的、社会的上昇にとっての大きな障碍となっていた。つまり、価値意識の支配者である地主階級は、イギリス史家M・J・ウィーナーが指摘しているように、上層中流階級、特に工業従事者が有する精神的あり方を、貴族、ジェントリら地主階級のジェントルマン文化とは比べものにならない卑賤な代物として軽蔑していたのである。[15] 地主階級にとって、産業とは「手を汚して働くことで、好ましからぬことであり、また、あまりにも露骨な金儲け」であった。[16] イギリス商工業の担い手である大銀行家や製造業者、大工場経営者たち自身もまた、このような工業蔑視の知的、文化的風潮に自らを適合させようとした。つまり彼らは事業を成功させ財をなすやいなや、ジェントルマンへの上昇をめざして、田舎に大所領を購入し、ジェントリ化を志向したのであった。[17]

ヴィクトリア時代中葉のイギリスにおける、こうした政治的、社会的状況を念頭におくならば、上層中流階級を政治支配者層の一員に参入させるよう議会構成を変更することは、容易ではなかったことが理解できる。議会構成の変更というバジョットの目的は、政治支配者層についての伝統的な認識を修正し、上層中流階級もまた政治支配者層にふさわしい存在であることを示すことなしには、達成不可能なことであった。そのためには、上層中流階級が、地主階級と少なくとも同等以上に、政治支配者層として政治的に有能であると証明する必要があった。そこで、次節以降では、上層中流階級の政治支配者層としての適性を証明しようとするバジョットの戦略について検討を加えることにしよう。

第二節　政治支配者層の門戸開放

新興の上層中流階級と従来の政治支配者層である地主階級との対立を解消するために、バジョットが展開したのは、上層中流階級もまた政治支配者層としてふさわしい存在である、という主張であった。その中で注目されるのは、その際に彼が用いた説得の論理や言語操作である。すなわち、バジョットは、地主に政治支配者層の地位を与えてきた属性を再定義した上で、その属性が実は上層中流階級にも共有されていることを示し、これによってこの階級が政治支配者層に適任だということを説得しようとしたのである。バジョットが再定義した属性とは、「財産（property）」および「教養（culture）」であった。バジョットはこれらの概念の読みかえを通じて、上層中流階級もまた政治支配者層にふさわしい「財産」と「教養」を持っていることを主張しようとしたのである。

（一）ビジネスと財産

まずはじめに、バジョットによる「財産（property）」の意味の再定義に注目しよう。バジョットによれば、一八五九年当時においても、依然として上層中流階級と地主階級との間に、対立の潜在的要因が存在していた。その理由は、従来の政治支配者層の財産である土地が多大な政治的影響力を持っていることにあった。バジョットは、「支配的な社会慣習により、閣僚は大資産家でなくてはならない。そして、あらゆる財は土地めがけて転がっていく。政治的財に至ってはとりわけそうである」と、地主階級が政治的実権を握る必然性を指摘している。しかも、土地は財産として非常に安定した価値を有するものであり、また地主に容易に名利をもたらすものであった。そのため、地主階級にとって「商業経営（the administration of commercial enterprises）に参画すべきであるなどということはまったくもって問題外」であった。バジョットの観察によれば、こうした状況の下、地主階級は、イギリスの政治支配者層として確固たる勢力基盤を保持しており、単独で政治的支配を貫徹しうる強力な存在だったのである[18]。

たしかに、バジョットが指摘しているように、政治支配者層による政治的支配の安定性確保に対して、土地所有が与えた影響力は甚大なものであった。富の獲得に成功した新興の上層中流階級が、所領を購入し地主になっていく状況については先に簡単に触れた。とりわけヴィクトリア時代中葉のイギリスでは、上層中流階級のこうした土地市場への殺到および、五〇年代以降の農業上の繁栄によって、取引可能な土地が減少し、土地価格が高騰していた[19]。その結果、上層中流階級が地主化することが非常に困難になっていたのである。そのため、土地という財産所有に基づいた地主階級の政治的支配に、新興の上層中流階級が参入する機会は、当時にあって著しく減少していたと言ってよい。

このように、土地所有の政治的影響力がますます増大していた状況の中で、バジョットは、選挙における新たな財産資格の採用を主張した。バジョットによれば、財産資格の基準を「家屋と土地（houses and land）」つまり「不動産（real property）」のみに制限する従来の選挙方法では、「社会状況のもっとも重要な変化」が考慮されておらず、その意味で不完全であった。こうした社会状況の変化について、バジョットは、すでに一八五六年の論考「われらが支配階級」において、商取引の大都市集中および大規模化、その結果としての上層中流階級の社会的重要性の増大を挙げ、時代の強力な流れは選挙制度の「時代に見合った変更」がなされるべき理由を与えていると診断していた。

現在の商業における日々の潮流は、国内の取引をますます大都市へと集中させているということを忘れてはならない。鉄道やその他の輸送や商談の手段［の発達］の影響は、小都市の商人には不利なものになってきた。消費者は、大都市へと流れていっているのである。もちろん、各地域の純粋な小売業は、以前と同様に各地域内で行われているが、あらゆる重要な商取引は、日を追うごとに、巨大市場で行われる傾向にある。大量の財物を購入しようとする人々は、大量の財物があるところへ行く。小さな市場の商人たちの微々たる在庫からは、都市の商人が有する豊富な品揃えからほど、よりよい商品を選ぶことができない。このような理由から、よい商品を選びたいと考える人々は、大規模卸売業の中心地へと赴くのである。その結果は国民の利益になっている。なぜなら、都市において、ほどよい程度に大きな在庫が存在することによって、国内の多くの都市に非常に大きな在庫が行き渡ることになっているからである。しかしこのことは、田舎町の商取引にとっては不利益になっている。したがって、大都市の大商人階級（the higher trading classes of our greater towns）が［庶民院において］まったく代表されていないということと比べて、田舎町の小商店主たちに代表者あるいは影響力が与えられていることの正当性は、日に日に小さくなっている。小規模の町から大都市へという時代の潮流は、それに符合した選挙制度の変更が考慮されるべき理由を表している。[20]

バジョットのこうした状況認識は、「議会改革論」にもそのまま引き継がれていた。バジョットは、この社会変化によって「われわれの富のうち、多くのものの本質が変容」したと論じ、次のように続けた。

法律家たちが動産（personal property）と呼んでいるものの発展は、ここ数年、とてつもないものである。鉄道株、運河株、公債、銀行株、無数の社債は、ここで意味しているもののほんの一例にすぎない。産業における大事業は当代の一大特徴である。よって、これら［大事業］に関する株式も土地財産と同等に選挙権付与の要件となることが適当なのである。[21]

この指摘に続けて、バジョットは、選挙権付与の対象となる財産の条件を二つ挙げている。第一に、選挙権付与に値する財産は一定期間（バジョットは三年を例としている）「きちんとした報酬のあるもの」でなくてはならない。なぜなら「選挙権という目的にとって、収入を生み出さない財産は、十分に実体のある財産ではない」からである。第二に、このような財産は、登記簿に記載のあるものでなくてはならない。これら二つの条件を満たす動産を、バジョットは「ビジネス財産（business property）」と名付ける。こうして「ビジネス財産」もまた、不動産と同様、選挙権付与の対象にふさわしい財産として位置づけられるのである。[22]

さらにバジョットは、財産と知性との密接な関係を指摘し、不動産であれ「ビジネス財産」であれ、財産の所有者が、政治支配者層の一員となるにふさわしい資質を持っている、という議論を展開する。すなわち、「財産の所有は一般的な知性とある程度の関係があるだけでなく、とりわけ、政治的知性（*political* intelligence）と関係がある」。というのも、国政に関する誤った判断は自らの財産の喪失につながるため、よりよい判断を行おうとする動機が、財産を所有していない者よりもはるかに強くはたらくからである。「概して、国民の福祉は、その国における暮らし向きのよい者にとってこそもっとも貴重なもの」として真剣に受け止められざるをえないのである。[23]

このように、バジョットは、「ビジネス財産」の所有者も政治的知性を備えていることを示し、彼らもまた地主階級と同様に国政に参画すべきだと主張する。さらにバジョットは、ギゾーの議論を引用して、こうした知性こそが「大衆に対して能力を発揮せずにはいられない正当なアリストクラシー」の要件であると論じる。[24] 同様の観点から、知性によって国家を支配していく者が拠って立つべき政治的立場は、自由主義か保守主義かを問わず、おのずから同一のものに収斂するとバジョットは考える。バジョットは、「議会改革論」の三年前に執筆した「知性的保守主義」において、「われわれの立場は今や国民規模（national）のものである。かなりの程度、すべての自由主義者は今や保守主義者なのである。自由主義の目的——あの道徳的知的状態——政治的知識層のあの優位——政治的に無知な人間に対するあの漸進的教育

――自由と秩序のあの結合――これらは既に存在している」と述べ、上層中流階級も含め政治支配者層内部の利害が一致していることを指摘した(25)。バジョットは「議会改革論」においても、同様の議論をくりかえし、上層中流階級を政治支配者層から排除するような従来の方策に対して、次のように警告を発している。

> 当代では、事業経営者の保守主義（*capitalist conservatism*）が政治的に必要とされている。もし、富の知的な創造者たちを、知性と財産のしかるべき影響力を有する地位へと迎え入れていたならば、わが国制の安定が保障されていただろう。彼らもっとも危険な攻撃者をおとなしくさせておくべきであった。今や彼らをわれわれのもっとも活動的な同盟者に含めるべきである(26)。

このようにバジョットは、財産（「ビジネス財産」）の所有、財産所有に付随する政治的知性、政治的知性を有するがゆえの健全な保守性、これらすべての点で、上層中流階級を政治支配者層から排除する理由はなく、排除することはむしろ政治体制の不安定化につながると力説したのである。

（二）ビジネスと教養

ヴィクトリア時代中葉のイギリスでは、国民の尊敬を受け政治支配者層として振る舞うためには、財産の所持だけでは不十分であり、さらに「教養（culture）」を身につけている必要があった。当時唯一の「教養」として認められていたのは古典教養（liberal arts）であった。これに対してバジョットは、ビジネスにたずさわる人々の精神的あり方もまた教養であると論じ、それを「ビジネス教養（business culture）」と呼んだ。バジョットは、財産と同様、教養のこうした再定義によって、政治支配者層の地位を上層中流階級にも開放すべきだと主張した。

先にも触れたように、当時の通念によれば、教養は、名門パブリック・スクールからオックスブリッジへというコースに代表されるジェントルマン教育制度を通じて修得されるものであった。父ジェイムズ・ミルによる有名な個人教育を受け、ジェントルマン教育の典型的ルートを経ていなかったJ・S・ミルですら、一八六六年、セント・アンドリュース大学名誉学長就任時の演説で「大学は職業教育の場ではない」と断言し、次のように続けている。

大学の目的は、熟練した法律家、医師、または技術者を養成することではなく、有能で教養ある人間を育成することにあります。……専門職の養成のための公的機関があるのは至極当然であり、したがって、法律学校、医学校があるのは結構なことであります。そして、さらに、技術・工芸学校があれば、なおさら結構なことでしょう。このような学校制度を持つ国々はその制度を持つことによって一層発展するでしょう。しかも、これらの学校をいわゆる本来の意味での教育のために設立された施設として大学と同一の場所にそして同一の監督下におくことは多少の利点もあるにはあるでしょう。しかし、技術を伝えるということは、各世代が次の世代に手渡すべき義務を背負っているもの、つまり、各世代の文明と価値を支えているものの中には入りません。[27]

このように、ミルは、医学や工学といった専門技術教育を教養の埒外に置き、古典教養の重要性を強調した。貴族文化との対決を強烈に意識していたミルでさえ、このような考えを持っていたとすれば、当時のイギリスにおいて、実学を軽視する風潮が一般的であったことは容易に理解されるであろう。

この風潮は、実業界、特に製造業への蔑視につながっていた。当時、ジェントルマンたらんとするオックスブリッジの卒業生は、貴族やジェントリの家系を継ぐか、聖職者、上級専門職、官僚になるのが常であって、実業界に進む者はほとんど存在しなかったのである。[28] イギリス教育史家M・サンダーソンは、オックスブリッジは「実業界の関係者たちと技術者のような新しい専門職の人々に訴えるものはなかった」と、実業界に対するオックスブリッジの無関心を描写している。[29]

他方、バジョットが学んだロンドン大学は、ベンサム派のH・ブルーアム（一七七八―一八六八年）らによって一八二八年に設立され、非国教徒にも門戸を開放し、実務的専門科目教育を重視した。この結果、一八七〇年以前の大学では、「ロンドンのユニヴァーシティー・カレジとキングズ・カレジ［当時ロンドン大学を構成する二つのカレッジ］のみが新興の実業家と専門職の人々と緊密に連携して成功した」[30]。聖職者の子として生まれ、名門パブリックスクールのラグビー校からオックスフォード大学ベリオルカレッジ、さらに同カレッジ・フェローを経て同大学道徳哲学教授に就任するという、当時のジェントルマン教育の王道を歩んだT・H・グリーンは、一八七七年から八一年にかけての講演で、このロンドン大学について次のように冷ややかに述べている。

ロンドン大学入学資格試験に志願者が殺到しているが、これを受験することは、その合格者の大多数にとって高等教育段階への入学を指向するのではなく、彼らの学業到達点の認定を得ることを目的とするので、そういう人たちを知識人階級への新参者として数えるわけにはいかない。[31]

こうした状況の中で、バジョットは、実業界での経験を通じて「教養」が修得可能だとする議論を展開した。まず、論考「われらが支配階級」に注目しよう。すでに述べたように、バジョットによれば、「自由な国において、支配階級［政治支配者層］の選択ほど気をつかい、間断なく注目を要するテーマは」なく、特に考察すべきは、「どの階級にどの程度、その［主権的］権威が割り当てられるべきか」である。「割り当てられる権威」の程度とは、選挙権およびその選挙権によって議会に送られる代表の数のことである。また、その程度を決定するのは、イギリス国内で各階級が実際に果たしている役割の大きさである。
それでは、当時のマンチェスターやリバプールのような大都市は、「現実に見合った形で（really）[32]」選挙権が与えられ、代表を送り出していると言えるであろうか。バジョットによれば、第一次選挙法改正後、リバプールのような新興の大都市では、その地域におけるほとんどの選出議員は一〇ポンド戸主、つまり「下層商人階級（our lower trading classes）」の利益を代表する人々に偏っており、財産や知性の面でこれらの人びとを凌ぐ「中流階級の最上層（the best of our middle classes）」の発言力が不当に制限されていた[33]。たしかに下層中流階級の「不断の活力（steady energy）」や「勤勉」は「われわれの富の増加に貢献してはいる」。しかし、社会全体として見れば、下層中流階級は、極めて限定された役割しか果たすことができない。なぜなら、彼らの活力や勤勉さは、商業活動における非常に狭い領域にかぎられているからである。商業活動全般は、下層の商人階級が受けもつことのできる活動領域よりはるかに広いものであるとして、バジョットは次のように述べる。

商業活動には、どれだけ様々なたしなみ（accomplishment）、社交的洗練、学問における教養（literary cultivation）が必要なことだろう！　これらは彼ら一〇ポンド戸主の領域外のものである[34]。

「様々なものから成る教養（a various culture）」を下層商人階級が持つのは不可能である。そうであるとすれば、産業部門における代表の大部分を送り出している一〇ポンド戸主は、不当に大きな政治的影響力を持っていることになる、とバジョットは論じるのである。
バジョットは、これに続けて、地主階級と上層中流階級に目を転じている。バジョットは、これら二階級の関係を考察した結果、政治支配者層には両者がともに不可欠であるという結論に達するのであるが、注目すべきはその論証方法である。すなわち、バジョットは、地主階級と上層中流階級にそれぞれ独自の教養を見いだす。

地方に住む人々［地主階級］の教養（cultivation）は、生き生きとしたもの（living）、実践的（practical）なものである――その教養は、現実をより多く扱い、特に一貫性にこだわらない。しかし、都市居住者［上層中流階級］の教養（cultivation）は、ずっと抽象的で、知性的である。彼らは、場合によっては言葉を実体だと思いこむこともあるが、新しい事物への適応においては地方の人間に勝っている。彼らは知的公正さにおいても勝る。ある問題に対して、彼らは両方の言い分を聞き――相争っている議論を比較考量し、問題となっている諸事実のうち、どれが見込みがあるかを見抜く能力に長けている。地方の人間は、瞬時に判断するが、その判断は、正しいときには彼らの本能によって、誤っているときには彼らの偏見によってなされているのである。都市の人々は、文明化の程度において勝っている。彼らは証拠を議論し――疑念を提示し――ゆっくりと、一つずつ段階を踏んで、大体の結論に到達するのである。大きな出来事に当たるときには、これら両方の過程が必要である。地方の人間の偏見は、都市の人間の慎重な理性によってチェックされるべきである。逆に、都市の人間の念入りにすぎる議論もまた、地方の人間の大ざっぱな本能によってチェックされるべきである。(35)

このようにバジョットは、それぞれの階級における教養の相違を描写するとともに、両者の相補的関係を強調することによって、上層中流階級に政治支配者層の一角を担わせる必要を説いたのである。

こうした見地を保持しつつバジョットは、「議会改革論」において、独自の大学論を展開している。彼はまず、当時の選挙法改正論争の中で行われた「知性（intelligence）そのものを代表」するという論議に注目している。バジョットが批判を集中させたのは、G・J・ホリーオーク（一八一七―一九〇六年）が唱えた資格試験による選挙権付与論である。

これは、ミルの『経済学原理』などをテキストにした試験に合格した者に選挙権を付与する、というものであった。バジョットは、この議論を「馬鹿げた考え」として一蹴する。なぜなら、「このような試験を実施したら、わが国において選挙権を与えられる者はほとんどいない」ことになってしまうからである。有権者には、このように政治を理論として理解することは必ずしも必要ではない。ミルが論じるような理論など理解していなくても、「あらゆる点から見て、選挙人として十分な資格がある者が非常に多くいるし、中には代表としての役目を果たすことができる者までいる」。さらにバジョットは「学識社会（learned societies）の全成員」に選挙権を与えるという論議に対しても批判を加える。なぜなら、「学識社会」に属する者が「本当に学識があるかどうか、という保証がどこにもない」からである。知性そのものを代表するという考えは、結局のところ「知性の目に見える基準が存在しない」がゆえに現実的ではない、とバジョットは結論づけている(36)。

バジョットによれば、この知性の代表論において「せいぜい達成可能なもの」は、「諸大学に議席を与える」ことである。しかし、当時、大学への議席付与はきわめて限定的であった。バジョットはこの状況をふまえて、選挙権が与えられる大学は「可能なかぎり広げられるべきである」と提言し、このような拡大の結果、大学は教養の新たな供給源としての役割を果たすと主張する。さらに、バジョットは、この予測の詳細を次のように敷衍している。

この論議に関して、ロンドン大学およびスコットランドの諸大学に対して議会代表を与えよという主張に、われわれは特別な注意を払うべきである。前者の大学［ロンドン大学］に関しては、オックスフォードおよびケンブリッジとあらゆる点で同等の地位に置かれるべきである、という明確な言質を政府は与えている。そうすれば、このような諸大学は、知的教養を有する代表を庶民院に追加するだけでなく、また自由な知的教養（*free* intellectual culture）を身につけた代表をも庶民院にもたらすであろう。これは、旧両大学の教会的教養（the ecclesiastical culture）を身につけた代表とは別種のものである。ブライト氏は、オックスフォードおよびケンブリッジ両大学選出議員が改革に対して常習的な敵意を持っている、と非難している。おそらく、これは真相をついた糾弾であろう。教育問題がますますもって社会の関心を引いているときにあって、進取の知的教養（*liberal* intellectual culture）を身につけた適切な代表は、庶民院にもっともふさわしいものである。[37]

バジョットはこのように、パブリック・スクールおよびオックスブリッジが提供した全人格的な陶冶を目的とする教養教育に対置させる形で、ロンドン大学などの出身者が修得した学問（より専門性の高い科目を含む）を、「進取の知的教養」と表現し、これに教養（culture）の地位を新たに与えた。[38] 詳細については次章にゆずるが、のちに『国制論』において、バジョットは、このように再定義した教養を「ビジネス教養（business culture）」と表現することになるのである。[39]

このように、財産と教養の再定義を通じて、バジョットは上層中流階級が政治支配者層の一員たるべきことを主張した。次節で検討するように、これには上層中流階級と労働者階級の共闘を阻止するという消極的な理由だけでなく、より積極的な理由もあった。バジョットは「ビジネス教養」を身につけた上層中流階級に、政治支配者層としての独自の活躍を期待していたのである。

第三節　「ビジネス・ジェントルマン」

前節までに示したように、バジョットは、上層中流階級が独自の財産と教養、すなわち「ビジネス財産」と「ビジネス教養」を保持していることを理由に、この階級が政治支配者層の一員として適任だと論じた。本節では、「ビジネス教養」を有する上層中流階級の具体像に迫りたい。前節までの議論では、庶民院に議員を送り出すことができる主たる階級という意味での政治支配者層に関するバジョットの議論を扱った。しかし、上層中流階級の具体像に焦点を絞ってバジョットの議論を検討するならば、バジョットにとって、上層中流階級は、政治支配者層の単なる一角に位置づけられるだけの存在にはとどまらなかったことが明らかになる。実際、これから論じるように、バジョットはこの階級を、庶民院において現実に政治を担当していくべき政治家に最適だと考えていた。その理由としてバジョットは、上層中流階級が「ビジネス教養」を修めた「経営者（manager）」であることを掲げた。しかも、バジョットは、地主階級にも少数ではあるが「経営者」は存在し、地主階級の中で「ビジネス教養」を有する「経営者」型の政治家が、歴史上イギリス政治を運営してきたとも論じたのである。「ビジネス教養」を共有するこのような経営者をバジョットは、「ビジネス・ジェントルマン（business-gentleman）」と呼んだ。バジョットのこうした議論からは、上層中流階級の政治への参画を訴えることのみならず、より積極的に、従来、地主階級の独占的活動領域であった政治という営為そのものをとらえなおして、政治は「ビジネス教養」にしたがって行われるべき活動領域であることを説得しようとした意図を読みとることができる。

そこでまず、「ビジネス教養」を有する上層中流階級を庶民院議員に適した人材だとするバジョットの議論を見てみよう。バジョットは、『国制論』において、ロンドンの株式会社による大銀行の成功例を挙げ、次のような人材が庶民院議員にふさわしいと論じた。

ロンドンの株式会社による大銀行の成功——近年のビジネスにおけるもっとも顕著な功績である——は、専門職と非専門職との混合の有用性を示す一例である。これらの銀行は、そのビジネスの訓練を受けていない人々の合議によって経営されている。またこの取締役会には、特殊な訓練を受け、生涯を銀行業務に携わるように育成された職員の一団が配属され、取締役会を補佐している。このような銀行が、生粋の銀行員のみからなる旧式の銀行を完全に打ち倒した。この経験から分かったことは、銀行の窓口からのみ社会をながめていた旧式の銀行よりも、取締役会議の方が、豊かで柔軟な知識を持ち、商業社会の欲求を洞察する力を備え、貸し出すべきときと、貸し出すべきではないときとを、よく心得ているということである。同様に、ヨーロッパでもっとも成功した鉄道も、技師や運輸管理者によって運営されているのではなく、事業経営者（capitalists）によって運営されている。すなわち、一定のビジネス教養（business culture）を修めた人々によって運営されているのであって、他のどんな知識によって運営されているのでもない[40]。

さらにバジョットは続けて、「様々な業種のビジネスの頂上（仮にこう言っておこう）は、山の頂に似ている。各業種の下部が山の麓に似ているのよりもずっとそうである。原理そのものが、まったく同じなのである。相互に大きな相違があるのは、下層部の変化に富んだ細部だけである。しかし、頂上は本当に同じである」と述べている[41]。このように、バジョットは、業種には無関係に組織や事業のトップ、つまり「ビジネス教養」を身につけた「事業経営者」が、「任務達成上、必要」であることを力説した。

「ビジネス」の分野における経験を政治の世界にも活用するべきである、という議論は、バジョット独自のものではない。とりわけ、一八五〇年代のイギリスにおいては、政治とは、「ビジネス原理（business principle）」に基づいて行われるべき活動領域であると、むしろ声高に叫ばれることとなる。最大の原因は、クリミア戦争（一八五三—六年）において露呈することとなったイギリス軍事機構における諸問題である。具体的には、この戦争で、指揮命令系統の不整備や、国内の緊縮財政ムードに起因する不十分な兵站活動、さらには負傷兵のための医療体制の欠陥などが明らかになった[42]。その結果、従前の軍事機構の非効率的な運営に対する国民規模の批判が、地主支配体制に対する批判となって新聞や雑誌において噴出することとなる[43]。その際に提出された論点の一つが、政治への「ビジネス原理」の導入であった。

当時、行政制度の改革を強く主張した「行政改革協会（The Administrative Reform Association）」は、「公的組織の経営を、わが国における民間組織の経営の水準」にまで引き上げることを目標に掲げ、そのためには、熾烈な国際競争の中でイギリスを勝ち残らせてきた「実業家が政府には（businessmen in government）」必要だと論じた。こうした議論は、一八五〇年代に本格的な著述活動を始めたバジョットが、政治におけるビジネス的要素の重要性を主張したことと軌を一にするものであると言えよう[44]。

「ビジネス原理」の政治への導入を強く主張した「行政改革協会」の指導者たちは、実業が有する実践性の政治的有効性を強調した。たとえば、メリヤス製造業を営む同協会の指導者S・モーリー（一八〇九—八六年）は、成功した実業家たちの経歴が示すように、政治家も様々な仕事に従事するのではなく、一つの仕事に専心することが不可欠だと論じている。また、ルーティンをこなすだけの「お役所風」が批判され、公務員任用における競争制度の導入を提唱した「ノースコート—トレヴェリアン報告」に対しては、「お勉強（bookish）」の成果のみを問う筆記試験ではなく、「実用的な常識（practical common sense）」の有無を考査し、「実際家（practical man）」が選抜されるような試験が実施されなければならないと主張された。ただし、このような「ビジネス原理」の議論は、既存の地主貴族政治に対する批判の提出という性格を超えるものではなく、そうした実践性がより厳密にはなにを意味するのかについてまで、深く掘り下げて検討されることはなかった[45]。

他方、バジョットは、「ビジネス」という概念を、「経営（management）」や「管理運営（administration）」という要素を前面に押し出して詳細に検討した。バジョットによれば、工業化と経済成長を成功裡に導き経済的繁栄を享受していたヴィクトリア時代中葉のイギリスにおいては、事業経営者として成功を収め、「ビジネス教養」を身につけた人材が、上層中流階級に目を向ければ多数存在していた。

今や、思考力を磨き上げ、財力を蓄え、しかもビジネスに熟達した一階級が上昇してきている。これを執筆しているときにも、この階級出身の二人の議員が、彼らとしてはかなりの地位に任命された。やがては確実に(政治において、確実ということがあるのであれば)政権を主導することとなろう。この階級とは、高い教養を身につけた実業家階級(highly-cultivated men of business)である。この階級は、数年後にはビジネスを離れ[政界入りという]野望に着手するであろう。これまでのところ、これらの人たちは、自らの力量を知らなかったため、政界にはほとんどいなかった。コロンブスの卵のようなことが再び起こるであろう。つまり、数名の先駆者が力量を示せば、大群をなして後に続く者が現れるだろう。(46)

いわゆるジェントルマン資本主義論で論じられているように、金融上の利益を地主階級が享受し、彼ら既存の政治支配者層と金融業関係者とのむすびつき、あるいは融合が進められる一方で、先述したように、製造業は、経営者自らも労働に従事するような低級な仕事と見なされ蔑視の対象とされていた。(47)当時のこうした事情を考慮に入れるならば、バジョットのビジネス論は、「経営」という視点から金融業も製造業もともに同種の職業と見なしたという点に一つの特色がある。

同様の観点から、バジョットは、「ビジネス教養」を有する経営者は、主として上層中流階級に多く見いだすことができるとしても、この階級からのみ供給されるとはかぎらないと考えた。たとえばバジョットは、「議会改革における現在の諸相」(一八五九年)において、庶民院議員にふさわしい人材を、「世間という偉大な大学(the great university of the world)に入った」人々と表現している。(48)「ビジネス教養」を身につけているような人材は、「社会という一般的交際」の中に入り、階級的な「偏見」を払拭しているような人々のことを指すのである。バジョットはまた、同論考でS・T・コールリッジ(一七七二―一八三四年)が唱えた「階級代表論」を否定している。その理由は、「階級代表論」に基づく場合には、各議員が属する階級の「特別な願望や偏見」が議会に持ち込まれる危険性が高まることにあった[49]。

このような観点から、バジョットは、「政治活動（statesmanship）——すなわち政治上の業務処理は、一つの専門職（a profession）である」と論じ、「ビジネス教養」が、商業上の事業経営からだけではなく、政治家としての経験からも直接身につけることのできる教養でもあると説いた[50]。この意味で、「ビジネス教養」は、貴族、ジェントリといった産業活動への従事の経験を欠いた地主階級もまた獲得できるものであり、政治家全般に共有されるもの、いやむしろ共有されるべきものであった。バジョットは、産業上の活動に従事することなく政治的活動への従事のみから「ビジネス教養」を修めることのできた人物の例として、地主階級出身のウォルポールやピールのような人々を挙げている。

以前は、［貴族にはビジネス経験が欠如しているという］欠点は、彼ら自身の長所によって隠されていた。彼らは金銭に余裕があり、知的に陶冶された唯一の階級であったため、競争する必要がなかったのである。だから、彼らは概して、非凡な能力の持ち主は例外として、国家業務（state business）における卓越性を特に持っていたというわけではなかったにもかかわらず、当時見いだすことのできる最良の階級であった。しかしながら、往時においてさえ、彼らは粗野な仕事の重圧から避難していた。彼らは、経営者（a manager）を任命して、彼らの代わりに行動させ経営させたのである。ピールやウォルポールような経営者たちは、作法や本性においては、貴族などではなかった[51]。

このように、バジョットは、ウォルポールやピールもまた、「経営者」の範疇に含めている。

もっとも、これらの人物が文字通りの意味で、バジョットが想定している「株式会社の経営者」ではなかったことは明白である。バジョットがウォルポールやピールを manager と呼ぶことができたのは、次のような事情によるものと考えられる。従来、貴族、ジェントリら地主階級は、自らの家系を没落させないためには、自らの経済基盤である農場の改良や、鉱山、町の開発などにより、何千何万エーカーという広大な所領経営を堅実に行わなければならなかった[52]。いくつかの所領では、借地料収入だけで、年間二〇万ポンドを超える場合もあった。一九世紀の前半においては、こうした所領経営における専門化ならびに平準化が特に顕著になり、小規模土地所有者であるジェントリの一部を除いて、ほとんどの大地主は、在地の執事（steward）に所領を任せる旧来の方式を転換し、何人もの在地の土地差配人（bailiff）を統括する専任（full-time）の管理人（manager）を雇い所領の管理業務を託していた。彼らの業務は、土地の売買や投資、鉱山開発などにおける地主への助言や、選挙における支持の取りつけなど所領全般にわたるものであった。ただし、このように所領経営を専門家に任せていたとはいえ、地主こそが「土地の事業経営者（capitalist）」であったため、「自らの所領の全般的な繁栄や善き経営に必然的に関心を持つこととなる」と当時の農業問題の専門家J・ケアード（一八一六—九二年）が論じているように、領主もまた、一般的に所領の経営に関して、やはり無関心ではいられなかった。大地主たちの所領経営は、このような意味で、領主と管理人たちとの共同関係によって進められていった[53]。バジョットが、地主階級の中にも経営者を見いだすことができたのは、こうした経営あるいは管理運営という意味で、この階級にも事業経営者たちと共通する活動の要素が存在していたためであったと言える。

とはいえ、「経営者」についてのバジョットの想定は、本節の議論が示しているように、あくまでも会社経営の担い手という意味合いに重点があった。実際、バジョットは、「サー・ロバート・ピールの性格」（一八五六年、以下「ピール論」と略称）と題する論考で、ウォルポールについて、「多年にわたり、彼［ウォルポール］はアリストクラシーの望みや願望通りに政府を運営してきた。彼らは、いわば、イギリス国という呼称の会社における取締役（the directors of the company）だった。……サー・ロバート［ウォルポール］は経営者（manager）であ」ったと述べている[54]。

上層中流階級が「ビジネス教養」を有する事業経営者であることを理由に、この階級が政治家として適任であり、さらには、イギリス史上、「ビジネス教養」を身につけた人材が、実質的に政治を担当してきたというバジョットの議論の方向性は、次のような二つの意図と不可分のものであったと言ってよいであろう。第一に、バジョットは、ビジネスに教養の一角をなすものとしての価値を与えることにより、政治は貴族ないし地主が独占的に行うものである、という従来の政治観の読みかえを意図していた。すなわちバジョットは、政治とは、公的活動に従事することを義務づけられた貴族、地主階級でなくては行うことのできない高貴な活動であるという伝統的政治観に代えて、政治を貴族、地主階級のみならず上層中流階級にも共通の活動領域である事業経営、組織運営として示そうとしたのである。バジョットが企図したのは、政治の担い手あるいは政治支配者層として従来は認知されていなかった上層中流階級が、実は日常的に疑似政治的な活動を行っており、国政においても十分その任を果たすことができるということの実証であった。

さらに、先の引用にあるように、地主階級の全成員が、バジョットが論じる意味における「経営者」になることができたわけではなかったという議論を加味すれば、バジョットの第二の意図を把握することができる。バジョットは、「年間三万ポンドの収入を受け継ぎ」、「享楽と絶頂を味わ」っている地主階級の大半の人間は、本質的に政治業務には不向きだとした。そのため、従来は地主階級が、ピールやウォルポールのような、大貴族の家系出身ではないけれども政務に適した経営者型の人材を、地主階級の中から選び出して担当させてきたのであった。こうした議論から看取できるバジョットの意図は、政治という営為が、単に地主階級と上層中流階級双方に共通の活動であるということを越えて、より積極的に、事業経営・管理という上層中流階級が自らの能力を涵養してきた活動領域内に属するものであることを示そうとしたということである。バジョットは、地主階級であっても、政治家は「ビジネス教養」を身につけた経営者でなければならず、政治は「ビジネス教養」に基づいて行われなければならないと考えていた。したがって、バジョットにとって、政治は、地主であるか実業家であるかを問わず、「ビジネス教養」を有する人々によって担われるべきであって、この教養を備えていない地主階級は、「ビジネス教養」の持ち主に政治業務（political business）を委託しなければならなかった。バジョットは、このように政治的に有意な教養そのものの再定義を行ったのである。バジョットは、「ピール論」の末尾において、当時のイギリスで政治家として要請されるべきこのような人材を「ビジネス・ジェントルマン（business-gentleman）」と表現した。[55]

このように、バジョットは、上層中流階級を政治支配者層の一員として位置づけ、さらに庶民院においては、「経営者」の「ビジネス教養」が発揮されるべきことを訴えた。では、この「ビジネス・ジェントルマン」と代議政治運営を可能にするウィッギズムという性格とはどのような関係にあるのか。そもそも、バジョットが、「ビジネス教養」の持ち主たちに期待したのは、彼らが庶民院議員として同院の指導を担っていくことであった。そうであるならば、「ビジネス・ジェントルマン」にも、イギリス代議政治の運営を可能にするウィッギズムの保持が当然認められなければならない。

実際、バジョットは、ウィッギズムについて分析した「エジンバラ・レビュー論」において、この性格と「ビジネス教養」との相関性を指摘している。すでに前章で論じたように、ウィッギズムとは、討論による政治の運営を通じて秩序の安定と政治的改革・改良とを同時に実現することができる性格であった。代議政治を主体的に運営することのできる人材は、政治制度を効果的に利用するための術を熟知している。

ウィッグ精神にとっては、諸々の大事態に対して正しく適用される優れた一群の諸規則が理想なのである。こうして、平静な分別［の持ち主］は明らかに適切な行為に喜び、ビジネスの能力（the capacity for business）［の持ち主］はいつまでも続く明瞭な適切さに満足するのである。[56]

さらに、バジョットによれば、討論を行うことができる性格は、改良可能性に対して常に否定的な懐疑的精神と無縁であるのみならず、さらには、懐疑主義に対して嫌悪すら抱かざるをえない。『エジンバラ・レビュー』が「訴えかける」

読者層こそ、まさにそうしたウィッギズムの持ち主たちであった。(57)

［『エジンバラ・レビュー』は］平凡人中のエリート（the *elite* of common men）に向けられたものである。彼らは自らのことに対して敏感であり、知的な趣味をもち、隣人に対して影響力がある。このような人たちにとって絶対的懐疑主義とはなんであろうか。夢想、奇怪な幻想、説明不能な不条理である。今日、彼らに［懐疑主義者が］なにか言ってみたところで、明日には忘れてしまっているだろう。実業家（a man of business）は手のこんだ知性の浪費を嫌悪するものなのである。(58)

この引用箇所における「平凡人中のエリート」や「実業家」、また「活力ある中庸」に関する前章の説明箇所における「貿易商（merchant）」とは、バジョットがイギリス国政の実質的な指導者層として期待を寄せていた銀行や大製造業などの企業経営者層に他ならない。バジョットは、この経営者層を構成する上層中流階級ならびに「経営」感覚を有する若干の地主貴族を総称して「ビジネス・ジェントルマン」と呼んだのである。このように「ビジネス教養」は、「ウィッギズム」という性格を有する人々にこそ保持が認められるものであった。

後年バジョットは、「リカード論」（一八七五―七年頃）でビジネスに言及し、これについて簡単な分類を試みている。(59)その際バジョットは、「ビジネス」の内容を、「人間の感覚に直接訴えるもの」を扱うビジネスと、「物体とほとんど関わりのないデータ」を元に「ある種の期待（certain expectations）」を扱うビジネスとに大別した。前者は大抵のビジネスが属するものであり、これには、ものを生産する機械工業、造船業のような事業にとどまらず、貨幣を扱う銀行業も含まれる。後者は「株式仲買業」と「ギャンブル」とからなる。(60)「エジンバラ・レビュー論」その他で言及されているように、これらすべてのビジネスに共通して、ビジネスとは現実を懐疑的に扱う営為とは正反対の性質を有するものとバジョットはとらえていた。それゆえ、事実のみを政治的思慮における有意味な要素とし、さらには政治・社会の改善可能性を肯定的にとらえ、その目的に向け着実に歩を進めるウィッギズムという性格の持ち主として、バジョットが「ビジネス・ジェントルマン」を念頭においていたということは当然の帰結であったのである。

バジョットは、このように代議政治運営を可能にするウィッギズムと「ビジネス教養」を有する事業経営者との相関性を明確に指摘した。次に検討する必要があるのは、バジョットがなぜ「ビジネス・ジェントルマン」による庶民院の政治運営が最適と考えたのか、である。次章では、このことについて検討する。

〔註〕

（1）この論考は好評を博したため、雑誌公刊一月後の二月に一冊のパンフレットになった。『エコノミスト』の創刊者である岳父J・ウィルソン（一八〇五―六〇年）は、一躍脚光を浴びたバジョットを晩餐会に招き、C・グレイ（一七六四―一八四五年）、グランヴィル（一八一五―九一年）、グラッドストン、R・ロウ（一八一一―九二年）、G・C・ルイス、W・M・サッカレイ（一八一一―六三年）などに紹介した。N. St John-Stevas, *Walter Bagehot: A Study of His Life and Thought together with a Selection from His Political Writings*, Eyre & Spottiswoode, 1959, pp. 13-4.

（2）バジョットが論争に加わる一八五九年には、次のような経緯から、選挙法改正論争が盛り上がりを見せた。五八年二月、ダービー保守党内閣が成立した。首相ダービーとともに、保守党を指導し、また、この内閣の財務相を務めていたB・ディズレイリは、保守党の多年にわたる少数党という立場の打開をめざし、自党による選挙法改正の主導を望み、党内調整を経た後、改正案を上程した。しかし、この少数党内閣による改正法案は、自由党の反対の前に一八五九年三月三一日、否決された。六月には、パーマストン自由党内閣が成立する。この内閣も成立早々改正法案を提出した。しかし、この改正法案の支持者は、主に自由党左派（ラディカル）であり支持者が少なかったため、六〇年六月、政府はこの法案を撤回した。

（3）PR, p. 189.

（4）*Ibid*., p. 191.

（5）*Ibid*., p. 193.

（6）*Ibid.*, p. 191.

（7）*Ibid.*, p. 231.

（8）*Ibid.*, pp. 234-5. バジョットは、これと同様の主張を、「議会改革論」の約六年後の一八六四年末に『エコノミスト』に掲載された「簡明な議会改革案」において明解にくりかえしている。「改革の煽動を厳密に研究している人ならば、この感情――商業的富と製造業の富が十分に代表されていないことに対する興奮（*sensation*）――がどれくらいしっかりと労働者階級の代表要求と結びついているかを見いだすことができる。労働者たちを扇動しているのは、彼らを雇っている製造業者たちである。これら二階級は、直接的な利益においてもっとも明白に対立し……悲惨な不和に陥っている。しかし、これらの二階級は、この［選挙権拡大の］問題に関しては、［利害が］一致している。事業経営者（capitalist）は国民の運動を率いている。彼らはときに、労働者以上に労働者の諸権利を求めて騒ぎ立てている。その理由は単純である。事業経営者と労働者は、この問題に関しては、一つの利益――一つの共通の目的――を持っているのである。彼らの望みは、彼らの現在の議席を、［農業という］過去の産業の廃れた遺物によって現在占拠されている場所にまで押し進めることである」。SPR, p. 353. 同小論は、六七年の『国制論』初版における「改革論付録」にも納められており、バジョット自身「付録」で、同小論の方が「議会改革論」よりも「私の目的に非常に適う」ものである、と述べている。*Ibid.*, p. 351.

（9）庶民院における各階級の議席数について、たとえば次の文献を参照。W. L. Guttsman, *The British Political Elite*, 3rd ed., Macgibbon & Kee, 1965, p. 41. 同書で、ガッツマンは一八六五年における議席配分を次のようにまとめている。

「アリストクラット」（準男爵、アイルランド貴族、貴族および準男爵の子息）	三一％
ジェントリ（世襲）およびアリストクラットの縁者	四五％
イートン校出身者	一六％
ハロウ校出身者	八％
ラグビー、ウェストミンスター、ウィンチェスター、シュルーズベリー出身者	八％
製造業者、商人、銀行家	二三％

（10）村岡健次『ヴィクトリア時代の政治と社会』ミネルヴァ書房、一九九五年、一三頁。

（11）D. Cannadine, *The Decline and Fall of The British Aristocracy*, Anchor Books, 1992 [1990], pp. 54-6.

（12）オックスブリッジやパブリック・スクールにおける古典教養重視の教育カリキュラムについては、たとえば次の文献を参照。J. Bowen, 'Education, Ideology and the Ruling Class: Hellenism and English Public Schools in the Nineteenth Century', *Rediscovering*

Hellenism, ed. by G. W. Clarke, Cambrigde University Press, 1989.

（13）*Ibid.*, pp. 171-2. 地主支配体制と国教会との関係については、第三章註（118）参照。Cf. G. R. Searle, *Entrepreneurial Politics in Mid-Victorian Britain*, Clarendon Press, 1993, Introduction.

（14）J. Austin, *A Plea for the Constitution*, London, 1859, p. 12.

（15）このような知的風潮は、M・アーノルドの『教養と無秩序』の議論によく表れている。アーノルド自身は中流階級出身者であったが、独自の教養のあり方を唱える立場から、物質的利益重視の中流階級に対して次のように批判している。「教養は言う、『それでは、彼らの生活ぶりと彼らの習慣と彼らの作法と彼らの声の調子そのものを考えてみなさい。彼らを注意ぶかく眺めなさい。彼らの読む文字、彼らに喜びを与える事物、彼らの口から出る言葉、彼らの精神の装具である思想を観察しなさい。いかほどの富も、それを持てばまさにこのような人間にならなければならないという条件があるなら、持つ価値があろうか』と。このようにして教養は、不満をうむが、この不満は、富裕な産業社会の人びとの共通の潮流をせき止めることに最高の可能な価値があり、現在を救うことができなくても、せめて未来を俗化から救ってくれるであろう」。M. Arnold, *Culture and Anarchy and Other Writings*, ed. by S. Collini, Cambridge University Press, 1993, p. 65〔多田英次訳『教養と無秩序』岩波文庫、一九四六年、六六—七頁〕. コリーニによれば、『教養と無秩序』の「中心的目的」は、「『イギリスの中流階級の劣悪な文化』（'the bad civilisation of the English middle class'）」批判にあった。*Ibid.*, 'Introduction', esp. p. xvii.

（16）M. J. Wiener, *English Culture and the Decline of the Industrial Spirit 1850-1980*, Penguin Books, 1981, p. 18〔原剛訳『英国産業精神の衰退——文化史的接近』勁草書房、一九八四年、二六頁〕. ウィーナーは同書で、イギリスの経済的衰退の原因を、産業資本家が次第にジェントルマン的価値を摂取し、経済的繁栄追求の精神を喪失していったことに求めている。

（17）このような家系の例としては、穀物法廃止を成立させた首相R・ピールを輩出したピール家を挙げることができる。村岡健次『ヴィクトリア時代の政治と社会』一六六—七二頁参照。

（18）PR, p. 192.

（19）一八四六年の穀物法廃止により、地主階級は、海外から安価な穀物が流入することを一旦は非常に危惧した。しかし、四〇年代頃から、地主階級が、ハイ・ファーミング（高度集約農業）と呼ばれる農業経営の効率化を図ったこと、さらには工業化の進展による人口増加が食糧の需要を増大させたことが原因となって、五〇年代はじめから約二〇年間、イギリスの農業分野は、繁栄期を迎えることとなった。なお、ハイ・ファーミングについては、次の文献を参照。F. M. L. Thompson, *English Landed Society in the Nineteenth*

Century, Routledge & Kegan Paul, 1963, pp. 245-56. 村岡健次・木畑洋一編『イギリス史3　近現代』山川出版社、一九九一年、九四頁。

（20）OGC, pp. 113-4.

（21）PR, p. 209.

（22）ジェントルマン資本主義論の中心的な論者であるP・J・ケインとA・G・ホプキンスが明らかにしたように、少なくとも一七世紀末までには、土地から収入を得るか、投資から収入を得るかに関係なく、「世俗的労働の世界から離れかつ高額の所得を生み出すことができ」るなら、すなわち、ランチェ（rentier: 不労所得者）であるなら、その人物はジェントルマンと見なされるようになっていた。P・J・ケイン、A・G・ホプキンス／竹内幸雄・秋田茂訳『ジェントルマン資本主義と大英帝国』岩波書店、一九九四年［1986］、一〇頁。当時、貴族やジェントリたち政治支配者層が土地経営に着手し、シティの利害と彼らの利害との関係が密接不可分なものとなってから、すでに長い時間が経過していた。この意味で、バジョットによる「ビジネス財産」の主張は、ある程度は受け入れられていたと言えよう。しかしながら、本章第一節におけるバジョットの指摘にもあるように、地主階級の政治的支配は盤石であって、議会に入ることのできる層は、そのほとんどが土地所有、あるいは地主階級となんらかの形で結びついた層でなければならなかった。そうした状況であったため、やはりバジョットとしては、不動産とは別個の財産として、選挙権付与の資格基準となる「ビジネス財産」の価値を示さざるをえなかった。別言すれば、バジョットは、政治的能力の保持を示すものとしての「ビジネス財産」に対する伝統的支配者層の信頼感を創出せざるをえなかったとも言えよう。このことに関しては、『エジンバラ・レビュー』において、G・C・ルイスも同様の主張を行っている。G. C. Lewis, 'History and Prospects of Parliamentary Reform', *The Edinburgh Review*, CCXXI, 1859, pp. 135-49.

（23）PR, p. 209.

（24）*Ibid*., p. 204.

（25）IC, p. 98.

（26）PR, p. 235.

（27）J. S. Mill, *Inaugural Address Delivered to the University of St. Andrews*, People's ed., Longmans, Green, Reader, and Dyer, 1867, p. 4〔竹内一誠訳『ミルの大学教育論』御茶の水書房、一九八三年、三―四頁〕.

（28）M. Sanderson, *The Universities and British Industry 1850-1970*, Routledge & Kegan Paul, 1972, ch. 2. 安原義仁「近代オックスフォード大学の教育と文化」橋本伸也・藤井泰・渡辺和行・進藤修一・安原義仁『エリート教育』ミネルヴァ書房、二〇〇一年、二三一頁参照。

(29) M・サンダソン/原剛訳『教育と経済変化――一七八〇―一八七〇年のイングランド』早稲田大学出版部、一九九三年〔1991〕、八八頁。
(30) 同前書、八九頁。
(31) T・H・グリーン/松井一麿・浅野博夫・宮腰英一・大桃俊行訳『イギリス教育制度論』御茶の水書房、一九八三年〔1877-81〕、一〇六頁。
(32) OGC, p. 112.
(33) バジョットは、同論考の別の箇所では、この階級を「上層商人階級(the higher trading classes)」と表現している。*Ibid.*, p. 114.
(34) *Ibid.*, p. 113.
(35) *Ibid.*, p. 114. レイモンド・ウィリアムズは civilization について、次のように指摘している。「一九世紀初めから、civilization は現代的な意味へと向かっていき、社会的秩序や系統的な知識(ordered knowledge)(のちには科学(SCIENCE))に風習や作法の洗練へと同じくらいの力点が置かれるようになった」。Reymond Williams, *Keywards: a Vocabulary of Culture and Society*, Oxford University Press, 1976, p. 49〔椎名美智・武田ちあき・越智博美・松井優子訳『キーワード辞典』平凡社、二〇〇二年、五五頁〕.
(36) PR, p. 207.
(37) *Ibid.*, p. 208.
(38) ただし、ここで留意すべきは、選挙権付与の対象として認められるためには、個々人の努力的契機、スマイルズ流に言えば自助的契機が不可欠である、とバジョットが考えていたということである。たとえば、バジョットによれば、大学生に選挙権が与えられるべき理由は、「長期間の勉学」、「厳しい試験」を乗り切ったという実績があるためである。*Ibid.*, p. 208. また、同様の見地から、バジョットは、論考「議会改革における現在の諸相」においては、「中流階級の最下層」について言及した上で、この階級は、「下層階級の最上層よりも教育を受けておらず、自らの境遇に固く縛られ、精神面で一層独立していない」という理由から、「有権者にはほとんど適さない」と論じている。PAPR, p. 259.
(39) *EC*, p. 330〔一二二頁〕.
(40) *Ibid.*, p. 330〔一二四頁〕.
(41) *Ibid.*, p. 331〔一二五頁〕.
(42) E. L. Woodward, *The Age of Reform*, 2nd ed., Clarendon Press, 1962, pp. 264-95, esp. pp. 284-5.
(43) この問題は、「ノースコート―トレヴェリアン報告」を経て、軍のみならず官僚制を含めた任用制度の改革へと結実する。ただし、周知のように、この改革は、地主貴族の子弟の任用に有利になるよう構想されたものであった。たとえば、グラッドストンは、J・

ラッセル（一七九二―一八七八年）宛の書簡において、この改革は、「高度な教育を受けた階級に、立身の道を解放し、行政部門の上層部における全管轄権を、彼らに与えるもの」であるため、「私見では、改革の大きな長所は、上流階級と行政権力の保持との間の結びつきを強化し増加させることである」と述べている。K. T. Hoppen, *The Mid-Victorian Britain 1846-1886*, Clarendon Press, 1993, p. 112; G. R. Searle, *Entrepreneurial Politics in Mid-Victorian Britain*, p. 116. 松田宏一郎『江戸の知識から明治の政治へ』ぺりかん社、二〇〇八年、二六―三二頁。

（44）G. R. Searle, *Entrepreneurial Politics in Mid-Victorian Britain*, pp. 89-125, esp. pp. 92-7.

（45）*Ibid.*, pp. 94-5, 117-8. ちなみに、S・モーリーは、一八六五年に庶民院議員になる。たとえば、F・ハリソンも、政治における企業経営の手法導入の重要性について論じているが、「その方法を理論化して述べることはできない」として、議論の詳細な探究は行っていない。F. Harrison, *Order and Progress*, Longmans, Green and Co., 1875, pp. 120-1. 第四章註（69）参照。

（46）*EC*, pp. 280-1〔一六〇頁〕.

（47）Cf. H. L. Malchow, *Gentlemen Capitalists: The Social and Political World of the Victorian Businessman*, Stanford University Press, 1992, p. 341.

（48）PAPR, p. 252.

（49）*Ibid.*, p. 251. なお、バジョットが「階級代表論」として言及しているコールリッジの議論については、S. T. Coleridge, *On the Constitution of the Church and State, The Collected Works of the Samuel Taylor Coleridge*, Vol. 10, ed. by J. Colmer, Princeton University Press, 1976, ch. 2を参照。コールリッジは同書において貴族、小土地所有者、商工業従事者という三身分の各代表による上下両院（貴族は貴族院、小土地所有者と商工業従事者は庶民院）における勢力抑制・均衡論を説いた。

（50）PAP, p. 130.

（51）*EC*, p. 280〔一六〇頁〕.

（52）この引用文における manager と所領管理人との相関性を指摘するものとして、水谷三公『英国貴族と近代――持続する統治　一六四〇―一八八〇』東京大学出版会、一九八七年、二〇五頁。松田宏一郎『江戸の知識から明治の政治へ』、二三―四頁。

（53）J. V. Beckett, *The Aristocracy in England 1660-1914*, Basil Blackwell, 1986, ch. 4, esp. pp. 142-9; F. M. L. Thompson, *English Landed Society in the Nineteenth Century*, p. 151. また、次の文献も参照。阿知羅隆夫「一八四〇年代英国土地貴族の所領経営――デヴォンシア公爵家の家産管理と負債問題」『彦根論叢』第三一七号、一九九九年。高橋裕一「一八世紀イングランドに見る所領管理『専

門職』——ナサニエル・ケントの場合」『史林』第六四巻第一号、一九九四年。なお、一エーカー（acre）は、約一二二六坪（約四〇五三平方メートル）である。

(54) CSRP, p. 249.

(55) *Ibid.*, p. 271.

(56) FER, p. 322.

(57)『エジンバラ・レビュー』の発行部数は、一八三〇年代の最盛期には一三五〇〇部であった。しかし、ライバル誌の創刊が相次ぐ四〇年代以降は減少傾向をたどり、四〇年代半ばには九〇〇〇部を下回ることとなる。とはいえ、『エジンバラ・レビュー』と『クォータリー・レビュー』二大誌の発行部数は、他誌に比べれば圧倒的であり、『ノース・ブリティッシュ』や『ブリティッシュ・クォータリー』など四〇年代に創刊された雑誌の場合、二〇〇〇部を売り上げることができれば採算がとれると考えられていた。J. Shattock, *Politics and Reviewers: The Edinburgh and The Quarterly in the Early Victorian Age*, 1989, Leicester University Press, pp. 97-101. バジョットの『国制論』や『自然科学と政治学』が連載された『フォートナイトリー・レビュー』については、本書第四章註（64）参照。Cf. S. Collini, *Common Readings: Critics, Historians, Publics*, Oxford University Press, 2008, ch. 17, esp. pp. 225-7. なお、ヴィクトリア時代の出版事情については、R. D. Altick, *The English Common Reader: A Social History of the Mass Reading Public 1800-1900*, The University of Chicago Press, 1957; L. Brake, 'The Old Journalism and the New: Forms of Cultural Production in London in 1880', *Papers for The Millions: The New Journalism in Britain 1850s to 1914*, ed. by J. H. Wiener, Greenwood Press, 1988. また、イギリスにおける出版の歴史については、G. A. Cranfield, *The Press and Society*, Longman, 1978.

(58) FER, p. 323.

(59) この論考でバジョットは、「巨万の富をつくりあげた実業家」であるD・リカード（一七七二—一八二三年）が、「抽象的政治経済学の真の創設者」となり、「抽象的思想家として成功した理由」について考察した。バジョットによれば、そのもっとも大きな理由とは、株式仲買業に携わることによって「形而上学者に似た洗練された考え方」を身につけたということにあった。R, pp. 151-2〔一五一頁〕.

(60) このように、バジョットは、「ビジネス」にはギャンブル的要素も存在することを指摘している。バジョットは、「クーデタ書簡」において、ルイ・ナポレオンを、こうしたギャンブル的要素の色濃い実業家的人物として描き出している。バジョットは、イギリス滞在中に「軍隊の管轄方法や帝国統治法を学ぶ」こともなく、賭場やクラブに入り浸り「ハイな気分で」ギャンブルに興じていたとしてルイ・ナポレオンを非難したA・V・キルウァンを次のように批判した。「このジェントルマン［キルウァン］の考えは明瞭です。彼の考えとは、ギャンブルをする人間などは、本質的に、善き政治家であろうはずがない、つまり、競馬が卓越した政治的能力に反する、というのは神の摂理である……というものなのです。しかし、軍隊や政治的生活から排除された環境に育ち、しかも商売人の家系に生まれた場合、人はどのようにして真にかつ効果的に管理運営を学ぶのでしょうか。キルウァン氏は、バークや陳腐なタキトゥスを通読し、キケロを引用し、モンテスキューに注釈をほどこすことをイメージしているのです。しかし、次のような場合を考えていただきたい。商取引生活から閉め出された人が、会計事務所経営の方法を知る、ということを想像していただきたいのです。『経済学原理をまじめに学ぶことによって』、そして、アダム・スミスやジョン・ミルを丹念に読み返すことによって、彼はその方法を知ることができるとお考えになりますか。彼はニューマーケットに行った方がよいし、勉強する時間をオークス競馬やセント・レジェールに使った方がよいのです。彼はそこで、決して読書からは得ることのないもの……を学ぶことでしょう。サー・ロバート・ウォルポールやチャールズ・フォックス、また、その他の一八世紀人がどこでビジネスを学んだでしょうか」。バジョットは、このように、ルイ・ナポレオンの政治的資質には、ビジネスの一種である「ギャンブル」の経験が強く影響していることを指摘した。バジョットによれば、ルイ・ナポレオンは「これまでも、現在も引き受けた仕事に没頭し、……ここ数ヶ月の間、彼は、まさに最高かつ最大の賭けをしているギャンブラーさながらの顔つき」で政治活動に取り組んでいたのであった。このように、バジョットが論じるビジネスの政治的資質には、本章や第三章で論じる実務能力や代議政治運営能力では包摂できない要素も看取できる。その要素とは、社会主義勢力や民主主義勢力の伸長による既存の政治秩序の危機的状況において、「冷静に自らの周囲の状況……を窺い」、「あらゆる危険を観察し、あらゆる機会を計算」した結果、「果断」に政治秩序の安定を実現する独裁者の能力であった。ただし、ルイ・ナポレオンのこうした政治活動は、秩序の形成ならびに維持という意味では「ビジネス」の一角に位置づけられるべきものであるとしても、彼が、「討論による政治」すなわち代議政治において必要となる種類の「ビジネス教養」を有するとは言えない。そのため、ルイ・ナポレオンは、代議政治運営を可能にするピール等の事業経営者的「ビジネス・ジェントルマン」ではない。LFC, pp. 33-9. なお、代議政治運営能力と独裁者との関係については、第三章第三節参照。また、ウィッギズムとビジネスとの関連については、FER, p. 337 を参照。

第三章　ビジネスとしての政治

第二章で明らかにしたように、バジョットは、選挙法改正論争の中で、政治支配者層の再編の必要性を訴え、具体的な方策として上層中流階級を新たに支配者層の一員に加えるよう主張した。バジョットがこの再編を強く提唱した理由は、上層中流階級がその多数を構成する事業経営者（「ビジネス・ジェントルマン」）に特有の「ビジネス教養」が、国家の最高意志決定機関である庶民院の運営において十全に発揮されるべきだからであった。バジョットのこのような主張の背景には、政治に対する彼の次のような見方が存在していた。すなわち、バジョットは、定期刊行物に寄稿を始めた当初から一貫して、政治という営為を「ビジネス」の一分野として位置づけていたのである。この種の議論を「ビジネスとしての政治」論と呼ぶことにする。本章では、バジョットの政治家論に主に着目しながら、政治的リーダーに不可欠の「ビジネス教養」の意味を検討することにより、「ビジネスとしての政治」論を解明する。

従来のバジョット研究においては、その数の少なさや『国制論』偏重の傾向は問わないとしても、彼の政治家論に焦点を当てて言及しているものは、J・バロウの議論以外にはない。バロウは、バジョットが政治家の「目利き」として多くの政治家について論じた点に注目した。その上でバジョットの理想は、それぞれに個性を放つ政治家たちが、議会に多様に存在することであったと解釈した(1)。しかし、バジョットが多様な政治家たちが存在することを理想と考えたとするバロウの議論は、バジョットの政治家論の単なる羅列的な提示にとどまる表層的なものであると言わざるをえない。

たしかにバジョットは、自らが主筆を務める『エコノミスト』やその他の雑誌への寄稿を通じて、同時代の政治家も含め名誉革命以降の政治史を飾った数多くの政治家の資質を描き出した。それらの論考の中で、バジョットは、それぞれの政治家たちを各時代に生きた歴史上の人物として扱いながら、各政治家に様々な政治的資質を見いだして、第一章でも論じたように、政治社会の進歩をもたらす討論の重要性を説いた。しかし、バジョットは、多様な政治家の存在が単に確保されさえすれば、国政の指導が上首尾に行われると考えたわけではなかった。彼のウィッギズム論や政治支配者層再編論が示唆しているように、バジョットが常にめざしていたのは、歴史上の政治家たちの性格や生涯、政治的実績を素材にして、同時代に必要な政治的リーダーシップのあり方を提示することであった。バジョットの評価では、名誉革命以降のイギリスは、庶民院を中心に国政が運営される代議政治の時代という意味で共通の特徴を有していた。そのため、バジョットが考察対象に取り上げた歴史上の政治家たちもまた、彼と同時代の政治家たちと同じ尺度で測ることのできる議会政治家であった。バジョットは、歴史上の政治家をとり上げるとしても、同時代に必要とされる政治家の資質を常に念頭においた政治家論を展開していたのである。

このような政治的リーダーシップ論を展開する際に、バジョットが特に重要視した政治家の資質は、本章第二、三節で検討するように、「世論（public opinion）」に適切に対応する能力であった。政治的リーダーシップ論において、バジョットが「世論」というテーマに着目したのは、当時の状況を反映するものであった。一八三二年の選挙法改正による有権者層の拡大を受けて、下層中流階級が有権者の仲間入りを果たしたことによって、ヴィクトリア時代における「世論」に対する政治的関心が急激に高まった。この改正以降、この階級は、地主階級や上層中流階級を含む有権者層の中で圧倒的多数を構成することとなったにもかかわらず、一九世紀初めの人々、たとえばジェイムズ・ミルの評価とは異なり、国家を指導していくべき信頼の置ける階級ではないことが、世紀中葉にかけて次第に判明することとなる。(2) 実際、下層中流階級の政治的能力に対する軽視は、バジョットも含め、ヴィクトリア時代中葉の多くの政治家や知識人によって共有されていた。しかしながら、他方で、この階級が有権者の大多数をなしている以上、地主階級を中心とする政治支配者層が、彼らの政治的意見を無視した政治運営を行うことも不可能である。とりわけ、自らの政治的影響力をジャーナリズムを通じて発揮する以外に方法を持たない知識人たちにとっては、「世論」という言葉そのものが有する政治的利用価値は、自らの主張を国政に反映させる手段として非常に大きなものであった。こうして当時の政治家や知識人は、形式的には最大の政治的影響力を有する下層中流階級を、国政上どのように位置づけ取り扱うべきか、というこの時代特有の難問、すなわち「知識人と民衆（brains and numbers）」問題と格闘することとなった。[3]

「はじめに」で簡単に述べたように、バジョットは「知識人と民衆」問題に関して、J・S・ミルやF・ハリソンら選挙制度の抜本的改革をめざしたラディカルと同様に、政治支配者層の「知性」と数的多数者の「世論」との「有益で動態的な緊張関係」を確保するための討論や民衆教育を重視したと解釈されてきた。[4] しかしながら、バジョットは、これから明らかにするように、政治とは未来の改善された状態を織り込むことなく、既存の政治的・社会的状況の利点を最大限に活用する現実的な営為だと考えたため、ミルやハリソンらのようには民衆教育の効果に期待してはいなかった。このような理由から、バジョットが下層中流階級の「世論」を国政運営上の指針の一端を担う有益な見解に位置づけたと解釈することはできない。

世論概念がバジョット政治論の「要石」に位置づけられるものであることを指摘した研究として、南谷和範の論文がある。ただし、南谷論文もまた、バジョットが民衆の世論を重視したと解釈した点で誤っている。すなわち、南谷によれば、バジョットは、世論の担い手として「中層階級」を想定した上で、政治家は、この階級の見解に「共感」するR・ピールのような「代弁者」でなければならないと考えた。しかし、南谷が論じるように、バジョットにとって国政運営が準拠すべき「規範的価値」を「世論」が有するのならば、政治支配者層は、政治的知性に乏しい者が多数を占める中流階級全般の意見としての「世論」に従うべきだと彼が主張したと解釈することには無理がある。[5] 本章で明らかにするように、世論についてバジョットが議論する際、あるべき世論という規範的な見方があるからこそ、政治的能力において優越した政治支配者層による指導の必要性が生じてくるのである。[6] このような観点から、バジョットは、政治的リーダーシップを検討する際に、政治家や政治的見解における多様性そのものの必要性を否定しないものの、多様な見解の闘争の場としての代議政治を着実に運営するためには、一定の権威的枠組みとしての政治的リーダーシップが必要であると強く訴えたのである。

本章の概要を示そう。第一節では、「ビジネスとしての政治」の基本型としての「管理運営（adminisitration）」あるいは「経営（management）」に関するバジョットの議論を検討する。バジョットによれば、通行料金の設定や郵便の問題など国家が取り扱うべき「細目事項（detail）」の飛躍的な増大がヴィクトリア時代中葉における政治活動の特色であった。そのため、政治家には、この膨大な数の業務を迅速かつ着実に処理する能力が不可欠となる。バジョットが高く評価した実務処理とは、一つの大局的な視点に基づいて、事業が直面するあらゆる問題に対処し、加えて将来行うべきことについて事前に調整することである。こうした営為には、なによりもまず眼前の多岐にわたる政治的業務に全精力を傾ける「真摯さ（earnestness）」と自らの職務に対する「責任感（responsibility）」とが必要不可欠であった。このように直面する多種多様な細目事項に通暁することによってこそ、将来の予察も可能となる。なぜなら、細目にわたる諸事実を知悉しているからこそ、それら相互を比較し相互の調整を測ることが可能なのであり、結果として実践可能な「妥協（compromise）」の方策を導き出すことができるからである。バジョットは、名誉革命以降の妥協の政策を中心としたウィッグ政治に一定の評価を与えながらも、政治的・経済的発展著しい当時のイギリスには、「真摯さ」に基づいた新たなタイプの政治が不可欠だと論じたのである。

バジョットは、このように妥協の政治をイギリス国政運営における基本方針としながらも、安定的時代と改革の時代には、それぞれに応じて別種のリーダーシップが要請されると論じた。第二節では、安定的な時代に必要なリーダーシップの類型を考察する。安定的時代とは、「世論」が一定の方向性を明確に示す時代である。たとえば、世論が、自由貿易体制の確立を堅固に支持していた一八四〇年代から六〇年代中葉までがその時代である。このような時代には、政治支配者層内部で形成される「真の世論（real public opinion）」に沿った形で、議会内の多様な見解を調整しながら多数派を形成できるピールのような調停型の管理運営者が最適であった。他方、先述したように、ヴィクトリア時代中葉においては、有権者層の大部分を構成し、それゆえに世論の主体として無視することのできない存在であったのは、下層中流階級であったが、この階級は、依然として政治的知識に乏しいため、政治支配者層によって指導されるべきであった。有権者としては政治支配者層よりも圧倒的大多数を構成するこの階級の政治的見解が、国政運営上支配的なものとならないようにしながら、かつ彼らを政治的に指導していくという難題を解決するために、バジョットは、世間の中で成功を収め世事に長けることにより、彼ら凡俗な諸階級とのコミュニケーション能力をも身に着けた調停型の「ビジネス・ジェントルマン」の役割を独自に強調した。

第三節では、改革の時代に必要なリーダーシップの類型を検討し、これら二種類のリーダーシップの関係を明らかにする。改革の時代とは、国制の枠組みのあり方が問われるにもかかわらず、世論が進むべき方向を明白に指し示さない時代である。こうした時代には、政治指導者自ら「真の世論」のありかを見抜きプランを練り上げた上で、有権者層全体をそのプランへ向けて嚮導する「統率型（commanding）」の管理運営者が必要となる。バジョットは、選挙法改正やアイルランド問題の解決等が緊要となった一八六〇年代後半以降に改革の時代の到来を予測し、グラッドストンが卓抜した雄弁の力を駆使して議会や民衆を統率していくことを期待した。ただし、統率型の管理運営者が必要なのは、改革の時代にかぎられ、バジョットは、七〇年代の安定期には再度、調停型の政治家の必要性を訴えることとなる。つまりバジョットは、安定的時代と改革の時代各々に相応しい資質を備えた政治家が政治の表舞台に交互に立つことが必要だと論じたのである。

第一節　ウィッギズムの政治学——真摯なる妥協のリーダーシップ

前章で論じたように、バジョットが、「ビジネス」という視点から政治という営為を再定義した最大の理由は、従来の政治手法に重大な欠点を看取したからである。バジョットは、工業化と経済繁栄の著しい当時のイギリスにおいては、地主貴族政治家による従前のアマチュア的政治運営の方法のままでは、国政が機能不全に陥ると危惧した。すなわち、バジョットには、従来の地主政治は、組織の末端が行うべき業務とは無関係に高いところに安住して天下国家を論じるような経営感覚の欠落した無責任なものと映らざるをえなかった。バジョットは、このような観点から、旧来のウィッグの政治手法に対しても不満を覚えた。すなわち、バジョットは「妥協（compromise）」の方針を中心にしたウィッグ政治に一定の評価を与えたけれども、そうしたウィッグ政治家たちですら、バジョットの批判を免れるものではなかった。ヴィクトリア時代中葉の特徴とは、貿易や財政等の「細目事項（detail）」に関する政治的対処の要求が高まった「ビジネスの時代」だとするバジョットにとって、政治家には細目事項の扱いに「責任（responsibility）」を感じながら「真摯（earnestness）」に取り組む姿勢こそがもっとも肝要であった。膨大な数の政治的細目に立ち向かうにあたって、そうした真摯な政治姿勢こそが、当面する課題に関するあらゆる可能性の比較考量を行い、最善の決断を導き出すことを可能にする。膨大な細目の要請に応える以上、そうした決断は常に妥協的方策となる。バジョットが、当時のイギリス国政運営において不可欠だと力説した「ビジネスとしての政治」手法とは、このような意味における妥協に基づく大局俯瞰的な組織（国家）全体の「経営（management）」あるいは「管理運営（administration）」なのである。バジョットは、このように政治的リーダーシップに求められる資質の質的転換の必要性を訴えること、換言すれば、政治支配者層に経営感覚の保持の自覚を促すことによって、政治支配者層、とりわけウィッグの政治的リーダーとしての機能回復を図ったのである。

ビジネスの一部門として政治を扱うバジョット独特の「ビジネスとしての政治」論は、たとえば、バジョット初期の論考「クーデタ書簡」において、次のように提示されている。


［政治に対する誤った見方は］政治は不易の倫理学の単なる応用部門にすぎない、という考えです。言い換えれば、いついかなる場所でも、人間にはたしかな権利があり、その権利はあらゆる支配の唯一の十分な基礎である、したがって、一つの決まりきった支配形態が世界を席巻する、という考えです。

バークは［この誤った考えに反対して］、次のように、世界に向かってはじめて説きました。政治は時間と空間からできている——諸制度は変わりやすい世界の状況の移り変わりに急かされ、また適合させられる移りゆくものなのである——事実、政治はビジネスの単なる一分野（a piece of business）にすぎない——つまり、あらゆる場合において、明らかな緊急要請によって決定される——分かりやすい英語でいうと、感受力と状況（sense and circumstance）によって決定されるのである。これがバークが説いた内容です。(7)


バジョットは、E・バーク（一七二九—九七年）にこのように語らせながら、「政治はビジネスの一分野」であるという政治観を打ち出している。しかも政治がビジネスの一分野であるとするならば、ビジネスの方法は「商人に不可欠なもの」であるだけでなく、「政治家にとっても非常に重要なもの」ということになる。(8)

このように、バジョットにとって、政治とは、普遍的に妥当する倫理学の応用などではなく、時代や場所の制約の中で行われるべき営為であった。では、イギリスに特殊の「状況（circumstance）」とはなにか。バジョットは、国家が扱うべき業務の数が飛躍的に増大したことを同時代の大きな政治的特徴ととらえていた。すなわち、バジョットによれば、ヴィクトリア時代中葉をもっとも強く特徴づける政治的「状況」とは、「日々増大しつつある業務（business）の巨大な圧力」が「せわしなく複雑な社会における支配者たちを包囲する」時代[9]、「大量の立法」を政治運営上の不可欠の要件とする「著しいビジネスの時代（an age of an important business）」だということであった。また、バジョットは、このような時代に対処されるべき諸問題との関連から、ビジネスの時代を、「審議されるべき大きなトピックが山ほどあるが、ビジネス慣習（business habits）をかなぐり捨てて行うほどの、あるいは最高の情熱や最高の想像力を揺さぶるような重大なものがない時代」として特徴づけている[10]。

バジョットは、こうした政治上の「大きなトピック」について、『国制論』ではより具体的に、次のように説明している。

一八六五年の法令集、すなわち、その年の制定法一般を見て欲しい。そうすれば、そこには文学作品の断片や洗練され繊細な言葉ではなく、重苦しいビジネス（heavy business）がうずたかく山積みされているのが分かるだろう。そのビジネスの中身は、財政であったり、制定法改正であったり、コモン・ローの改正であったりする。つまり、その中身は、様々な種類のビジネスの問題なのであって、しかも万事がビジネスに関するものばかりなのである[11]。

さらにバジョットによれば、こうした政治上のビジネスの実質的な内容は、具体的「細目事項」の処理に関わる「退屈（bore）」なもの、「面白みのない（dull）」ものであった。

今後、われわれの注目を引く問題は多岐に渡るであろう。その問題のどれもが非常に重要なものであり、そのいくつかは非常に難しい問題であり、あらゆる問題は歴史的文脈によって複雑化したものだろう。また、多くの細々とした（detail）問題から成り立つ問題もあろう[12]。

実際、当時のイギリスにおいては、工業化と経済成長を契機とした社会構造の複雑化に伴い、政府が取り扱うべき業務量が急激に増大した。行政学者のN・チェスターによれば、取り扱い業務の増大は、公文書数で確認することができるという。たとえば、一七八三年から九三年における財務省取り扱い公文書数は、年平均二五〇〇通から三〇〇〇通であったが、一八四九年には、二九九一四通に激増している[13]。

政治業務内容におけるこのような急変を反映して、政治家が行わなければならない仕事量の増大について、仕事の多さに辟易する当時の政治家たちの声を聞くことができる。たとえば、一八五〇年代に庶民院議員を務めたC・コウァン(一八〇一―八九年)は、「エディンバラのような都市の代表の義務は、しばしばとどまることなく難儀なものであった。……毎日の手紙[の数]は耐え難いものであった」と自らの議員時代を回顧し、一時間半で一八通もの返信を自ら書いたこと、委員会が深夜まで続いたことなどを苦労話として打ち明けている[14]。

政務が財政や制定法改正の問題といった膨大な数の細目事項から構成されるものであるとすれば、議会政治家にはそうした細目事項処理能力の具備が必須条件となる[15]。こうした理由から、庶民院に必要な人材は世界帝国を個人的能力で造りあげるような英雄的人物などではない、とバジョットは主張した。

現在の国内の案件は、山のような専門的事項(a heap of specialities)、すなわち「通行料金」「会社の登記」「州警察」「大法官庁改革」なのである。こうしたものが、われわれの日常生活上の仕事である。こうした細目事項に、ボナパルトやアレキサンダーのような独創的な天才はいらない。もし、天才が必要であるとするならば、外交問題においては調査の天才(a genius of investigaton)が、国内問題においては細目事項処理の天才(a genius of detail)が必要なのである[16]。

このような観点から、バジョットは、議員を志す者ならば、若い頃から役所や実業界でルーティン的な下働きを経験する必要があることを再三主張している[17]。

上層中流階級に対する政治支配者層の門戸開放は、こうした観点からも支持されなくてはならない。なぜなら、この階級こそが、実務能力を十全に有する人材を供給できるからである。バジョットが、上層中流階級の中に細目処理に精通した人材が数多く存在すると見ていたことは、次の議論からも裏付けられる。

もっとも辛抱強く、もっとも公平で、もっとも知的な階級［上層中流階級］に大きな発言力を持たせるべきである。このことは特に望ましい事柄である。ときおり言われるような「細目処理議会（'Parliament of detail'）」をわれわれが望むなら、細目処理にもっとも精通した階級に幾分かの影響力を与えるべきである。細目事項の扱いに慣れた階級に影響力を与えるべきなのである。現在の議会における討論は、慎重な扱いを要する難しい問題を、可能なかぎり最高の議論によって処理しているなどとはほとんど言えない[18]。

バジョットの時代における庶民院の活動内容がこのように政治上の細目にわたるビジネスであるとすれば、そもそも彼は、ビジネスそれ自体をどのような性質の活動と考えていたのだろうか。「クーデタ書簡」では、バジョットは、ビジネスとは、「実利的計算を本能的に行う習慣」であるとしている[19]。またのちの『国制論』では、バジョットは、「ビジネスとは、実際には特定の手段を特定の目的のためにぴったりと適合させること」と説明している[20]。これらの説明からは、少なくともバジョットにとって「ビジネス」とは、手段を目的に適合させるよう計算する目的合理的な実務的営みであった、と言うことができるであろう。

ところが、バジョットがその必要性を強く訴えた実務を中心的要素とする「ビジネス教養」的な知のあり方は、一九世紀のイギリスにおいては肯定的評価を受けてはいなかった。すなわち、こうした「ビジネス」の精神は、しばしばベンサム主義的な目的合理的精神と同一視され、方々から強烈な批判に晒されていた。[21] たとえば、S・T・コールリッジは「実験技術とか分類方法とかにすぎぬものを現実に関する完全な説明だと誤認」する科学的、商業的精神を、真の人間精神の生命や叡智を理解できない「死の哲学」と断じ、この「一八世紀の機械論的唯物主義に対する……生死を賭けた闘い」を展開した。[22] また、自己利益を人間の行為の絶対的基準とするベンサム的人間観に対するJ・S・ミルの懐疑はあまりにも有名である。[23]

さらに、バジョットや前章で述べた「行政改革協会」のメンバーを構成するラディカルの経営者らが立てた戦略、すなわち実業界の手法を国政運営に採用させるという戦略に対して、そうした手法の政治上の有効性に対する疑念が示されていた。たとえば、保守党支持層からは、すでに上層中流階級が中心となって市政を運営している新興の大都市において、彼らが実際に優れた実績を示しているわけではないという批判が提出された。また、自由党支持層は、パーマストン（一七八四―一八六五年）やグラッドストンら当時の自由党の指導者らの政治目的が既存の政治支配者層による支配の維持であったことから、ビジネスの価値観を政治に反映させるという考えに対しては冷ややかであった。さらに、地主貴族支配体制に対する手厳しい批判者であったJ・S・ミルやG・C・ルイスら中流階級出身の知識人たちですら、専門職（profession）の政治への参入についてはその必要性を強く訴えたが、他方で実業家としての能力が政治の世界でも有効であるという議論については疑念を抱いていた。[24] 実力主義的発想が広まりつつあった一九世紀においては、高級役人や聖職者、勅選弁護士などの専門職が花形の職業だったのである。[25] このように、総じて、実業界によるイギリス支配体制の形成をめざすような政治プランを推進する立場は、当時旗色が悪かった。

実業家側でも、ビジネスの世界に対するイギリス社会全体の以上のような考えに同調する人々もいた。実業界で成功し巨万の富を得た彼らの中には、自らの成功を、中流「階級」の一員としての成功ではなく、あくまでも個人的な努力や特性の結果として考え、上層も含めて中流階級一般を蔑視するような人々が少なくなかった。このような認識から、多くの実業家たちは、自らが生粋の地主階級出身者ではないため、政界入りに対して消極的な考えを持つ場合も多く、庶民院議員になった場合にも、大きな発言権を獲得し主導権を積極的に行使しようとはしなかった。[26]

このような思想的風潮の最中にあって、バジョットは「ビジネス・ジェントルマン」による政治支配の正当性を論じた。しかし重要な点であるが、バジョットは、純粋な目的合理的精神そのものを体現しているがゆえに、彼らを擁護したのではない。バジョットによれば、「国制とは政治的目的に対する政治的手段の寄せ集めであ」り、「結果がすべてであって、業務さえこなせば（do business）よい」と考える「実利主義者たち」は「誤っている」。[27] バジョットが「ビジネス教養」として念頭においている実務的能力は、単なる機械的な事務処理といった狭隘な性格のものでは決してなかった。「ビジネス教養」という意味での事業経営者の目的合理性は、ウェーバーが『職業としての政治』その他で論じた官僚制国家の歯車にすぎない「生粋の官吏」あるいは「『政治的』行政官」の行為基準としての目的合理性とは似て非なるものと言うべきである。[28] 実際バジョットは、『国制論』で、「決まりきった事務手続き（the routine of business）を、手段ではなくて目的と考える」官僚制を批判している。[29] なぜなら、官僚組織が準拠する実務処理の手法は、「ビジネス技能の真の原則に完全に矛盾している」からであった。[30] 目的合理的精神に関連して、バジョットは、G・C・ルイスの欠点を指摘している。バジョットによれば、ルイスは手段と目的を適合させるという意味における「ビジネスの想像力（business imagination）」を持ってはいたが、このような狭隘な意味におけるビジネスの原則を外れた問題、つまり「予見できない」、「計算できない」問題には対応できない。ルイスのこうした欠点は、彼のペダンティックな実践的態度にあった。すなわち、バジョットによれば、ルイスはJ・オースティンの抽象的学問から深く影響を受ける中で、人間の利害感情や興味関心を理解できず、他者と「共感」することができなかった。[31] このように、バジョットの考えでは、「ビジネス」とは、コールリッジらが批判するような目的合理的精神一辺倒に染まることではなかった。それは前章で論じたような

「精神全体（the whole mind）、つまり人間本性全体（the aggregate nature of man）」との関わりを欠くことのできない活動であった[32]。

「ビジネス・ジェントルマン」が、ウェーバー的「官吏」と異なるのは、前者が行う活動が決断を要するものであることに理由がある。バジョットは、「議会改革論」において、庶民院の機能を二つのものに還元した。第一に「支配機能（the *ruling* function）」であり、第二に「表出機能（the *expressive* function）」である[33]。後者については次節で扱う。前者の支配機能とは、国家における「主権者」、すなわち最高意志決定機関として、国政における意志決定の任務を遂行することである。そのため、支配機能を遂行するためには、政治家は官僚とは異なり、なんらかの結論を必ず出さなければならない。

ところが、バジョットの考えでは、国家の最高意志決定機関である庶民院を通じて決定形成が可能であるということ、つまり議会が一つの結論に達しうるということは自明ではなかった。なぜなら、「大勢の雑多なジェントルマン」からなる「大ロンドンクラブ」のようなこの決定機関は、気質や関心などがそれぞれに異なる六五八名の議員により構成されているからである[34]。バジョットは、『国制論』において、それにもかかわらずイギリスでは、この支配機能が実際に十分に働いている事実に対し、次のように好奇の目を向けた。

> 実際、われわれは、そのように〔庶民院によって〕支配されることに慣れきっているため、それが奇妙であるなどとは感じない。しかし、あらゆる奇妙な支配形態の中で、事実もっとも奇妙な支配形態とは、公衆の集会（a *public meeting*）による支配である。そこ〔庶民院〕には、イギリス中から集められた六五八名の人間がいる。彼らは、本性や利害、容貌や言語において異なっている。もし、われわれが、イギリスとはどのような帝国であり、どれほど多様な構成要素を持っており、どれほど頻繁に心配事が変化し、政策を練るにもどれほど歴史的要因を考慮しな

ければならないかに思いをいたすなら、さらには、この帝国の支配者には、どれほど広範な情報や、どれほどの卓越した判断や不屈の意志が必要なのかに思いをいたすなら、現実の彼らとのギャップに驚きが絶えないであろう。すなわち、彼らは雑多な集団である。ときには大勢であったり、ときには少数であったりして、一時間ほどの間も一定ではなく常に変わってしまう。ときには興奮することもあるが、ほとんどの場合活気がなく、半分はくたびれている。彼らは、いらいらしながら演説を聞いているため、どんな冗談にでもホッとして飛びつく。イングランド、スコットランド、アイルランド、さらにはアジアやポリネシアやアメリカ大陸の大部分から構成されるイギリス帝国を支配しているのは、このような人々なのである。[35]

こうした性格の庶民院が単一の決定へとたどり着くこと自体、「奇妙なこと」と考えざるをえない。したがって、バジョットによれば、多種多様な人々が庶民院に「突然召集されて集まったところで、なにもできない」としても不思議ではない。[36]

バジョットは、このように雑多な人々の集会という性格をもつ庶民院が、それにもかかわらず「まがりなりにも支配できるようになっている」理由、すなわち意志決定を行うことが可能となっている理由を二つ挙げている。第一に政党組織の存在である。バジョットによれば、政党は、議員を統率する機関として機能することにより、庶民院において非常に重要な役割を果たしていた。すなわち、政党指導者は、議会解散権の行使を「脅迫手段」にすることによって、政党の決定に対する各議員の服従を確保するのである。[37]

本書の議論との関連におけるヴィクトリア時代中葉の政党（自由党、保守党）の際だった特徴は、現代の政党のように党組織の各議員に対する拘束が強くはなかったということである。そのため、重大な政治的決定事項においては、党の決定に対する各党の平議員たち（backbenchers）の反対によって党が割れることがしばしばあった。一八四六年の穀物法廃止時のピール派の保守党離党や、六六年の自由党の選挙法改正法案に対するR・ロウら自由党議員四六名の「アダラマイト」の反乱は有名である。また、ダービー（一七九九—一八六九年）の保守党内閣による六七年の選挙法改正の成立過程おいても、J・ピール（一七九九—一八七九年、R・ピールの弟）、クランボーン（一八三〇—一九〇三年）、カーナボン（一八三一—九〇年）の各閣僚は辞任をほのめかした上で、ダービー・ディズレイリの案に反対している（後二者は、実際に辞任した）。同じとき、自由党側においても、グラッドストンが、自宅で代議士会を開き保守党の改正案に対する反対投票を要請したが、散会後、五〇名ほどの反対者が議会の喫茶室に集まり、グラッドストンの要請に対する拒否を決定している（「喫茶室党」）[38]。

このように、政党自体の組織化が不十分であった当時において、一組織としての政党の体裁をととのえていたのは、その組織ではなく、政党指導者個々人や少数よりなる党指導層であった[39]。すなわち、当時における政党のもう一つの特徴は、政党指導者が、党所属議員に対して非常に大きな影響力を有していたことである[40]。このような政党指導者（層）への権力集中は、議会で処理されるべき政治業務の質量の変化によって促された。すなわち、業務領域の拡大や業務量の急増によって、効率的かつ計画的な議事進行の必要性が生じたため、議員たちによる討論の時間が大幅に削られ、政党指導層が議会運営全体を掌握するようになったのである[41]。

このような状況の変化をうけて、第一次選挙法改正後においては、政権交代に直結するような重大な政治的決定事項や党内が分裂するような大問題に対しては、自由、保守両党は、それぞれの指導層を中心に、党の方針よりも自らの主張を貫こうとする党内の平議員たちの勢力を封じるために、強力な結束を示すことが多かった[42]。その他、穀物法廃止におけるピールの決断や、ライバルであるグラッドストンを出し抜くために党の方針とは異なるラディカルな改革を実行した第二次選挙法改正におけるB・ディズレイリ（一八〇四—八一年）の行動に見られるように、政党指導者の見解如何によって党所属議員たちの行動が左右された数多くの局面を見ることもできる[43]。このように党が分裂するなどの事例を含めて、指導者による決断に従い離党するということが、既存の党組織基盤の脆弱さと指導者個人の影響力の強さを表していた。M・オストロゴルスキーによれば、有力な貴族やジェントリが主導権を握るこのような政党のあり方が、バーミンガム連合などのコーカスの挑戦を受け、次第に主導権を失っていくのは、第二次選挙法改正後初の総選挙が行われた「一八六八年の民主化の嵐ののち」のことであった。[44] A・ホーキンスにしたがえば、このように政党の組織形成が未発達であり、イギリス国政における最高決定権が、与党というよりは庶民院にあったという意味で、一八六六年までを「議会政治（parliamentary government）」の時代に位置づけることができる。彼によれば、六七年以降、第三次選挙法改正の八四年前後にかけて「近代政党システム」が次第に整備されていった。[45] このような状況の中で、政党の重要性を論じるにあたって、バジョットもまた政党組織のあり方よりもむしろ、政党政治の運営方法や政党指導者のあり方に焦点をおいていた。

この政党政治運営の手法が、庶民院において意志決定を可能にする第二の理由であり、「ビジネスとしての政治」の手法がこれに当たる。先述したように、バジョットは、この種の政治を「経営」あるいは「管理運営」と表現し、またビジネスの処理に長けた「経営者（manager）」ないし「管理運営者（administrator）」こそが「ビジネス・ジェントルマン」であると見なした。このような意味で、「ビジネスとしての政治」とは、多様な政治的細目業務を扱いながら国政運営を遂行していく大局俯瞰的な経営または管理運営なのである。[46] こうした観点から、日々のルーティンをこなすだけの「平凡な管理運営者（ordinary administrators）」は、「ビジネス・ジェントルマン」と見なすことはできない。「ビジネス・ジェントルマン」と呼ぶことができ、議会政治家にふさわしい人材は、「偉大な管理運営者（great administrator）」でなくてはならない。バジョットは、一八六一年に「ウィリアム・ピット論」（以下、「ピット論」と略称）と題する論考を発表し、「管理運営」について定義しつつ、W・ピット（一七五九―一八〇六年）を理想的な議会政治家である「偉大な管理運営者」として描き出している。

一般的な管理運営者は非常にありふれている。日々の生活が、平凡な人々を必要とし、またそうした人々を作り上げる。しかし、本当に偉大な管理運営者は、その日のことのみならず、翌日のことをも考える。また、行わなければならないことのみならず、彼自らが望んだことをも行う。そして、あらゆる困難の根絶に熱心であり、改良のあらゆる余地を模索している。偉大な管理運営者は、同時代の最高の政治的思考に通じており、その思考にしたがって支配されるべきことを時代に向けて説得する。そうして彼がその思想を政策や法の形で具体化することを認めさせるのである。この大きな意味での管理運営は立法をも含むものである。というのも、管理運営とは、現在の問題を処理すること（manage）のみならず、将来の行為について先を見越して調整すること（far-seeing regulation）に関する事柄でもあるからである。……どのような時代でも、経営する（manage）ということは容易なことではない。どのような時代でも、その時代の最高の思想に通じるということは容易なことではない。しかし、時代の最高の考えにしたがって時代を経営することほど、この世の中でうち克ちがたく困難なことはない。[47]

ただし、これら二つの能力で優先されるべきは、前者である。なぜなら、バジョットの考えでは、「管理運営」においては、「ピット論」においてバジョットが政治家の能力としてもっとも重視したのが、右の管理運営の定義にもあるように、「現在の問題を処理すること」ならびに「将来の行為について先を見越して調整する」能力であった。

ただし、これら二つの能力で優先されるべきは、前者である。なぜなら、バジョットの考えでは、「管理運営」においては、現在の問題に対処することなくして、将来の問題に心を向けることは不可能だからである。バジョットは、『国制論』において、「実業家（men of business）」が実際に採用している管理運営の秘訣を、「よく練られた理屈に合わない中庸（a studied and illogical moderation）」の方策を採用し「中道策（a middle course）」作成をめざすことだと論じている。[48] さらに、論考「マコーリー氏」では、「政治とは一種のビジネスであ」り、「ビジネスの本質は、妥協（compromise）」であるとも論じられている。[49] バジョットのこのような主張に目を向けるならば、彼の「管理運営」観もしくは「経営」観を明らかにするためには、彼の「妥協」論の内容を探究する必要があることが明らかになる。
「妥協」および「中庸」という言葉のみから判断するならば、バジョットのこうした議論は、「中庸の精神」によって多様な諸利益の均衡を保つことを政治目標に掲げたウィッグの基本路線と一見して大差はないようではある。[50] バジョット自身、名誉革命以後のイギリスの国家運営を成功裡に導いてきた基本路線として、政治的決定における「妥協」的方策を高く評価している。[51] しかし、国政全体を指導するためにバジョットが必要とする経営的観点に基づく妥協は従来のウィッグによる妥協からは、明らかに一線を画すものであった。旧来型のウィッグによる「妥協」は、バジョットや彼と同時代を生きた多くの知識人の目には、単に無計画で場当たり的な折り合いにすぎないものと映った。一八世紀のウィッグによる妥協的政策を単に弥縫的なものと見なす視点は、アクトンやL・スティーブン（一八三二―一九〇四年）、A・V・ダイシー、J・モーリー、F・ハリソンら一八三〇年代生まれの知識人たちが言論界で活発に議論を行うようになる一八六〇年代以降特に顕著になる。たとえば、アクトンは、ウィッグを哲学的洞察に欠け非体系的でその場しのぎの妥協を行う近視眼的な人々として描き出し、無計画なウィッグと計画性に富んだ哲学的なリベラルとの相違を強調した。[52] 一八世紀型のウィッグに道徳的、知的欠陥を見いだしたスティーブンの思想も同様に、旧来のウィッグとの断絶を示している。[53]
アクトンらによって、このような一八世紀ウィッグからの転換を達成したウィッグの改革者に位置づけられた人物が、歴史家としても著名なT・B・マコーリーである。[54] すなわち、マコーリーは、ウィッグの伝統的な妥協の政治運営手法に、革命をその最大のものとする政治的騒擾の阻止と改革とを同時に達成可能なものとする体系的原理を与えることにより、場当たり的な日和見主義政策からの転換を実現した人物として評価された。[55] マコーリーのこうした立場に、ウィッグを離れた超党派性を見ることもできる。[56] 第五章で詳しく検討するように、バジョットも状況全体を客観視し適切な妥協的方策の案出を可能にしたマコーリーを高く評価した。[57] この意味では、バジョットも、アクトンらと同様、マコーリーに一八世紀的ウィッグとは一線を画する長所を見ていた。

しかしながら、バジョットは、他方で、マコーリーにおける政治家としての重大な欠点を見逃しはしなかった。マコーリーの欠点とは、「彼と同世代の他のウィッグ政治家と同様」、現実世界に自ら身を投じようとせず、現実問題の所在を突きとめて、それを理解するだけで満足するため、直近の政治的問題を迅速かつ正確に処理することができないことであった。バジョットによれば、このような欠点のため、マコーリーは、政治家としては「依然として［一八］三二年の人間」に位置づけられざるをえない[58]。

バジョットが、旧来のウィッグのみならず、マコーリーに対してさえ旧態依然とした政治手法を見いだした理由は、先に論じたような政治運営における「細目事項（detail）」の扱いに対して彼らが誤った考えを抱いていたからあった。すなわち、当時の政治的支配層を主として構成した貴族、ジェントリら地主階級は、政治における「細目事項」処理業務を下級役人が処理すべき些末な仕事だと軽視しがちであった。第一次選挙法改正成立時の首相であったC・グレイ（第二代グレイ伯）の息子H・G・グレイ（一八〇二―九四年）は、自らも植民地大臣など政府の要職に就いたこともあったが、政治的実務経験豊かな彼ですら、「わが国の公的機関において処理されるべき業務（business）はまことに膨大であるため、その細目事項（details）が内閣に提出されるべきだとは言えない」と論じ、閣僚が細目事項に習熟することの必要性を否定している[59]。さらに著名な法律学者J・オースティンも「細目事項」にかかずらうことは国家的な視野を失うことにつながるため、「細目処理に対する能力に秀でた」議員が増大することは危険だという見解を表明している[60]。バジョットから見れば、山積する細目処理に辟易していたC・コウァンは、細目の政治業務に対応しようとする態度を示したという点で、グレイなどよりもはるかに経営の意味を理解していたと言えるのかもしれない。

政治における「細目事項」の軽視の上でなされる「妥協」や「中庸」の態度などは、バジョットには到底寛恕することのできない誤った政治姿勢であった。このような姿勢こそが、「ビジネスの時代」にふさわしい国政運営のあり方を不可能にする。バジョットは、「妥協」や「中庸」の決断の前提として、「ありとあらゆる事実を知る」こと、あるいは現実により深く没頭することを重要視する。[61] そのため、広範かつ多岐にわたる眼前の細目事項に全精力を傾ける「真摯さ（earnestness）」がなによりもまず必要不可欠な資質として要求される。[62] こうした活力に満ちあふれた真摯さを有する人材だけが、ありとあらゆる政治的問題に心を砕き十全に対処することができる。バジョットは、首相の義務に関するR・ピールの次の言葉を「卓越した実務家」、「卓越した管理運営能力を有する首相」の言葉として高く評価した。

彼［首相］は、すべての外国からの重要な公文書すべてに目を通す。［なぜなら］もし彼が、外務省におけるありとあらゆる重要事の大家でなかったなら、彼は外務大臣に相談することや外交に関するしかるべき影響力を行使することが不可能となるからである。他の［すべての］省に関しても同様である。……彼は、彼に話しかけるような地位にあるすべての人からの書簡に、おそらく直筆で返事をしなければならない。彼は、公的業務（public business）に関する諸々の委任状を受け取らなければならない。議会の会期には、彼は一日につき六、七時間は出席することを期待される。しかも週四、五日である。もし欠席したなら、少なくとも彼は非難されるのである。[63]

このように、バジョットは、膨大な数の細目事項の処理が求められる「ビジネスの時代」においては、政治家は、活力ある「真摯さ」によってのみ、政治的諸問題への十全な取り組みが可能となり、ひいては、広範な問題に取り組まなければならない国家の全範囲を経営する俯瞰的な視野を得ることができると考えた。[64]

バジョットによれば、この「真摯さ」こそが、「ビジネスの時代」の議会政治家が持つべき根元的な資質であり、次に示すパーマストン（一七八四―一八六五年）のような旧来の政治家のあり方との断絶をもっとも明確に示すものであった。[65] バジョットは、パーマストンに関する小論において、パーマストンが「一部の人々に不人気」である理由として、

「真摯さが美徳とされる以前に生まれた」ことを挙げた。バジョットによれば、「真摯さ」は「新しい言葉であり、新しい価値」である。

パーマストンが青年期を過ごした摂政時代［一八一一―二〇年］には、「社会科学」がなかった。人は［単に］食べ、飲み、結婚し［て暮らし］た。……知的な心配事はなかった。［しかし］現代はそうではない。省察の気風が周囲に充満している。グラッドストンの演説をとり上げてみよう。演説内容に対する賛否はともかく、われわれは、彼や彼の時代を特徴づける生真面目な熱心さのことを述べざるをえない。彼は困難な問題にいつも考えをめぐらせている。現代とはそうした時代なのである。しかし、パーマストンは、昔の、より軽薄な種に属する。彼は、明敏な老銀行家の「毎日を平穏のうちにお過ごしなさい」という賢明な格言に従う。それゆえに、彼を好まない多くの人々が存在し、彼が決して触れることのできない彼らの本性の深みが存在するのである。(66)

このような観点から、バジョットは、「洒落者や放蕩者が以降の時代よりずっと支配的であった」時代に、「細目事項を気遣う愛」、「仕事に対する並々ならぬ活力」をピットが有していたことを高く評価した。(67)

ピットに特徴的な長所は、人を悩ませる細目事項のただ中で、明白な心配事のただ中で、もっとも熱心で有能、活気溢れた反対党を目の当たりにして、彼が自らの全精力を偉大ではあるが実際的な計画に注ぎ込んだことである。(68)

このような理由から、バジョットによれば、「真摯さ」が政治家の不可欠の資質となった時代においては、パーマストンは、「すでに過ぎ去った時代の代表的人物として」、あるいは「一つの歴史的現象として」のみ扱われるべき政治家に分類されざるをえなかった。[69]

さらに、この「真摯さ」は、職務に対する責任感と密接不可分の関係にある。第一章で論じたように、バジョットは、イギリスの国家運営が「自由な統治」すなわち「自治」であることを重要視する。そのため、政治家たちには、イギリスという国家の実質的「統治機関」である庶民院を運営するという重大な責任が課されることとなる。それは、バジョットの経済的著作の主著『ロンバード街』（一八七三年）で描写されているような、自らの誤った行動が自らの会社の破綻を招来するという意識から、堅実な経営をめざす銀行経営者たちの精神と共通するものであったと言えよう。「ビジネス・ジェントルマン」は、庶民院の運営、ひいては国家経営に対するこうした「責任（responsibility）」を強烈に感じながら、国政運営の実務を行っていくことのできる人物なのである。その責任感は、次に示すピールの描写に端的に示されている。

サー・ロバート［・ピール］が非常に誠実な人物であったということは、きわめてたしかなことである。おそらく、彼は管理運営責任（administrative responsibility）に対する病的なほどの感覚を持っていたのであろう。書簡を開封するときには、どこかでなにかが不首尾に終わったのでは、という苦悶を必ず感じていたと言われているリヴァプール卿ほど、彼［ピール］は重圧に押しつぶされていたとまでは言えない。しかし、あらゆる証言に一致してみられるように、サー・ロバートは細目事項を細心に気づかう義務の感覚（an anxious sense of duty in detail）を持っていたのである。[70]

議会政治家とは、このような重責を担うべき多大な努力を要する職業であった。このような職業としての政治に関して、政治を「職業（calling）」と表現するバジョットは、「ピール論」の末尾において、ピールと彼の職業（calling）である政治との関係について、次のように論じている。

本稿では公人としてのサー・ロバート・ピールについてのみ言及してきた。もしあなたが彼の特徴的性格を描きたいのであれば、そうするのが理に適っている。彼について考えるなら、なによりも政治業務（political business）に従事した人物として考える努力を要する。ディズレイリによれば、誰かが言っていたそうだが、ピールは庶民院にいるとき以外は決して幸せではなかった、あるいは庶民院に関係する事柄に関わっているとき以外は決して幸せではなかったようである。日常生活において、われわれは自らの目的と分かちがたく結びついた人物を見ることが絶えずある。……彼らの本性が、［現世で果たすべき］職業（calling）にほとんどずっと没頭しているように思われるのである。そういった人について語るとき、その職業について語らざるをえない。その職業について語ろうとすれば、無意識的に彼らについて語らざるをえないのである。サー・ロバート・ピールについて言えば、まさにこの通りである。立憲的な政治家の手腕（constitutional statesmanship）が時代に適ったものであるかぎり、……柔軟で変幻自在かつ管理運営に秀でた精神にのみその機能の成功がかかっているかぎり――われわれは彼以上に優れた人物を望めない[71]。

このように、「管理運営」とは、強烈な責任感を抱きながら、膨大な数の「細目事項」の処理に「真摯」に取り組む営みだとバジョットは様々な論考の中で強調した。そうした取り組みこそが、万般の事情をふまえた上で、多種多様な見解から実践可能な方策を導出するという、政治指導者がまず第一に果たすべき決断を可能にする原点なのである。バジョットによれば、「ビジネス・ジェントルマン」こそが適切な方策を作り出せる。彼らは、「いつも可能性や不確実性を抱えて生活している。彼らの周囲には、確実なものはなにもない。……いくつかの採るべき道はあるが、それに対し山のような意見が出てくる。にもかかわらず、はっきりとした一つの進路を選び、それを堅持しなければならない」。このような人々が一つの決定を導き出すことができるのは、彼らが「無視しがたい事実に即し」、「じかに責任を感じながら」決断を行うからである。つまり、現況のあらゆる側面を把握することで、ある改善すべき問題に対して、「山のような意見」の中から実践可能な処方を見いだすことができるのである。(72)

政務に対する「真摯さ」や「責任感」をこのように重視するバジョットにとって、「ビジネス教養」とは異なる種類の古典教養を有する旧来型の地主政治家は、先に触れたように、同時代における庶民院の職務には馴染まないものであり、むしろ積極的に排除されるべきものですらあった。旧来型の地主政治家は、任務に対する責任感に欠けていたからである。バジョットは、パブリックスクールやオックスブリッジで身につける教養について、「古典における偉大な実践的知識とは無関係で、色褪せた思い出に思いめぐらせるようなヴェルギリウスやホラティウスと関係のあるものであり、奇妙にも、必然的にそれらの向こうを張った計算やビジネスとは対照的なもの」とみなした。続けてバジョットは、こうした教養を備えた政治家の典型を次のように描写した。

> 彼らジェントルマンは、自らの職業の環境から、談話家的政治家（conversationalist statesmen）と呼ぶことのできる一団をつくり出した。カニング氏はこのタイプに属する。彼は天性の雅致に富み、流れるような話しぶりであって、あらゆるものを素晴らしいウィットで飾り、もっとも繊細な扱いを要するトピックについても滑らかに話し、夕食の席での談話家（*raconteur*）さながらあらゆる話題に触れながら、それらを軽く脇へやる。そうして、彼はなにも知らないのではないか、いやなんでも知っているのではないか、などとわれわれを混乱させる。(73)

バジョットにとって、G・カニング（一七七〇—一八二七年）のこのような実際上の仕事ぶりは、細目事項上の細かな規則が政治業務である時代には、不満を感じずにはいられない。古典教養を身につけた「談話家的政治家」たちは、「素晴らしい精神を困難な仕事に対する思考に使っているようには思えず、また実際に働いているようにも思えない、大きな問題がもつ荒々しい（rough）本質と現実的に格闘しているとは思えない」真摯さの欠如した政治家なのである。そのため、美辞麗句を巧みに操り優雅に振る舞うタイプの地主政治家は「不必要だし不適切である」から、「ビジネスの時代」の政界からはもはや退場すべきである。(74)

旧い繊細な議会は消え去り、それが好んだ［古典的］論客も消え去った。物事の進展、そしてその進展の結果としての改革法は大学階級（the university classes）から国民代表を取り上げ、また取り上げつつあり、実務的階級に代表を与えつつある。博覧会、算術、些事、諸改革――これらが近代的雄弁の主要物なのである。……非常に簡明な話しぶりが、「通行料金」や「株式会社の登記簿」や財政、郵便局に適している。幸運にも現在の政治業務である文明がもたらす些事の細かな規制には、洗練された趣味あるいは凝った表現のある雄弁は不必要だし不適切である。演説がそうなら、人間もまたそうである。サー・ロバート・ピールは旧い議会ではカニングに劣るが、新しい議会では彼よりも絶対的に優れている。旧き時代のアリストクラシーの洗練や素晴らしい装飾は、新時代の些事や無味乾燥（dryness）が彼［ピール］にとってふさわしいものであるのと同程度に異質なものである。彼は改革法が彼にもたらした場所に見事なまでにふさわしかった。彼は働き、説明するのにふさわしく、魅了したり、楽しませたりすることはできなかった。(75)

しかし、他方で、直面するありとあらゆる業務に対し、手当たり次第に関与する思慮を欠いた態度もまた管理運営からは排除されなければならない。バジョットは、政治活動における過度の「熱狂（feverishness）」に対しても非常に懐疑的であった。たとえば、バジョットによれば、H・ブルーアムは、当時のあらゆる学問に精通し、「すべての事柄を行おうとした」情熱的な人物であったが、その活力の過熱ぶりゆえ、沈思黙考することができず、行動の一貫性を常に欠いていた。結果として、ブルーアムは、「常軌を逸した移り気」に陥り、また「行動の予測不可能性」を周囲に印象づけざるをえなかった。[76]ブルーアムのこうした側面とフランス国民の性格との近似性を指摘することもできるであろう。「ビジネス・ジェントルマン」があらゆる政治的業務に向ける真摯さとは、あらゆる問題を無原則に取り扱うような一貫性を欠いたエネルギーの暴発ではない。真摯さとは、直面する状況全般を視程におさめ、全体との関係から個別の問題の実現可能性を「冷静（cool）」かつ「沈着（calm）」に熟慮し実行に移す「穏健な（moderate）」態度なのである。[77]

加えて、「ビジネス・ジェントルマン」によって行われるこのような政治運営は、将来のある時点に到達点を定め、そこへ向けて進路を定めていく理想の追求というような性質の営為ではない。何度も述べたように、バジョットにとって、起点としての「細目事項」に対峙していくことが政治的思慮や行動の不可欠の前提である。そのため、この起点から外れた政治上の構想は、すべて事実から乖離した観念的な理想、空想として退けられなければならない。バジョットは、このような観念的理想の追求を、既存の政治秩序を軽視し、政治秩序を支える制度に軽率に手を加える愚かな行為として強く非難した。なぜなら、バジョットは、現状から乖離した様々な改革論によって、当時のイギリス国制の枠組みが一挙に破壊されてしまうことを危惧したからである。このような理由から、普通選挙権を要求するような改革論は言うにおよばず、T・ヘア（一八〇六―九一年）が提唱しミルが賛同した比例代表制も、既存の選挙制度と共通点のない原理に基づき、国民にまったく周知、理解されていない「大変革」であるため、「空想物語（romance）」として排斥されざるをえないものであった。[78]

観念的理想の追求という意味では、ディズレイリも同罪である。バジョットは、数多くの論考で、ディズレイリを徹底的に貶めた。バジョットによれば、ディズレイリの小説『コニングズビー』における「歴史、社会、政治組織の常軌を逸した理論」は、「病的な想像力（unsound imagination）」で満ちていた。バジョットは、このような想像力が、ディズレイリの政治家としての業績にも大きく影響してきたと論じている。すなわち、ディズレイリは、「悪い意味でのいわゆるロマン主義的な政治的想像力、換言すれば現実生活の法則とはまったく無関係の空想（fancy）」に基づいて政治を行ってきた。その結果、「そうした［現実生活の］法則への反乱をいつでも起こす準備が整っており、貧弱な理想をそうした法則に当てはめてしまう」[79]。このような政治姿勢を採りつづけてきたため、ディズレイリは、政治的信念に欠け、将来の政治的建設を行えないどころか、「ありふれた業務（ordinary business）」すらまともに処理できないのである。[80]

このように、「管理運営」の真義を解しない多くの人々によって国政が誤った方向へ導かれようとしているからこそ、「ビジネス・ジェントルマン」による真摯さに支えられた適切な妥協に基づく政治運営が一層促進され擁護されなければならない。彼らは、ユートピア的理想に貸す耳など持ち合わせていない。彼らは、ある非常に理想的な改善策が存在したとしても、それを不可能とするような避けがたい諸「事実（fact）」を知っているため、その策を避け諸事実と折り合わせた道を採用する。これは、あらゆる事情を知悉しているからこそ可能な行為である。バジョットは、このような意味における妥協によってのみ、「適度なものではあるがはっきりした」決断、「実際には、事実に基づいた実践可能な」決断が導出されることを強調した。[81]

右のような営為が「ビジネスの時代」の政治運営に必要な「経営」あるいは「管理運営」であるとするならば、そもそもの取り組むべき課題（「細目事項」）に対し軽蔑的であるウィッグ主流の政治運営は、バジョットから見れば、「将来を気にかけないことによる無視、現在への近視眼的な没入」の態度と断じざるをえないものである。そのため、従来のウィッグ政治は、時代の変化に即応して行うべきことを能動的に遂行することができず、変転著しい経済・社会状況の中で状況追随的に後手に回る対応を余儀なくされるものであった。[82] バジョットにとって、「管理運営」すなわち、「ビジネスとしての政治」とは、「細目事項」という現前する問題の処理の中で、常に現況を起点に、これに迅速に対応しながら、自らの理想とは別に物事の趨勢を見極め将来に対して先手を打っていく進取的な取り組みなのである。バジョットによれば、現在の問題の経営に真摯な姿勢こそが、当面の課題への対処のみならず、先述した「管理運営」の定義の後段、すなわち将来の進路を予見し、なすべき「将来の行為について先を見越して調整する」ことをも可能にするものであった。バジョットは、このいわば将来構想力を次のように「管理運営」の中核的なものの一つとみなしている。

非常に繊細な機智（tact）を備えた精神には、遠い将来に関する原理に執着するという長所が与えられる。今を理解する人こそが、今の誘惑を感じ、現在を読みとる人こそが、……現在を越えて考えることの本当の難しさを感じる。後々のために行動しようとしない人にとっての今にはなんの価値もない。彼らにはなにも残されていない。彼らに開かれた機会はないのである。しかし、平明で明白な事柄、目下直面している事柄を知っている人々にとって現在は、まだ見えていない、まだ必要ではない、明白ではない将来を考えるための大きな価値があるのである。[83]

このように、現在の問題に対して真摯に取り組むことと、将来の見通しを立てる能力とは密接不可分の関係にあった。直面する状況全体を経営するためには、議会政治家にはあらゆる政治的問題に取り組む「真摯さ」が不可欠の資質として要請される。ただし、真摯さはそれのみにとどまらない。時代の課題に精力を傾ける真摯さがあればこそ、あらゆる諸事実の比較から物事の趨勢を予察することができ、将来に向けての実行可能なプランを見いだすことができるのである。

すでに論じたように、バジョットの考えでは、過去におけるウィッグの「妥協」の政治運営は、イギリスの政治秩序を保ちつつ、国家的繁栄を可能にした唯一の優れた政治運営であった。にもかかわらず、「ビジネスの時代」に突入したヴィクトリア時代のイギリスにおいては、ウィッグは、自治という非常に困難な営みを自らが行っているという認識が弱く、そのために責任感にも乏しくなっており、産業の大規模化や社会の急激な変化という状況に十分に対応しているとは到底見なすことができない。そのため、従来のウィッグの政治手法では、より一層複雑化する政治や社会に今後ますます適応できなくなるであろう。そのような事態を回避するために、バジョットは、数多くの論考で政治におけるいわば経営文化の導入を唱導した。このように論じることで、従前のままでは、リーダーシップを効果的に発揮することができず、その地位を保持しえないと見たウィッグにおける政治的リーダーとしての力量の再生をバジョットは図ったのである。

第二節　安定的時代の政治的リーダーシップ——調停型管理運営者

これまで見てきたように、バジョットは、「ビジネスの時代」には「偉大な管理運営者」が不可欠であり、そのために「ビジネス・ジェントルマン」による国政運営の実権掌握が必要だと論じた。ただし、そのリーダーシップのあり方に注目すると、一八五〇年代から晩年の七六年までのバジョットの議論には、二つのタイプの政治家像を見いだすことができる。すなわち、バジョットは、前節で扱った「偉大な管理運営者」を議会政治にふさわしい政治家像の基本型としながらも、六〇年代前半までと六〇年代中頃から七四年までについて、「世論（public opinion）」の状況に応じて、それぞれの政治状況の相違から、別種の政治的リーダーシップの必要性を説いている。バジョットの認識では、六〇年代前半までは、国政の基本方針に対して有権者層が基本的に合意に達しており、その結果として世論が安定的に示されている時代であった。他方、六〇年代中頃から七四年までにおいては、数多くの政治改革が喫緊の課題となり、国政方針に対する有権者層の見解は不明確となった。本書では、バジョットのこのような世論認識にしたがい、前者を「安定的時代」、後者を「改革の時代」と表現する。本節および次節では、世論をめぐるそうした時代の相違と各時代に求められる政治的リーダーシップのあり方をめぐるバジョットの議論について考察する。

イギリス政治史上の大半を占める安定的時代においては、バジョットは、R・ピールをもっとも理想的な「管理運営者」として論じていた。この時代には、有権者層全体が一定の政治的方向性を明確に支持しているため、政治家には、その方向性に沿った運営が期待される。具体的にピールの時代について言えば、自由貿易体制の確立という有権者層の要請を、所得税の導入（一八四二年）や穀物法の廃止（四六年）という形に具体化することが求められていた。バジョットによれば、このような時代には、庶民院における議論の方向性や有権者層の要求を常に見すえつつ、それを自らの政策とすることのできる調停型の政治家が最適であった。バジョットは、こうした調停という営為に必要とされる政治家の資質は、「平凡（common）」さだと説明する。この「平凡さ」とは、第一に、自らの独創的な意見を庶民院に押しつけるのではなく、庶民院における多様な意見の趨勢を理解・受容し集約していくための「平凡さ」である。さらに、第二に、庶民院における政治的決定事項を有権者層の大多数を構成する凡庸な選挙民たち（下層中流階級と上層労働者階級）が容認するように、彼らにも理解できる言葉を用いて説得するための「平凡さ」である。ただし、このような「平凡さ」とは、下層中流階級のような凡庸な人々と比べてまったく秀でたところがないという内容を有するものではない。すなわち、このような「平凡な」政治家と対照をなすのは、同僚の地主政治家たちだけに向けて流麗な語り口で演説することを目的とするように、貴族・地主のみに政治世界を限定する階級内閉的な政治家ならびに、自己の知的世界に閉じこもり難解な議論を用いて非現実的な観念的理想を追求する政治家や思想家である。後者に該当するような人物は、とりわけラディカルに多く見いだすことができる。調停型の政治家に求められる「平凡さ」とは、議会内外における他者の見解の潮流を誰よりも十全に了解し、具体化された政策の実施を説得すること、すなわち政治アリーナにおける多種多様な人々とのコミュニケーションを可能にするという意味での「平凡さ」なのである。

前節で述べたように、「議会改革論」で、バジョットは「庶民院の機能」を二つに還元した。それらは、第一に前節で検討した「支配機能」であり、第二に「表出機能（an expressive function）」であった。[84] 後者は、バジョットの診断によれば、当時、十全に機能しているとはいえない状態にあった。バジョットは、すべての「自由な国」においてもっとも重要なのは、あらゆる意見や感情が「国民［有権者層］の前に公的に述べられる」ことであるとした。様々な問題の解決や政策の採用自体は、庶民院に委ねられるべきである。とはいえ、それと同時に「国民［有権者層］の全階級の感情、利益、意見、偏見、願望」が、十全な形で「かの公平な知性およびかの立法府にもたらされねばならない」。なぜなら、たとえ十分な財産および教養を有する階級であっても、自らが認識していない事柄に対しては「専制的（tyrannical）」とならざるをえず、また論じられていない事柄を理解することもできない。というのも、いかに有能な人間であっても、眼前にない事柄に関してはあまり考えることができないからである。それゆえ、「決定を行う階級（its deciding classes）」に「判断材料」が提供されることが、常に必要不可欠なのである。

このように、バジョットは、有権者層の見解が庶民院で集約され、有権者層に対してその情報が提供されることを重視した。[85] ところが、バジョットの観察では、当時の選挙制度では上層労働者階級と上層中流階級の見解が庶民院で集約されていないため、この機能が十分に果たされていると見なすことはできなかった。[86]

一九世紀中葉におけるイギリスの未曾有の経済的繁栄は、前章で論じた政治支配者層の門戸開放という課題のみならず、一八三二年の選挙法改正がつくり出した枠組みにも課題を突きつけることとなった。従来のイギリスにおいては、選挙権付与の要件は、財産を保有し、自助、節約等の倫理観を持つリスペクタブルな人間であることとされてきた。[87] 一八三二年の選挙法改正において、中流階級は、リスペクタブルな存在と認められたために有権者になることができたのである。ところが、五〇年代の繁栄により、機械工、紡績工、ボイラー工といった熟練の職人から構成される上層労働者階級もまた経済的に豊かになった。彼らは、数名の未熟練労働者などを自ら直接雇って管理し、大型化・複雑化する鉄造船などの製造工程の中で、作業集団を組み自律的に作業を遂行した。[88] そのような中で、彼らは労働貴族（labour aristocracy）と呼ばれるようになり、六〇年頃までには、自らの勤労によって経済的に自立した中流階級と文化的基盤を共有するリスペクタブルな存在として評価されていた。[89] こうして、五〇年代から、上層労働者階級にも選挙権を付与すべきであるという議論が議会内外において次第に優勢になっていった。バジョットも、すでに触れた五九年の「議会改革論」以来、『国制論』も含め、この階級にも選挙権を付与すべきことをくりかえし訴えることとなった。

　バジョットは、上層中流階級に政治支配者層への門戸を開放する一方で、完全な民主主義体制に移行させることなく上層労働者階級の見解を議会に取り入れるために、一八三二年改正法以前に行われていた「多様な選挙システム」の復活を主張した。すなわち、バジョットは、上層労働者階級にのみ選挙権が付与される程度にまでという限定を付した上で、労働者階級が住民の大多数を含むような大都市においてのみ、選挙権付与の対象となる財産基準を引き下げるよう提案した。この方法によって、労働者階級の中でも上層労働者階級の見解だけを庶民院に表明させることができるというわけである。

［改正に必要とされることとは］かなりの数の議席を重要でないバラ――選挙権取り上げに関して提案されたあらゆる予定表に一様に載っている有名なバラ――から大産業地域へ移し、そういった大産業地域でのみ、職工階級にまで選挙権付与基準を下げろ、ということである。こうすることで、労働者階級は必要な選挙権を得るだろうし、こうすることによってのみ、彼らに必要なだけの代表を与えることになる。ある一定数の議席を所有するにすぎないため、彼らはこの国を支配するに及ばず、彼らの熱狂、偏見、もしくは想像上の諸利益を押しつけることにもならない。彼らの議員たちは多くの種類の議員中の一つにすぎない。彼らは一要素として議会に貢献することになるだろうが、議会全体を選出するには至らないのである。それと同時に、本案はイングランドのより発展的な部分と発展的でない部分との間にある現在の誤った区分を是正する。議席のこのような移動によって、持つべき者が持ち、

持つべきでない者が持たなくなる。これが望まれているものなのである。[90]

このようにバジョットは、有権者層の見解を庶民院という場に集約すること、すなわち有権者層の見解を庶民院に伝えるチャネルを確保することが、選挙法改正の意義の一つであると主張した。バジョットは、議会における見解表明の機会を全有権者に確保することによって有権者層の統合を図ろうとしたと言ってよいであろう。

とはいえ、こうした制度整備によって、様々な見解が「判断材料」として庶民院で集約されたとしても、それら諸見解に対してしかるべき判断を下すことのできる人材がいなければ、この制度を有効に活用することは不可能であり、結局このチャネルは閉ざされてしまうことになる。前節においては、多種多様な議論を一つの結論へとまとめ上げる政治家の能力について扱ったが、政治家は、さらに、その「結論」へ向かうための「判断」能力も求められることになる。

なにをもって政治家は判断すべきかということに関するバジョットの議論は、明快である。それは「世論」である。バジョットは、様々な論考で一貫して、世論が有権者層の大多数を構成する「乗合馬車の隅っこに座っているはげ頭」[91]、換言すれば「膨大な一〇ポンド戸主の属する階級すなわち下層中流階級」の意見であると論じている。[92]この「一〇ポンド戸主」とは、借料による年価値一〇ポンド以上の家屋、店舗、事務所、倉庫などを所有者ないし借家人として占有する戸主のことで、一八三二年の選挙法改正において、バラにおける選挙権を与えられた人々を指している。このような下層中流階級とは、一八六〇年代までは、具体的には、小商店主が典型と考えてよいであろう。加えて、先述したように、バジョットが要求する選挙法改正の内容は、上層労働者階級も、この世論の担い手の一角に含まれなければならないというものであった。したがって、バジョットの選挙法改正構想では、これら二つの階級が、有権者層の大半をなすこととなる。しかしながら、すぐ後で論じるように、これら二階級は、政治支配者層に組み入れられるほどの政治的知性を持ってはいないため、単に投票を行うだけの存在としてしか認められない。よって、「はじめに」で定義しておいたように、バジョットの改正構想において、下層中流階級と上層労働者階級は、選挙権を保持してはいるが庶民院議員になることができない「選挙民」なのである。

世論の担い手は選挙民であるとしても、世論それ自体は、選挙民が自らの知性を駆使し討論を行うことで直接つくり出すようなものであるとは想定されていなかった。なぜなら、バジョットによれば、すでに指摘したように、『一〇ポンド戸主』の大多数は、自分自身の見解を持っておらず、したがって代表者を自分の見解に従わせることもできない」ような人々だったからである。(93) このように、バジョットにとって、上層以外の中流階級は、一九世紀初めの人々、たとえばジェイムズ・ミルの評価とは異なり、国家を指導していくべき信頼の置ける人々ではなかった。(94) また、上層労働者階級も選挙権保持がかろうじて認められるべき階級にすぎなかった。そのため、世論が、国政運営が準拠すべき規範性を有するものであるとするならば、それはこの階級によってつくり出されるものであってはならない。(95) このような意味での選挙民の全般的見解は、国政運営における究極の指針に値するものではなく、庶民院において、政治支配者層により取捨選択されなければならないものとなるのである。

一九世紀中葉における「知識人と民衆」問題の出現は、下層中流階級に対するこうした軽視が主たる原因であった。イギリスにおける世論概念に関する近年の研究が明らかにしてきたように、中流階級の「世論」が政治運営上の至上の権威となったのは、一八一〇年代後半から二〇年代中頃まで、とりわけキャロライン王妃離婚訴訟問題（一八二〇年）において、というごく短い時期であった。たとえば、『政府論』（一八二四あるいは二五年）末尾におけるジェイムズ・ミルの中流階級礼賛論や、『グレート・ブリテンおよびその他諸国における世論の勃興、進歩ならびに現状について』（一八二八年）におけるW・A・マッキノン（一七八九―一八七〇年）による中流階級の「世論」に対する絶大な信頼の表明が有名であろう。(96) しかし、中流階級全般に選挙権が付与された一八三二年の第一次選挙法改正後に、世論が中流階級、特に下層中流階級の見解と明白に同一視されるようになった後には、この階級の見解としての世論の政治的重要性は早くも著しく低下することとなった[97]。なぜなら、選挙権の獲得によって表明が可能となった下層中流階級の政治的見解が、逆説的に、政治支配者層にとっては、この階級の「利己的」性格を浮き彫りにしたからである。さらにはこの後、選挙権を獲得し、穀物法廃止が実現（一八四六年）する中で裕福になっていった中流階級は、世紀中葉へ向けて政治的に無関心であるがゆえに無責任な階級として認識されていく。こうした状況の中、たとえば風刺画では、中流階級を表象するジョンブルの「腹回り」も、彼らの現状への満足度に比例して、大きく描かれるようになった[98]。その結果、五〇年代末葉以降、下層中流階級と、労働貴族として社会的上昇を果たしつつある上層労働者階級とを同等視する議論も現れた[99]。こうして、一九世紀中葉には、下層中流階級の「世論」に関して、新たな問題が生じることになった。すなわち、J・S・ミル[100]やバジョットら「理知的なウィッグやリベラル」に属する政治家や知識人にとって、下層中流階級の見解としての「世論を敏感に受容し巧妙に管理する」という困難な営みをどのように実践すべきかという問題が新たに浮上することとなった[101]。

こうした状況の中で、バジョットは、多数派の見解としての選挙民の世論と、政治支配者層により形成される「真の世論（the real public opinion）」とを明白に区別する。

> 代議制システムの第一の条件は、代議体が国民の真の世論を代表すべきだということである。このことは、ある者が考えているほど容易なことではない。世論がない国民もいるのである。それ［世論］を持つということは、ペダンティックな著述家が言うところの諸判断の調整（the *co-ordination of judgements*）を要する[102]。

この「諸判断の調整」は、政治支配者層に委ねられる。バジョットは、政治支配者層によって形成される見解を「真の世論」と呼び、政治家が常に参照し、そこに立ち返らなければならないものと位置づけた。したがって、「表出機能」

により庶民院に吸い上げられてきた様々な見解は、「真の世論」に合致するか否かによって取捨選択されなければならない。このように、「真の世論」は、政治支配者層に聞き取られた上で、政治支配者層によって多様な見解を調整することにより形成される。すなわち、それは議会内外での政治支配者層による様々な論争を通じて収斂していくものなのである。他方、バジョットの議論においては、選挙民の「世論」は、国政運営のための単なる一参考要素に過ぎないものとされた。

このように、イギリスの国政運営が準拠すべき「真の世論」が、多様な見解を闘わせて形成されるのは、実際には政治支配者層内部においてであった。バジョットの以上の議論から判断すれば、「真の世論」とは、「表出機能」を通じて庶民院にもたらされた多種多様な有権者層の見解を、政治支配者層が討論を通じてまとめ上げた結果ということになる。

第二次ピール政権期から一八六〇年代前半にかけての安定的時代における最大の特徴は、この「真の世論」が、庶民院における討論の趨勢から比較的容易に観察可能だということである。バジョットによれば、「一つの党派（*a party*）が主として、優勢であるような支配のあり方は現在には適さない」のであるから、六五年当時、与党であった自由党の指導者は「あらゆる党派に開かれた……見解に身を捧げるべき」である[103]。加えて、バジョットは、庶民院の管理運営方法とは、「議会内の一定の多数派を数え上げ、その支持を当てにすることである」として、その秘訣を「自由党の諸派を結合させること」つまり「人的調整」であるとも論じている[104]。このように、バジョットによれば、「真の世論」が安定的に表明される六〇年代前半までの政治状況において、庶民院の運営には、指導者自らの政治的見解にしたがい庶民院を引率するような指導力はまったく必要ではなかった。必要な指導法とは、庶民院の議員全体の勢力図を探り出し、過半数の獲得が可能な法案の提出、内閣の人選などを行う調停型の管理運営手法だったのである。

バジョットによれば、多種多様な見解を調整しまとめ上げて形成される「真の世論」を「もっとも適切に表現することができ、それを処理し、法や制度の形で具体化」することのできる人材こそ、調停型管理運営者としての「ビジネス・

ジェントルマン」に他ならなかった。その理由は、第一に、彼らが、まさに他者の見解を重視することによって、他者に「信頼できる」、すなわち「判断力のある人間」と評価され、そうした評価を通じて、「生活の糧を得てきた」人々だからである。こうした人々こそが「公的な仕事への従事を望む人なら、現在の世間の考え方に目を向けなければならない。外部からの直接の影響は、彼らの能力を高めるのに欠くことができない。他人の信頼が支えなのである」という条件を満たすことができるとバジョットは考える。バジョットによれば、このように他人の考えを正確に察知するための秘訣とは、「平凡であること（commonplace）」にあった。

> この世界は、この世界が信頼することのできる人々に対して与えられている。われわれの会話がまさにそうである。……人は、話しかけている相手を知っているときに十分に話すことができる。会話の技術は、新しい環境に適用されたときに改善されるとさえ言いうるかもしれない。「知性を隠しなさい。普通の言葉を使いなさい。皆があなたに期待していることを言いなさい」。そうすれば平穏でいられる。日常生活における繁栄の秘訣は、平凡であることを原則とするということである[105]。

調停型管理運営者としての「ビジネス・ジェントルマン」が「真の世論」の最善の実現者であることの第二の理由は、すでに述べた細目事項処理の完遂に対する責任感を彼らが持っていることである。バジョットは、このような人材の具体像について、「世界中から、以上のような所見を例証する人材を選ぼうとすれば、それはサー・ロバート・ピールであろう」と論じている。ピールは政治支配者層により行われる討論の趨勢を見きわめ、それに基づき法案化、制度化することのできる「一級品の能力」と「二級品の政治的信条」を持っていた[106]。すなわち、ピールのような高い政治的地位にある大物政治家は、強い責任を感じながら膨大な職務をこなさなければならない。したがって、彼らは「見解を持てな」くなる。時代の先端を行くような第一級の思想を自ら形成するためには、多大な時間を要するからである。結果として、他者の信頼獲得を他のなによりも第一にめざす調停型管理運営者は、他者の見解を必然的に重視するようになる。それどころか彼らは、「一〇分後の価格を全身全霊（whole soul）をかけて」はじき出そうとする株式仲買人と同様、「即座の行為」に熱中するため、自ら独自の見解を持つことを望まない人々ですらある。バジョットは、こうした「偉大な管理運営者」について、さらに次のように敷衍している。

もちろん、［ここで述べたことは］偉大な管理運営者であるならば包括的視程(general views)をまったく持っていない、ということを意味しない。実際、彼はそれを持たなければならない。誰でも細目事項を規定するようななんらかのプランを持たずに、細目事項処理を行うことはできない。彼はなんらかの考え、つまり彼が進もうとする方向や、彼がめざしている目的に関する、漠然としたあるいは明確な……考えを持たざるをえない。しかし、そうしたプランは彼自身のものであったり、彼の頭の中から湧きいでたものであったり、彼の精神的内容の帰結であったりすることがめったにないという点で、つまり、それは誰か別の人のプランであるという点で違いがある。適応力のある活動的な人には、静かな受動的本性が与えられるというのが神の摂理である。……そういった人間には本来的に従順な軽信が宿っている。皆が言うことが真実に違いないと確信せざるをえないのである。……彼は、企業の共同経営者以外のなにものでもなく、そうであることを忘れてはいない。つまり、彼は、自らが経営に携わる前から、その地位にあった人が正しいということを疑うことはないのである。このようにして彼は経験を重ねていくのだが、その経験にはより自主的なもの、より独創的なものが欠如している。(107)

実務処理に対する調停型管理運営者の責任感は、「真の世論」を自らの見解にして常にそれを見すえつつ活動しようとする態度と密接不可分の関係にあった。このように、バジョットによれば、調停型管理運営者とは、自らの政策を判断する際に、「真の世論」を積極的に受容し、これを着実に法案や制度へと具体化することのできる人材であった[108]。庶民院の第二の機能である「表出機能」が十全に果たされる理由は、このタイプの政治家が庶民院の切り盛りをしてきたからであった。このように、安定的時代において、バジョットは「採用の本性」に基づいたピールのような調停型の管理運営者を、「より優れた人物が望めない」ような政治家としてもっとも高く評価した[109]。

一方、バジョットは、自らの見解を明確に抱くことのできない下層中流階級と上層労働者階級とからなる選挙民は、政治支配者層が形成する「真の世論」により彼らの見解が明確化されることを通じてのみ、自らの見解を表明することができると考えた。選挙民の政治的意見としての「世論」が公的に取り扱われるのは、このような過程を通じてのみ可能なのである。これらの階級の見解をどのように処理するのかに関しては、「決定を行う階級」すなわち政治支配者層の専決事項であり、これに関して選挙民に与えられた役割はなかった。そのため、政治支配者層が決定した事柄については、あくまでも上意下達の形で選挙民に伝えられるにとどまる。

> 教育の程度が低い者は、それが高い者と同等であるとは考えてこなかった。多数者は自らの意見よりも少数者の意見を重視してきた。……こうして見解は常に、上層階級から下層階級へと下達（*settled down*）されてきた。こうしたやり方で、国民が決断を要求されたときにはいつも、真に国民的な決定が形成されてきたのである[110]。

ただし、バジョットは、政治支配者層と選挙民の関係が単なる形式的な意見の聞き取りと決定事項の下達のみによって処理されるべきものとは考えていなかった。バジョットは、「ピール論」において、政治家であるならば「多数者の考えに共感しなければならない」と論じ、政治家には選挙民の「世論」との共感が必要であると論じた[111]。もちろん、バジョットが政治家に求める共感とは、選挙民の見解一辺倒に染まってしまうことを意味しない。それは、選挙民の見解を理解し、傾聴すべき意見はとり入れる態度である。先にも述べたように、バジョットが庶民院の「表出機能」を重視した理由は、「決定を行う階級」による「専制的」政治運営を回避するために「国民の全階級の感情、利益、意見、偏見、願望」が庶民院に提供されねばならないからであった。しかし、選挙制度の質の向上によって、たとえ庶民院の「表出機能」が十全に確保されたとしても、政治家が、それらを価値あるものとして理解し取り扱わなければ、その提供自体が無意味になる。このように、バジョットが提示する適切な共感とは、様々な見解にそのように対応する行為であって、政治家が単なる下層中流階級と上層労働者階級の代弁者になることを意味するものではない。

同様の見地から、バジョットは、選挙民を、決定の一方向的な下達の対象ではなく、政治支配者層によって「説得」されるべき対象として扱った。選挙民の見解が庶民院へと向かう見解集約のチャネルに対して、これは庶民院の見解を選挙民に伝えるという逆方向のチャネルであった。バジョットは、このチャネルの確保にも注意を払っていた。

このチャネルの確保に重大な役割を果たすのもまた、調停型管理運営者としての「ビジネス・ジェントルマン」であった。バジョットは、一八五六年に発表された論考「凡人統治」で、天才的知性を有する人物が平時において政治に介入すべきであるという議論に対し、前節で検討した細目重視の議論とは異なる見地から厳しく批判している。というのも、バジョットがしばしば「平均的な人間（the average man）」と表現する選挙民では、このような天才的な人物の見解を理解できないからである。このような観点から、バジョットは、天才的な政治家による独裁権力論を唱え「ナポレオンをクロムウェルになぞらえて」賞賛するコント主義者「コングリーブ氏のような」人々を批判しながら、国政運営が成功を収めてきた「イギリス史の特殊性」を次のように説明している。

自由な統治の条件は、目の前にいる人々を説得するということである、……つまり、平均的な人間を説得しなければならないのである。当代の選ばれし知識人たちに向かって、あるいは次代のさらに経験を積んだ知識人たちに向かって演説するのではなく、恐ろしいほど平凡な人間に向かって演説をするのである。ウィッグのある有能な人間が次のように言っていた。「世論の知性について云々することは、『タイムズ』にとって非常に都合のよいことなのだよ。というのは、世論などというものは『タイムズ』を買うこと以上を意味しないのだから。世論などというものはね、君、乗合馬車の隅っこに座っているはげ頭の意見なのだよ」。……実際、平均人の愚昧さというものは、自然の施しの一つなのである。自然は天才の不断の活動に対して、愚人の頑迷を与えた。天才は、一、二世代先に進んでいる。……天才の新しい考えが、下層階層（the inferior strata）まで広がり、世界の財産となるのは、彼の死後なのである。[112]

庶民院が、平凡人である選挙民を説得しなければならないとすれば、メッセージ発信者である庶民院議員は、平凡人たちが理解可能な言葉で語りかけなければならないこととなる。

わが国はいつの時代でも、ディズレイリ氏の言うところの「凡人の代表者（Arch-Mediocrities）」によって支配されてきた。バーリー卿の時代から、リヴァプール卿の時代に至るまで、もっとも長期にわたり、しかももっとも容易に支配してきたのは、平凡人（common men）であるような人たちであった――彼らは乗合馬車に乗っている連中が理解できないようなことを言うことができず――情熱的な天才の高遠な考えや刺激的な熱情が頭の中にない――また、彼らは公的な問題に明るく、国民が今知りたいことを知っていて、平凡な考えを正確に法案にすることができる。もちろん、今も例外はあり、昔もあったかもしれない。というのも、この複雑な世界においては、原理などは誤謬だらけだからである。多年にわたって偉大なる真理を主唱してきた大人物は、ときにはついにそれを実行に移すことによって報いられるかもしれない。そして、大惨事という重罰によって、群衆は、その惨事が起こる前に、明晰な洞察力の持ち主が必要であった、ということを学ぶかもしれない。しかし、そういった出来事は、本質的に例外的なものなのである。〔このような例外的状況ではなく〕通常のビジネス（regular business）が、通常の政治家を作り上げる――単調な習慣、まっとうな考え、平凡な目的が、このような政治家に顕著な特徴なのである。彼はなにかしら他人がそうありたいと思うような人物である。「他人のようにありなさい。そうすれば、他人から抜きんでるでしょう――普通（*ordinary*）でありなさい、そうすれば大人物になることができるでしょう」。これが格言なのである。[113]

バジョットは、このようにイギリス政治史を振りかえり、庶民院の見解を選挙民に伝達するために現在必要な人材とは、ビジネスに精通し、「ビジネス教養」を修めることによって政治家としての資質を涵養してきた「平凡人」、すなわち調停型管理運営者としての「ビジネス・ジェントルマン」のみだと主張する。バジョットのこうした「下達」や「説得」の重視は、「民衆（numbers）」の「世論」が容易には改善されないという認識に根ざしている。したがって、バジョットにとって、進歩する動態的な社会を実現するために必要となる「多様な」意見には、この「世論」は、政治参加が民衆に及ぼす教育的効果に期待し、さらには民衆との直接的な意見交換を通じて知的エリートのリーダーシップを追求したミルやモーリー、ハリソンらラディカルとは異なり含まれない。[114] 進歩に必要とされるのは、支配者層内部における意見の多様性やそれに基づく討論なのである。

もちろん、この「平凡さ」は、選挙民と同レベルである、つまり世間並みであるということを決して意味しない。バジョットが調停型の政治家を「平凡人」と呼ぶ場合、それは第一に、自己の知的世界に閉じこもり難解な理論や高邁な思想を用いて観念的な理想を追求する思想家や政治家との対比で用いられている。なぜなら、バジョットによれば、凡庸な知性しか持たない下層中流階級は、「たとえもし、思慮深い炯眼の政治家をわれわれが得たとしても、彼の深遠な思想や気宇広大なヴィジョン」を理解できず興味すら抱かないからである。そのため、この階級に向けて、「学問調の語り口で、あるいは厳密な議論で、あるいは徹底的に討論するような方法で演説しても無駄」なのである。[115] このように、バジョットが政治家に要求する「平凡さ」とは、選挙民が理解可能な言葉で語りかけることができるという意味での「平凡さ」であった。

また、政治家としての「平凡人」が「ビジネス教養」を修めていた人物であることを加味すれば、前節で扱ったカニングのような、古典的知識を巧みに用いたり、ウィットで演説を飾り立てたりする地主政治家との対照を読みとることもできる。なぜなら、そのような演説は、その政治家が、自らの政治世界を、パブリック・スクールやオックスブリッジ出身者、すなわち地主階級の内輪のみに限定する閉鎖的かつ独善的な人物であることを露呈しているからである。そうした政治家は、選挙民だけではなく、地主階級以外のすべての国民とのコミュニケーション能力をも欠くことになる。バジョットは、これらのタイプの政治家による議論とは異なり、選挙民とコミュニケーション可能な演説や議論を行うことができるという意味で、調停型の政治家を「平凡」な人間と表現したのである。

バジョットは、選挙民という平均人あるいは凡人たちの統合が喫緊の課題となっていく状況で、選挙民と庶民院との新たな関係を模索していた。もちろん、政治支配者層による支配の貫徹ならびに選挙民の受動的な政治的地位の維持という意味においては、「新たな」関係とは言えない。しかし、新たに選挙権を得た「凡庸な」選挙民たちを統合するという課題は、第一次選挙法改正以降不可避のものとなった。その結果、バジョットは、そのような凡庸な国民と庶民院とのコミュニケーションを確保するために、調停型の管理運営というビジネスの手法を政治の場で発揮できるような「ビジネス・ジェントルマン」の政治的必要性を訴えたのであった。

本節までの議論によって、バジョットの国民統合構想の一部が明らかになった。次章で論じるバジョットの下層労働者階級統合論との差異を明確にするためにも、最後に、コミュニケーションの確保による統合というバジョットの選挙民統合論について整理しておきたい。すでに論じたように、バジョットが提唱した庶民院と選挙民とのコミュニケーションは対等な関係で行われるものとは想定されていない。バジョットは、下層中流階級と上層労働者階級とを政治支配者層の決定を受容するにすぎない選挙民の枠内に留めつつ、上層中流階級を含めた政治支配者層による政治運営という基本線を外れないところでのコミュニケーションの確保による選挙民統合を構想していたのである。バジョットは、十全な継続的コミュニケーションが行われる部分（政治支配者層内部）と非対等的コミュニケーションが行われる部分（政治支配者層——選挙民間）からなる支配形態の形成や維持を企図していた、と言えるであろう。バジョットにとって、この支配形態において不可欠な政治指導のあり方が調停型管理運営法なのであり、その指導に不可欠な人材とはピールのような調停型管理運営者に他ならなかったのである。

第三節　改革の時代の政治的リーダーシップ——統率型管理運営者

前節で論じたように、バジョットは、政治アリーナにおいて表明される多種多様な見解を調停するという「ビジネス・ジェントルマン」の管理運営能力を非常に高く評価した。しかし、同時に彼は、このタイプの管理運営能力に一つの限界も見ていた。バジョットによれば、調停型管理運営者を代表するピールが数多くの政治的業績を残すことができたのは、国政運営方針に関する政治支配者層全体の見解が基本的に一致している安定的な時代だったからである。バジョットは、ピールの時代を、前の時代の仕組みを廃止したという意味で、「破壊の時代（an age of distruction）」と特徴づけた。[116]「破壊」に関する有権者層の合意が見られたからこそ、ピールは、「反カトリック諸法が誤っているということ、通貨に関する諸法が誤っているということ、商業に関する諸法が誤っているということを確信できた。そしてとりわけ、彼はレッセ・フェールのシステムが正しいということ、なにも行わないのが現実的だということを確信できた」。しかしながら、バジョットは、他方で「議会改革法のような問題、すなわち単なる廃止ではなく、包括的で困難な再構築を要する問題の場合、『自らの行く末を見ることができなかった』」とピールの限界も指摘している[117]。

このような「再構築」を要する時代は、ピールの死後（一八五〇年）まもなく到来することとなった。六〇年代初めにバジョットは、国政運営における数々の将来設計が不可欠な「建設の時代」が迫りつつあることを予感していた。一八六〇年にバジョットは、六〇年代以降三〇年以上にわたって自由党を指導することとなるグラッドストンをはじめて正面から扱った論考「グラッドストン氏」を発表した。同論考において、バジョットは、イギリスが「破壊の時代の期日」をすでに迎えていることを指摘し、「残された問題は建設の問題である」と主張した。バジョットによれば、「建設」すべき問題とは、具体的には、「労働者階級への政治権力の分与」、「教会と国家の本来的結合」、「議会政治に必要な諸条件」の問題であった[118]。そうした中でバジョットは、種々の「建設」が必要な時代状況の変化と時を同じくして、自由党の指導的地位に就いたグラッドストンの政治的動向に注目し、彼の政治活動を解釈・評価することとなった。

本節では、バジョットのグラッドストン評価を軸に、改革の時代における政治的リーダーシップと世論の関係を考察する。このような改革の時代の特徴は、安定的な時代とは対照的に、国制の枠組みのあり方自体が問われるにもかかわらず、改革がめざすべき方向に関して、国民の見解のみならず、政治支配者層の見解までもが不明確だということである。そのため、とりわけ政治指導者に与えられる政治的選択の幅が必然的に広まらざるをえない。しかしながら、このような状況は、政治家の対処の誤りによって、すなわち、不必要な改革によって、既存の秩序の根幹までも揺るがし政治的混乱を惹起する危険性をもまたはらんでいる。そうであるからこそ、政治指導者たちには、改革の目的や内容を見きわめるという非常に大きな政治的責任が課されることとなる。

すでに考察した「ピット論」を、バジョットが公表したのは、「グラッドストン氏」公表の一年後であった。「ピット論」においては、先述した「管理運営」に関する基礎的方法論の他にも、「順境の時代」と「逆境の時代」という二種類の時代に応じてそれぞれに異なる「管理運営」の方法が応用編として扱われている。バジョットは、国政運営の主導権を順境にあっては「管理運営者」に、危機には「独裁者（dictators）」に委ねられなければならないとした。「独裁者」は、「大きな危機」のときに「国を守る」。また国民は、その危機を克服することのできる最善の人物に「無際限の委任」を与え、「彼［最善の人物］が望むことならなんでも許可する」。この独裁者には二つの資質が不可欠である。第一に「統率の性格（a commanding character）」であり、第二に「独創的知性（an original intellect）」である。バジョットは、危機には、「人々を威圧して、自らに委任させる性格」と「危急の事態」に「対処することのできる知性の独創性」さえあれば、「それだけで十分である」とさえ言い切っている[119]。

ただし、一七世紀前半の内乱期のイギリスや大革命および二月革命後の混乱に満ちたフランスでならばともかく、ジャコバイトの反乱期をのぞき、議会政治が大過なく運営されてきたと評価できる名誉革命以降のイギリスには、このような「独裁者」そのものが活躍する余地はない。そのため、バジョットの判断では、イギリスにおける危機の時代、すなわち「再構築」の時代に必要な政治家とは、「独裁者」の性質を適度に備えた「管理運営者」だということになる。バジョットは、ピットについて、「完全な程度において偉大な管理運営者の諸能力を有しており、加えて、偉大な独裁者の創造的知性とまではいかないが、統率の性分（the commanding temperament）をも有する」政治家であると述べている[120]。バジョットは、このような時代認識から、一八六〇年代に入ると、「統率する」能力を政治家に必要な条件として前面に押し出すようになった[121]。

彼［ピット］はもっとも明確に次のことを示した。すなわち、彼の特徴的な性質である管理運営の最高の知性を示すときに、統率の性格がどれほど有効に働くか、ということを[122]。

グラッドストンに対するバジョットの評価に論を転じよう。バジョットは、グラッドストンの政務に対する並々ならぬ「真摯さ（earnestness）」、「活力（energy）」、「勤勉（industry）」が、ランカシャーという彼の出身地に関係するものだと指摘している。バジョットによれば、グラッドストンのそうした「性格」は、「ランカシャー商人の投機的大胆さ、熱烈な勤勉」譲りのものであった。グラッドストンのこのような性格が、彼を「細目事項」の処理に熱中させることとなる。すなわち、グラッドストンは、「ヨーロッパ政治については、多くのことを我慢することができる」が、「大樽の料金、あるいは狩猟許可証の取引、荷揚申告証の印紙」については「饒舌な怒りの声を甘美にとどろかせる！」のであった。なぜなら、バジョットによれば、グラッドストンにとって「世界」はそういったものに満ちているため、彼は、議会政治家とはそういった問題をこそ処理すべき職業だと考えているからである。グラッドストンは、こうした細目事項に関して相手が疲れ果てるまで論争を続ける。このように、グラッドストンは、「管理運営」の基本については十分に修得していると評価できる。

とはいえ、政治家としてのグラッドストンに対してバジョットが向ける関心は、管理運営者としてよりはむしろ、「雄弁家（orator）」としてであった。バジョットは、「建設の時代」という新たな政治的局面に現れた政治指導者グラッドストンを理解する「鍵」は、彼が「偉大な雄弁家（a great orator）」であることだと考えて、グラッドストンの次のような雄弁の能力を高く評価した。

実際、グラッドストン氏ほど迅速かつ容易に、聴衆の気分を半ば指導し、それに半ば従うことのできる人物はいない。彼のお気に入りの無味乾燥な議題やひたむきな性格から来る過度の真摯さとは対照的に、彼の作法には少しばかりおどけたところがある。彼は達者な騎手が馬を統御する（control）のと同様、演説で呼びかけている人々の精神状態を統御する。彼は騎手が手綱から感じとるのと同様に、聴衆の精神状態を感じとるのである。[123]

論考「グラッドストン氏」以降、グラッドストンについてバジョットが一貫して評価するのは、演説の中で聴衆の存在を常に忘れることなく、聴衆を「統御」するこのような能力である。これと同様の表現として、バジョットは、「統率する（command）」という語も多用している。このようにバジョットは、「建設の時代」と特徴づけられる六〇年代において、雄弁家グラッドストンに「統率」の能力という観点から注目することとなった[124]。

「統率」の能力について、バジョットは「ピット論」においても、それを「卓越した雄弁の能力（singular oratorical power）」と密接に関連するものととらえている。バジョットによれば、ピットは、「［聴衆の］性格を見抜き伝える雄弁」を行うことができた。

彼［ピット］は［聴衆の］性格を見抜き伝える雄弁の力を持っていた。彼は、一世代に半ダースの人間も持つことがないであろう卓越した能力を持っていたのである。それは、大観衆の心の奥底に染みついている感情の正確な写しや決心の正確な痕跡を彼らに告げる能力である。数字計算の事柄に関しては、「ピットがそう言った」ということだけで十分であった。立法における改良の問題に関しては、無関心な議会は、彼の例示によって、その問題に対するいくぶんかの興味を抱いた。国民が失望している瞬間にあっては、不安な国民は、彼［ピット］の大胆不敵な行為、不屈なたゆむことのない、そして力強い決心から、彼ら国民が持っている勇気の残存のいくぶんかを示すことができたのである[125]。

このように、ピットの雄弁は、聴衆の心の深部に潜在している感情を察知し、掘りおこし、ピット自らの決心やプランへと誘導するものであった。バジョットが「統率する」という語を使用するときには、このような内容を有する行為を意味する。たとえば、バジョットは、小論「グラッドストンと民衆」（一八七一年）において、グラッドストンの「民衆的雄弁」の能力が「民衆の共感や知識に対する真の統率力（a real command）」を発揮したと述べているが、これもまた同様の意味合いを有していたと言えよう[126]。

バジョットがこのような「統率」の能力に注目した理由は、先にも触れたように、六〇年代が「建設の時代」だったからである。バジョットによれば、ピールの時代にあっては、自由主義体制の完成へ向けて、堅固な地主支配体制の「破壊」が不可欠であるという意味において有権者層全体の見解は明確であった。政治家は、それを実行に移しさえすればよい。この意味で「破壊はやさしい」。しかし、創造的行為が求められている時代の特徴は、「国民の声が決して明確にはならない」ということである。こうした状況では、有権者層全体の不明確な見解を掘りおこし、自らのプランへ向けて嚮導するという意味での「統率」的行為が不可欠となる。そのため、「建設は非常に難しい」のである[127]。

新たな政治指導者グラッドストンの統率能力に一定の評価を与えながらも、他方でバジョットは、彼に対して同時に不安も抱いていた。グラッドストンの雄弁に対する情熱的な「衝動（impulse）」が、思考の一貫性ひいては政策策定の一貫性を阻害する場合もあったからである。バジョットによれば、そもそも「知性の高度な働き」には「沈着（calm）」を要する。しかし、「雄弁の衝動」は、「偶発的な思いがけない刺激」によって話者も聴き手も「興奮」状態に巻き込み、双方ともに「秩序破壊の衝動（*disorganising* impulse）」を生む。その結果、議論が的外れの方向へ進み、既存の政治秩序の安定を支えている「すでに定まった諸原則や一定の習慣から乖離する」ことになる[128]。

加えて「雄弁の衝動」は、思考の一貫性を担保する「高度な想像力の行使」をも阻害する。バジョットによれば、グラッドストンは「最高度の想像力」を欠いていた。その結果、たとえばホメロスに関するグラッドストンの著作は、個別的テーマに関する「的確な言及」や「細部」に対する念入りな論究にあふれ、「数多くの活気あるくだりや雄弁なくだりを含む」ものではあったが、「全著作を貫く中心的構想」に欠けるものとなっていた。グラッドストンの「知性」も「第一原理に対する固執」すなわち「知的一貫性」に欠けていた。そのため、グラッドストンは政策の策定において「彼特有の移り気」を示さざるをえなかった[129]。グラッドストンのこうした一面が前面に現れてしまえば、あらゆる事情を考慮に入れ、大局的見地から実践可能な処方を導出する「ビジネスとしての政治」は不可能になるであろう。したがって、バジョットにとって、グラッドストンのような「情熱的な雄弁家、衝動的な唱道者、天才的ではあるが心の定まらない思想家は、われわれが独創的な政策や入念かつ一貫した構想の着実な継続をもっとも期待したくない」タイプの政治家に容易に変貌しかねない[130]。このような理由から、バジョットは、六〇年代前半においては、「今後最大の焦点」として、新たに自由党の下院指導者となった「グラッドストン氏がなにをするだろうか」ということに刮目せざるをえなかった[131]。

すでに論じたように、バジョットは、「大きな危機」には「国を守る」ことが最優先されるため、そうした場合には「独裁者」が必要だと論じてはいた。ルイ・ナポレオンのクーデタならびにその後の独裁はこれに該当する。しかしながら、議会政治が安定的に運営されていたイギリスに、同様の危機を見いだすことはできない。バジョットがピットの時代に見ていたのは、選挙法改正ならびに自由貿易原理の採用や減債基金制度の導入などの行財政改革、さらにはアイルランド問題等に取り巻かれた一世紀前の改革の時代であった[132]。バジョットは、こうしたピットの時代と類似した時代の到来を一八六〇年代初頭に予測していた。したがって、それは国家の危急存亡の事態ではない。それは、生来の「統率の性格」の持ち主が、「人を威圧して、自らに委任させ」、世論を気にかけることなく「独創的な」個人的判断によって危機的状況を打開するほどの事態でもない。改革の時代に必要な政治的リーダーシップとは、適度な「統率の性分」を有する「管理運営」の能力である。こうして、バジョットは、すでに「統率の性分」を発揮しているグラッドストンが独断的なリーダーシップを発揮することのないように、『ナショナル・レビュー』の読者に対して、改革の時代における理想的な管理運営者像を提示したのである。

グラッドストンに対するこのような疑念から、バジョットは、グラッドストンが、「自らの信条を時代に押しつけるのではなく、時代から信条を学ばなければならない」ことを力説した。そのためには、グラッドストンは、「外部」で「やかましく騒ぎ立てる各組織」の主張に惑わされてはならない。実際、一八五〇年代末以降第二次選挙法改正までは、議会外における様々な改革要求運動の、ときには暴力さえ伴う激しさを目の当たりにして[133]、多くの庶民院議員が、改革に対する反対演説のみならず漸進的な改革要求の演説を行うことすら敬遠するような状況であった。大多数の議員が選挙法改革に消極的であったにもかかわらず、彼ら消極派の議論が公然と表明されることなく「暗闇への跳躍」と呼ばれ革命的なものと認識された改革に結実したのは、こうした事情を原因とする議員相互のコミュニケーション不全によるものであった[134]。バジョットは、自由党の指導者であるグラッドストンが、大半の議員の見解を顧慮することなくラディカルと安易に結託することで、さらに大きくなることが予想されるラディカルの「声」に、多くの庶民院議員たちが引きずられていくことを危惧したのである。そうであるからこそ、バジョットは、「非常に微小な声」ではあるが、「真の世論」あるいは「同時代の成熟し確立し教養のある省察」に「耳を傾けなければ」、グラッドストンは、適切な改革の方向を見失いかねないと強く主張した[135]。

あらゆる議会政治家が……ある程度そうしなければならない。しかし、グラッドストン氏はとりわけそうしなければならない。……グラッドストン氏は、時代の解説者、時代が下した結論の唱道者、時代が誇る賞賛される雄弁家になることができるかもしれない。しかし、彼はそれ以上であってはならないのである[136]。

バジョットのこうした警告は、「ピット論」における「どのような時代でも、経営するということ、……その時代の最高の思想に通じるということは簡単なことではない。しかし、時代の最高の思想にしたがって時代を経営することほど、……困難なことはない」という議論や、将来に対するヴィジョンを持ちつつ、現在の経営を行わなければならないという主張と表裏一体をなしている。このように、バジョットは、改革の時代における統率型の「偉大な管理運営者」の絶大な効用とそうしたリーダーの育成の必要性を説いたのである。

しかしながら、改革の時代における「真の世論」の見定めは、容易ではない。安定的な時代であれば、前節で見たように、政治家は、議会における討論の趨勢を注視し把握することができれば、「真の世論」は自ずから明らかになる。その場合には、注視の対象となる政治支配者層の議論そのものに「真の世論」が組み込まれている。そのため、調停型の政治家には、自主性や独創性が問われることはない。他方、改革の時代とは、政治支配者層自体が、国政が進むべき方向や改革の目的を明確に見いだしてはいない時代である。そのため、「真の世論」の意味内容は不明瞭なものとならざるをえない。このような状況の下では、政治家個々人には、「時代」あるいは「同時代の成熟し確立し教養のある省察」という非常に漠然とした「真の世論」を見極める知的探究力が不可欠となる。この場合、バジョットが「難しい」行為とした「建設」、すなわち、新たな価値の創出は、政治家個人の政治的能力にかなりの程度依拠しなければならなくなる。

バジョットは、六七年に成立したグラッドストン「改革内閣」が、アイルランド問題における一定の解決などいくつもの成果を上げていく中で、六〇年代前半に抱いていたグラッドストンに対する疑念を次第に払拭していったようである。たとえば、第一次グラッドストン内閣の業績を回顧した七四年の論考においては、バジョットは、この内閣は、一八三二年以来のすべての内閣中、ピールと並ぶ最高の首相によって指導され、すべての内閣を凌ぐ政策実行力を発揮したと絶賛した[137]。さらに、「自由党のリーダーシップ」（一八七五年）と題する小論においても、バジョットは、グラッドストンほどの「統率能力（commanding ability）あるいは議会において自らの選択を不可避なものとする非常に高い地位」を発揮するような「後継者は容易には見つけられない」とまで激賞した[138]。

このように、バジョットは統率型管理運営者の必要性を訴え、グラッドストンの政治運営を高く評価することとなった。ただしこのことは、バジョットが、ピール型の政治家を、時代遅れの遺物として不要視したことを意味しない。バジョットは、グラッドストン政権による数々の改革が（バジョットの観察によれば）一段落することにより、ドラスティックな改革が不必要だという有権者層全体の合意が形成された安定的時代が再来したと判断し、庶民院における調停型管理運営者の必要性を再び唱えるようになった。

グラッドストン率いる自由党は、いくつもの改革を成し遂げたにもかかわらず、七三年から七四年の一連の選挙において敗北を喫したが、この結果は、六七年の選挙法改正以後のイギリス政治の動向に関して、バジョットに一つの見通しを与えた。すなわち、その見通しとは、政治支配者層による支配の継続が依然として可能だ、というものである。バジョットによれば、第二次選挙法改正は、急激な選挙権の拡大を望まなかった彼の意に反して、「熟練労働者にとどまらず未熟練労働者にも選挙権を与えた」[139]。この結果ならびに七二年の秘密投票法制定を受けて、バジョットは、有権者の大部分を構成する「労働者階級が、あらゆる［政治上の］決定を自ら引き受け——一つの階級として団結し自らの階級的利益のために立法を行う」ことを危惧した。しかし、バジョットは、右の選挙結果から、グラッドストン政権が行った改革以上の急進的な改革を支持しなかった新有権者が「自らの目的のために、あるいは上層階級に対抗するために団結することはない」ことが判明したと考えた。このような判断から、バジョットは、選挙法改正と秘密投票法は、「少なくとも今までのところ、……かつて予想されたほどの敵」をつくり出さなかったと結論づけたのである。こうしてバジョットは、さらに続けて、「状況は、［選挙法改正および秘密投票法制定］以前と同じように進んでいる。支配権（the predominance）は、今までのところ、しかるべき所、すなわち余暇、財産、知性のもとにある。貧しく無知な大衆は、これまで、彼ら［有産者］に取って代わるために団結してこなかった」と論じることができた[140]。

ところが、七四年に成立したディズレイリ保守党政権は、さらなる改革が不必要であることを有権者層が確信している安定的な時代が到来したにもかかわらず、そうした時代に必要な政治運営方針とは相容れない方向へ進もうとしていた。首相ディズレイリは、政権獲得以降、帝国の拡大や社会福祉、君主制の擁護を前面に押し出すことによって、有権者層の大多数を構成する労働者階級の保守党への支持を一挙に獲得しようとする政策を進めた。いわゆる「トーリー・デモクラシー」の展開である。バジョットは、ディズレイリのこのような政治運営方針を、次のように批判している。

〔ディズレイリ〕内閣には教養過多の（*over*educated）部類として述べられるべき人々がいる。ディズレイリ氏自身が……その代表である。……彼は「民主主義的保守主義（'Democratic Conservatism'）」の考案者である。その理念は、あなた方が十分低劣になりさえすれば、選挙権を拡大してもイギリスは安全だ、というものである。彼は、そのような体制の動かし方をよく知っている。彼は、国制の「部外者」、すなわち本性上有権者とは言えない要素、最低限の意味における「民衆」に対して訴えかける。……彼〔ディズレイリ〕は、彼らのために「インドへの道を保証する」。というのも、それが彼らの空想をかき立てるからである。ところが、彼らはインドがどこにあるのかすら知りもしないのである。彼は、彼らのために、緊縮財政という「無味乾燥な骨子」――彼自身がそう呼んでいる――を後悔なしにどこかへ放り投げてしまうだろう。[141]

バジョットがディズレイリの方策を危険視した理由は、パーマストン政権期以来再び訪れた改革を必要としない時代に行われる改革は、現状から乖離した不必要な改革とならざるをえないということである。加えて、ディズレイリは、すでに本章第一節において指摘したように、そのような現実離れした空想に基づく政治を志向する人物である。バジョットによれば、労働者階級は、第二次選挙法改正後も、「ビジネスとしての政治」を実践してきた政治支配者層による指導のもとに従来通り服していた。しかしながら、ディズレイリは、自らの権力基盤の拡大強化のために、労働者階級の支持獲得に乗り出し、「デモクラシー」の実現を喧伝したり「帝国」政策を看板に掲げるなど、現実離れした空想に基づく改革あるいは政治構想を彼らに訴えた。そうすることによって、ディズレイリは労働者階級の妄想をかき立て、この階級独自の政治的見解を形成する危険性をつくり出していた。こうした状況を目の当たりにして、バジョットは、保守党政権の政治的無能を危惧した。すなわち、保守党政権は、このままディズレイリの路線に引きずられていけば、単に彼個人の権力強化のための踏み台として彼に利用され、「無味乾燥な」政治的実務の処理能力の欠如したまったく役に立たない政権になってしまうのである。

さらに、ディズレイリの政治手法に対するバジョットのもう一つの危惧は、彼のそうした手法が継続されれば、労働者階級が、政治支配者層の「ビジネスとしての政治」指導から一挙に離反することとなるということであった。そうなってしまえば、バジョットが七二年に『国制論』「第二版序文」において警告していたように、労働者階級が団結し、「教養に対する無知の支配、知識に対する数の支配」は必至となる[142]。したがって、保守党政権は、パーマストン政権の政治手法、すなわち調停型管理運営法を踏襲しなければ、長期政権を担うことはできない。政治的細目から目を背け、実現不可能な絵空事を掲げるディズレイリの「人気とりの（*ad captandum*）」路線では、政権は長持ちしないのである[143]。

こうしてバジョットは、再びピールのような調停型の管理運営者が、この時代の庶民院に最適の政治家であると力説するようになった。第五章で詳しく論じるように、バジョットが見たところ、実際、保守党の中にもそのような人材が存在していた。他方、ディズレイリは「ビジネスの資質を持つ者（a man of business）のふりもできな」かった。「細目事項に無知でそれを嫌う七〇歳に近い小説家」は、「管理運営法も内閣に与えることができない」のである[144]。

バジョットは、第二次ディズレイリ内閣成立をこのように分析し、調停型の管理運営者の必要性を再度唱えた。すなわち、バジョットは、調停型の管理運営者は、「真摯さ」を持ち合わせていないパーマストンやカニングを典型とするような、過去の「歴史的現象[145]」の位置に退くべき存在ではないと考えたのである。このように、バジョットは、管理運営を政治手法の基調としながら、新たな建設へ向けて有権者層の見解が不明確な改革の時代と、安定的な時代それぞれにふさわしい政治家が交互に政治の表舞台に立つことが必要だと考えたのである。

〔註〕

（1）S. Collini, P. Winch, J. Burrow, *That Noble Science of Politics*, Cambridge University Press, 1983, pp. 178-9〔永井義雄・坂本達哉・井上義朗訳『かの高貴なる政治の科学――一九世紀知性史研究』ミネルヴァ書房、二〇〇五年、一五三―四頁〕.

（2）*Ibid.*, pp. 173-4〔一四八―九頁〕.

（3）C. Kent, *Brains and Numbers: Elitism, Comtism, and Democracy in Mid-Victorian England*, University of Toronto Press, 1978, pp. xi, 20, 106, 127.

（4）H. S. Jones, *Victorian Political Thought*, Macmillan, 2000, p. 71; J. Burrow, *Whigs and Liberals: Continuity and Change in English Political Thought*, Clarendon Press, 1988. バロウによれば、一九世紀イギリス政治思想において、「世論」はウィッグ立憲主義とスコットランド啓蒙の文明社会論とを結合する中核的概念であった。バロウは、「知識人と民衆」問題がバジョットにも共有されていたことを指摘しているが、バジョットによる「世論」の国政上の位置づけについてまでは踏み込んで論じていない。*Ibid.*, pp. 43-9, 67-76.

（5）南谷和範「世論の国制――バジョット政治論再考」『政治思想研究』第五号、二〇〇五年、一六三、一七二、一七八、一八〇頁。

（6）この点を指摘した論文として、関口正司「バジョット『イギリス国制論』における信従の概念について」『法政研究』第七二巻四号、二〇〇六年、九三四頁。

（7）LFC, p. 48. Cf. DG, p. 85.

（8）LFC, p. 39.

（9）CSRP, p. 248.

（10）*Ibid.*, pp. 261, 271.

（11）*EC*, p. 279〔一五八―九頁〕.

（12）OGC, p. 115.

（13）N. Chester, *The English Administrative System 1780-1870*, Clarendon Press, 1981, ch. 7, esp. p. 283; K. T. Hoppen, *The Mid-Victorian Generation, 1846-1886*, Clarendon Press, 1998, pp. 108-24; S. Checkland, *British Public Policy 1776-1939*, Cambridge University Press, 1983, pp. 110-1.

（14）H. J. Hanham（ed.）, *The Nineteenth-Century Constitution 1815-1914: Document and Commentary*, Cambridge University Press, 1969, p. 150.

（15）CSRP, p. 268. Cf. OGC, p. 115.

（16）DG, pp. 89-90.

（17）SDMB, p. 140; PAP, pp. 130-1.

（18）OGC, p. 115.

（19）LFC, p. 48.

（20）*EC*, p. 280〔一五九頁〕.

（21）「統治に関する問題は、目的に対する手段の適合性に関する問題の一つである」。J. Mill, *Political Writings*, ed. by T. Ball, Cambridge University Press, 1992［1824or5］, p. 3〔小川晃一訳『教育論・政府論』岩波文庫、一九八三年、一一五頁〕.

（22）B・ウィリー／米田一彦・松本啓・諏訪部仁・上坪正徳・川口紘明訳『一九世紀イギリス思想』みすず書房、一九八五年［1949］、三二一―四頁。

（23）J・S・ミルの精神的危機については、次の文献を参照。J・S・ミル／朱牟田夏雄訳『ミル自伝』岩波文庫、一九六〇年。関口正司『自由と陶冶――J・S・ミルとマス・デモクラシー』みすず書房、一九八九年、第二章。

（24）G. R. Searle, *Entrepreneurial Politics in Mid-Victorian Britain*, Clarendon Press, 1993, pp. 103-5, 114-6.

（25）H. L. Malchow, *Gentlemen Capitalists: The Social and Political World of the Victorian Businessman*, Stanford University Press, 1992, pp. 341-2.

（26）実業家たちが政界入りに消極的なその他の理由としては、実業の世界では聴衆の面前で演説や討論を行うことがないため、それらに対する自信がなかったことや、庶民院議員になることによって自らが経営する会社の経営に関与できなくなることなどがあった。G. R. Searle, *Entrepreneurial Politics in Mid-Victorian Britain*, pp. 3-10. H・L・マルチョウによれば、実業家たちは、自ら政治的な発言力を得るために、庶民院議員ではなく、むしろ組織形態が実業界の人々にとってなじみ深い圧力団体の一員となることを選択することもあった。マルチョウは、このような意味において、実業家たちにとって議会入りとは、「気晴らしの余興（a diverting side show）」であったと述べている。マルチョウが論じているように、もちろん、政界入りに対する関心の有無に関して、あるいは関心そのものの内容に関して、実業家各人の考え方は多様であり安易な一般化はできないということがここでは強調されなければならない。H. L.

Malchow, *Gentlemen Capitalists*, pp. 4-5, 9-13. ちなみに、バジョット自身、庶民院議員に四度立候補しているが、彼の声が演説向きでなかったことや、演説時の顔つきがいかめしく聴衆に好感が持たれなかったことなどから、いずれも落選している。『バジョット著作集』の編者スティーバスの評価では、バジョットは「雄弁家（orator）」ではなかった。N. St John-Stevas, *Walter Bagehot: A Study of His Life and Thought together with a Selection from His Political Writings*, Eyre & Spottiswoode, 1959, pp. 16-8.

（27）*EC*, p. 71〔二〇九頁〕.

（28）M・ウェーバー／脇圭平訳『職業としての政治』岩波文庫、一九八〇年［1919］、四一―三頁。M・ウェーバー／大塚久雄・生松敬三訳「世界宗教の経済倫理」『宗教社会学論選』みすず書房、一九七二年、一一七―八頁。

（29）*EC*, p. 328〔二三二頁〕.

（30）*Ibid.*, p. 330〔二三四頁〕.

（31）SGCL, pp. 377-9, 392-3. G・C・ルイスについては、次の論文を参照。南谷和範「『権威』の秩序――ジョージ・コンウォール・ルイスの専門家権威論とその政治観」『社会思想史研究』No. 30、藤原書店、二〇〇六年、九八―一一三頁。

（32）*EC*, p. 330〔二三四頁〕.

（33）PR, pp. 194-5.

（34）SP1, p. 165.

（35）*EC*, p. 293〔一七六―七頁〕.

（36）*Ibid.*, pp. 293-4〔一七六―七頁〕.

（37）*Ibid.*, pp. 295-6〔一八〇頁〕.

（38）神川信彦『グラッドストン――政治における使命感』潮出版、一九七五年、一五五―六四頁参照。

（39）J. Parry, *The Rise and Fall of Liberal Government in Victorian Britain*, Yale University Press, 1993, pp. 10-1.

（40）君塚直隆によれば、一八五〇年代においては、首相の後継者の決定は、政党内の討論など党内の民主的手続きを経てなされるのではなく、ランズダウン（一七八〇―一八六三年）やウェリントン（一七六九―一八五二年）といった「長老政治家」の指名によってなされていた。君塚直隆『イギリス二大政党制への道』有斐閣、一九九八年。

（41）T. A. Jenkins, *Parliament, Party and Politics in Victorian Britain*, Manchester University Press, 1996, pp. 37-8.

（42）*Ibid.*, ch. 2.

(43) H. J. Hanham (ed.), *The Nineteenth-Century Constitution*, p. 200; T. A. Jenkins, *Parliament, Party and Politics in Victorian Britain*, pp. 75-80.

(44) M. Ostrogorski, *Democracy and the Organization of Political Parties*, Macmillan, 1902, p. 187. J. Parry, *Democracy and Religion: Gladstone and the Liberal Party 1867-1875*, Cambridge University Press, 1986, pp. 116-21. B・ハリソンは、自由党が、このように政党指導者の指導的要素が強力であったため、「一九一四年まで」、「国民的広がりを有する政党支部構造を作る必要がなかった」と指摘し、一八六〇年代における自由党政治指導のスタイルとして、グラッドストンあるいはグラッドストン派が採用した「単一イシュー」による世論指導法を紹介している。B. Harrison, *The Transformation of British Politics 1860-1995*, Oxford University Press, 1996, pp. 170-2.

(45) A. Hawkins, *British Party Politics, 1852-1886*, Macmillan: St. Martin's Press, 1998, Introduction.

(46) *EC*, p. 280〔一五九頁〕. Cf. LFC, p. 39; CSRP, pp. 249, 267, 270, 271.

(47) Pitt, pp. 125-6.

(48) *EC*, p. 296〔一八〇―一頁〕.

(49) MM, p. 412.

(50) Cf. H. G. Grey, *Parliamentary Government Considered with Reference to A Reform of Parliament*, 1858, London, pp. 67-8.

(51) MM, pp. 409-12.

(52) J. Hamburger, *Macaulay and the Whig Tradition*, The University of Chicago Press, 1976, ch. 6, esp. pp. 138-44. Cf. C. Harvie, *The Light of Liberalism: University Liberals and the Challenge of Democracy 1860-86*, Allan Lane, 1976, ch. 1.

(53) J. Burrow, *Whigs and Liberals: Continuity and Change in English Political Thought*, Oxford University Press, 1988, p. 10.

(54) とはいえ、アクトンは、マコーリーにウィッグからリベラルへの転換点を見出し、L・スティーブンは、反対に、マコーリーの「ウィッギズム」に「国民性」との密接不可分の関係を見いだしているという相違点は存在している。しかし、両者はともに、旧来の一八世紀的なウィッグからの転換点をマコーリーに措定していることでは共通している。J. Hamburger, *Macaulay and the Whig Tradition*, p. 144; J. Burrow, *Whigs and Liberals*, p. 16.

(55) J. Hamburger, *Macaulay and the Whig Tradition*, p. 144. 同書では、マコーリーに対する同様の評価を与えた知識人として、J・F・スティーブン（一八二九―九四年）とH・リーヴ（一八一三―九五年）とが挙げられている。*Ibid.*, pp. 163-4. マコーリーのこうした立場が簡潔に表現されたものとして次の文献を参照。H. J. Hanham（ed.）, *The Nineteenth-Century Constitution*, pp. 11-3; D. G. Wright, *Democracy and Reform 1815-1885*, Longman, 1970, pp. 117-8.

（56）J. Hamburger, *Macaulay and the Whig Tradition*, pp. 144-65; J. Burrow, *A Liberal Descent: Victorian Historians and the English Past*, Cambridge University Press, 1981, pp. 92-3.

（57）MM, pp. 397-8.

（58）*Ibid.*, p. 400; LM, p. 431.

（59）H. G. Grey, *Parliamentary Government Considered with Reference to A Reform of Parliament*, pp. 50, 78.

（60）J. Austin, *A Plea for Constitution*, London, 1859, p. 24.

（61）CSRP, pp. 248-9; MM, pp. 398-9.

（62）ヴィクトリアニズムにおける「真摯さ」の重要性については、次の文献を参照。W. H. Houghton, *The Victorian Frame of Mind 1830-1870*, Yale University Press, 1957, ch. 10.

（63）CLCR, pp. 234-5. 同様の議論は、次の箇所にも見いだすことができる。Premiership, pp. 65-6.

（64）Cf. *EC*, p. 280〔一五九頁〕; LFC, p. 39; CSRP, pp. 249, 267, 270, 271.

（65）Pitt, p. 152. たとえば、O・F・クリスティーによれば、「ウィッグ党の排他的社会」（*Dictionary of National Biography*）で育ったT・クリーヴィー（一七六八―一八三八年）は、英軍会計官就任時、軍の宿舎であったロンドン塔に移る際に、次のように「子供じみた」喜びを表したという。「安らぎの空間、愛しのロンドン塔。ルーファスが建てしロンドン塔。親愛なるノルマンの王よ！　これこそが、まさにこれこそが、このクリーヴィーめが望みしもの」。O. F. Christie, *The Transition From Aristocracy 1832-1867*, Seeley, 1927, p. 44.

（66）LPB, pp. 281-2. Cf. MG, p. 419.

（67）Pitt, p. 152. バジョットは、このように活力あふれるピットを「一七五九年に生まれ、一八三〇年の活力を十二分に有した」人物と評価している。*Ibid.*, p. 144.

（68）*Ibid.*, p. 150.

（69）LPB, p. 282. バジョットは、「パーマストン卿」と題する論考でも同様に、パーマストンを「庶民院の［仕事］にあまり専心しない」過去の「種（race）」に属する政治家と位置づけている。LP, p. 278. ただし、バジョットは、『自然科学と政治学』第五章（一八七一年、初出）において、パーマストンを、同時代に適合的な（第一章で論じた「活力ある中庸」を有する）政治家だと論じている。この点において、明らかに、論考「ブラッドフォードのパーマストン卿」（一八六四年）や「パーマストン卿」（一八六五年）との差異を認めることができる。『自然科学と政治学』では、バジョットは、パーマストンの「活力」の部分ではなく、「中庸は安全である」という信条に根ざした政治的危機回避能力を評価している。*PP*, pp. 131-2, 二四四―五頁。この議論からは、パーマストンの死（六五年）後の政治状況の激変（第二次選挙法改正やグラッドストン改革内閣による諸改革）を経て、下層中流階級や上層労働者階級の政治的影響力がより強まった後に、バジョットが抱いたパーマストン政権時代に対する憧憬を看取できる。

(70) CSRP, p. 262.

(71) *Ibid.*, p. 271.

(72) *EC*, pp. 296-7〔一八一頁〕.

(73) CSRP, p. 268.

(74) *Ibid.*, p. 269.

(75) *Ibid.*, pp. 269-70.

(76) DLB, pp. 197-8.

(77) 「冷静」、「沈着」、「穏健」に対するバジョットのこうした評価は、数多くの論考に見出すことができる。たとえばMG, pp. 430-1; *EC*, pp. 296-8〔一八〇―二頁〕参照。W・H・ホートンによれば、当時、人間の運命などに関する「高尚でまじめな目的」を持たない道徳的姿勢は、「真摯さ」に欠けた姿勢であると非難された。また、そうした目的がない場合には、活力の消費それ自体を目的とする単なる情動的な活動へ向かう危険性がしばしば指摘された。W. H. Houghton, *The Victorian Frame of Mind*, pp. 218-22, 291-7.

(78) *EC*, p. 298〔一八五頁〕. Cf. T. Hare, *The Election of Representatives, Parliamentary and Municipal*, Longmans, Green, Reader, and Dyer, 1873[1865]; J. S. Mill, *Considerations on Representative Government, Collected Works of John Stuart Mill*, Vol. XIX, ed. by J. M. Robinson, University of Toronto Press, 1977 [1861], ch. 7〔山下重一訳「代議政治論」『世界の名著38 ベンサム／J・S・ミル』中央公論社、一九六七年〕.

(79) MD, p. 487.

(80) MDMH, p. 503.

(81) *EC*, pp. 297-8〔一八〇―三頁〕.

(82) Pitt, pp. 149-50.

(83) *Ibid.*, p. 151. スマイルズも、『自助論』において、「細目事項」に取り組む「実業家（men of business）」こそが、その取り組みによって未来の状況や自らの身の処し方を即座に認識する「機知（tact）」を獲得でき、この「機知」が「実業家」として非常に重要であると論じている。S. Smiles, *Self-Help: With Illustrations of Character, Conduct, and Perseverance*, ed. by P. W. Sinnema, Oxford University Press, 2002 [1859], ch. 9.

(84) PR, pp. 194-6.

(85) 『国制論』では、バジョットはこの表出機能を「報道機能（an informing function）」と表現し、「重要度の点において第二番目の地位」に置いている。*EC*, pp. 290-1〔一七二―四頁〕.

(86) PR, pp. 194-5.

(87) ヴィクトリア時代中葉のイギリスにおいては、リスペクタブルであること、すなわちリスペクタビリティー（respectability）が、中流階級全般および上層労働者階級にとって人生におけるもっとも重要な価値であった。リスペクタブルであるための最低条件は、自立（independence）であり、これは生計の維持において、他人からの施しや救貧法の適用を決して受けないことであった。この条件を満たすためには、安定した資産の所有と、労働に対する勤勉な態度や努力、生活面での節制といったピューリタン的自助の精神の保持とが不可欠であった。G・M・ヤング／松村昌家・村岡健次訳『ある時代の肖像――ヴィクトリア朝イングランド』ミネルヴァ書房、二〇〇六年［1953］、二九―三九頁。中山章「トマス・ライトにおける尊敬されうる労働者」『ジェントルマン・その周辺とイギリス近代』ミネルヴァ書房、一九九五年［一九八七年］、二一六―七頁。

(88) 岡山礼子「産業企業と人的資源管理」阿部悦生・岡山礼子・岩内亮一・湯沢威『イギリス企業経営の歴史的展開』勁草書房、一九九七年、一二七―三一頁。

(89) K. T. Hoppen, *The Mid-Victorian Generation, 1846-1886*, pp. 240-1.

(90) SPR, pp. 353-4.

(91) *EC*, p. 378〔二七九頁〕.

(92) *Ibid.*, p. 168〔三〇五頁〕.

(93) *Ibid.*, p. 168〔三〇四頁〕.

(94) S. Collini, P. Winch, J. Burrow, *That Noble Science of Politics*, pp. 173-4〔永井義雄・坂本達哉・井上義朗訳『かの高貴なる政治の科学』

一四八―九頁〕.

（95）南谷和範「世論の国制――バジョット政治論再考」一七二頁。R・D・アルティックによれば、「下層中流階級」や「労働者階級」が読者層の仲間入りを果たすのは一九世紀ではあったが、それでも、「マコーリーやブロンテ、メレディス、ジョージ・エリオットそしてジョン・スチュアート・ミルのような作家」が対象としていた読者は、これらの階級、当時常用された言葉で言うところの 'the millions' ではなかった。R. D. Altick, *The English Common Reader: A Social History of the Mass Reading Public 1800-1900*, The University of Chicago Press, 1957, pp. 6-7. 同書では、新聞や雑誌などの読み物が、ヴィクトリア時代に、イギリス社会に浸透し、政治的民主化に大きな役割を果たしたことに関して、読者層の社会構成や各刊行物の発行部数などを挙げながら実証的に検討されている。

（96）一八世紀末頃から、中流階級は、上層階級（富裕層）と下層階級（貧困層）に分裂した二つの国民を架橋する役割を果たす階級として、実態はともかく理想化された形で見いだされ、一時的に賞賛の的となった。D. Cannadine, *Class in Britain*, Penguin Books, 2000 [1998], ch. 3, esp. pp. 69-75〔平田雅博・吉田正広訳『イギリスの階級社会』日本経済評論社、二〇〇八年、一一六―一二三頁〕; J. Parry, *The Rise and Fall of Liberal Government in Victorian Britain*, p. 28.

（97）D. Wahrman, 'Public Opinion, Violence and the Limits of Constitutional Politics', *Re-reading the Constitution*, ed. by J. Vernon, Cambridge University Press, 1996, pp. 82-122, esp. pp. 99-107; R. Saunders, 'The Politics of Reform and the Making of the Second Reform Act, 1848-1867, *The Historical Journal*, Vol. 50, No. 3, 2007, pp. 577-8. 添谷育志「世論」佐藤正志・添谷育志編『政治概念のコンテクスト――近代イギリス政治思想史研究』早稲田大学出版部、一九九九年、三〇四―七頁。D・ワーマンは、こうした議論を展開する中で、典型的には、「工業化や経済成長によって力をつけた中流階級の理性が『世論』に結晶し、アリストクラシーの伝統的な非合理的統治に対して異議申し立てを行い名望家支配を破壊した」、「マス・メディアやラディカルの思想はそうしたブルジョワ的理性の代弁者である」という「ハーバーマス」的議論を展開したベイカーらの世論観を批判している。D. Wahrman, 'Public Opinion, Violence and the Limits of Constitutional Politics', pp. 93-6. ベイカーの議論については、次の文献を参照。K. M. Baker, 'Public Opinion as Political Invention', *Inventing the French Revolution*, Cambridge University Press, 1990, pp. 167-99, esp. p. 168.

（98）M. Taylor, 'John Bull and the Iconography of Public Opinion in England c. 1712-1929', *Past and Present*, No. 134, 1992, pp. 108-9, 114.

（99）たとえば、グラッドストンは、上層労働者階級への選挙権付与の必要性を強調する際には、この階級と比べて「[下層] 中流階級」に「特別な長所があるとは認められない」からという理由を挙げている。D. Wahrman, *Imagining the Middle Class*, Cambridge University Press, 1995, p. 411. 第二章註（38）参照。

(100) J・S・ミルは、『自由論』において、世論の担い手を「主に中流階級」と同定した上で、この階級を「大衆、すなわち凡庸な人々の集団」と説明している。J. S. Mill, *On Liberty and Other Writings*, ed. by S. Collini, Cambridge University Press, 1989[1859], p. 66〔山岡洋一訳『自由論』光文社、二〇〇六年、一四一頁〕.

(101) J. Burrow, *Whigs and Liberals*, pp. 70, 72-6.

(102) HUP, p. 273.

(103) NM, pp. 161-4.

(104) SP1, pp. 165-6.

(105) CSRP, pp. 242-4.

(106) *Ibid.*, p. 245.

(107) *Ibid.*, pp. 256-7.

(108) バジョットは、このようなタイプの人材が育成される過程について次のように論じている。「実際、既存の心理学では、礼儀正しい若者が、彼の時代の信条を受容する過程についてはほとんど説明することができないであろう。彼は自分の洋服を身につけるように、その［若い時代の］信仰を受け入れる。彼は尊敬に値する階級の真似をする。彼は奇抜なコートのような独創的な見解や見たこともないネクタイのような新しい観念を避ける。現実的に彼に関係する事柄、自らが行わなければならない事柄に関して、彼はとりわけそのように行動する。彼は世間に是認された人々の信条に黙従する。彼は、自分自身で熟慮することがほとんどないのである」。*Ibid.*, p. 257.

(109) *Ibid.*, p. 271.

(110) HUP, pp. 273-4.

(111) CSRP, p. 253.

(112) AG, pp. 87-8.

(113) *Ibid.*, pp. 88-9.

(114) F. Harrison, *Order and Progress*, Longmans, Green and Co., 1875, pp. 116-22; D. A. Hamer, *John Morley: Liberal Intellectual in Politics*, Oxford University Press, 1968, ch. 8; J. P. Von Arx, *Progress and Pessimism: Religion, Politics, and History in Late Nineteenth Century Britain*, Harvard University Press, 1985, pp. 136-45.

（115）FER, p. 311.
（116）MG, p. 438.
（117）CSRP, p. 270.
（118）MG, p. 438. 周知のように、イギリスにおける地主支配体制は、国教会信徒による様々な特権の独占によって強力に支えられてきた。つまり、その多くが国教徒である地主階級は、地方自治体法（一六六一年）や審査律（一六七三年）などの制定を通じて、非国教徒を政治参加やジェントルマン教育のルートから閉め出すことによって、またオックスフォード大学法やケンブリッジ大学法を通じて、国教会の経済的基盤をなす十分の一税や教会税を非国教徒にも課してきた。しかしながら、政治的実権を維持してきたのである。さらには、一八五一年の有名な宗教国勢調査が示しているように、工業化と経済的繁栄を牽引してきた非国教徒の総数は、国教徒数に迫る勢いであった。浜林正夫『イギリス宗教史』大月書店、一九八七年、二二一―八頁。このような状況の中で、国教会ならびに国教徒の特権に対する非国教徒たちの不満が次第に高まり、一九世紀に入ると様々な宗教差別の撤廃が行われた。たとえば、審査律ならびに地方自治体法の廃止（一八二八年）、オックスフォード大学法廃止（五四年）、ケンブリッジ大学法廃止（五六年）などである。とはいえ、世紀半ばにおいても、宗教差別的制度は依然として存続しており、その廃止が六一年以降も重要な政治的課題として残されていた。この後、第一次グラッドストン政権時には、教会税廃止（六八年）、アイルランド国教会廃止（六九年）、大学審査法の制定（七一年）など宗教的差別を撤廃する政策が行われた。E. L. Woodward, *The Age of Reform*, 2nd ed., Clarendon Press, 1962, pp. 502-28.
（119）Pitt, pp. 125-6.
（120）*Ibid.*, pp. 125-6.
（121）Cf. *Ibid.*, p. 155; MGM, pp. 466-7; LL, p. 206.「凡人支配」（一八五六年）において、バジョットは、ナポレオンやクロムウェルを「統率型の政治家」と表現して、当時のイギリスには、このような政治家の「独裁的な気性」は不要だと論じている。ここには、六一年におけるバジョットの状況認識との明確な差異を看取できる。AG, pp. 86-7.
（122）Pitt, p. 155. 本書では、commandingという単語に、「統率する」という訳語を当てるが、commandという語には、単に他者に命令を下す、という意味にとどまらず、対象全体を高い位置から見渡し大略をつかんだ上で命令を下す、という意味合いがある。バジョットが、グラッドストンらについて表現したcommandingは、このような全体把握に基づいた指導権の発揮という意味内容を有するものであった。

(123) MG, pp. 423-4.
(124) たとえばバジョットは、「グラッドストン氏の内閣」と題する小論において、「偉大な首相」、「世の中や歴史を統括する要素（the commanding elemennt）」、政治における「偉大さの要素」の必要性を強調している。MGM, pp. 466-7. 論考「自由党のリーダーシップ」においても、バジョットは、自由党指導者、下院指導者、首相にとって、「統率する能力（commanding ability）あるいは議会において自らの選択を不可避なものとする非常に高い地位」が不可欠であることを力説している。LL, p. 206.
(125) Pitt, p. 152.
(126) MGP, p. 463.
(127) MG, p. 438.
(128) *Ibid*., pp. 429-30.
(129) *Ibid*., pp. 430-1.
(130) *Ibid*., p. 438.
(131) NM, p. 164. 自由党の新たな指導者となったグラッドストンに対するバジョットと同様の両義的な評価は、一八六〇年代において、多くの自由党支持者に共有されていた。肯定的な評価としては、グラッドストンの財政に関する業績や多様な人材から構成される自由党の結集点としての彼の役割が強調された。他方で、彼の宗教的情熱や衝動的気性に由来する一貫性の欠如、ならびに政策の予測不可能性が危惧された。とりわけ、ウィッグに属する人々は、ピール派とその中心的人物であったグラッドストンに不信の念を抱いていた。こうした危惧が多くの人びとに共有された根本原因は、グラッドストンが、自由党の同僚との意見交換を行わず、自説を単独で有権者に直接訴えるという政治手法を採っていたからであった。Cf. J. P. Parry, *Democracy and Religion*, pp. 140-3; P. Adelman, *Gladstone, Disraeli & Later Victorian Politics*, 3rd ed., Longman, 1997, pp. 6-13; K. T. Hoppen, *The Mid-Victorian Generation*, pp. 243-8; E. Biagini, *Gladstone*, Macmillan; St. Martin's Press, 2000, pp. 73-4. 新たな政治状況の到来とグラッドストンの登場という諸事情を勘案すれば、バジョットがピットを素材にして幾分かの「統率の性分」を備えた「偉大な管理運営者」という政治家像を描いたのは、改革の時代における新たな政治的リーダーシップ像を提示する必要性を感じていたためだと考えられる。具体的に言えば、バジョットは、グラッドストンを念頭におき彼のリーダーシップに期待して「ピット論」を執筆したのだと言えよう。
(132) Pitt, pp. 145-8. ピットの政策に対するバジョットの評価について具体的に示しておきたい。ピットは、八一年夏に発足したシェルバーン内閣において二三歳の若さで、財務大臣および庶民院指導者に登用され、八三年冬には二五歳で首相に就くこととなった。以後ピットは、一八〇一年まで約一七年間首相を務めることとなる。ピットは、自由貿易体制へ向けて、茶やワインなどの関税の大幅な引き下げ、フランスとの通商条約（一七八六年：イーデン条約）の締結、減債基金の設定を行い、対米戦争で危機に瀕していた国庫を回復した。また、選挙法改正法案の提出や官僚制の改革、インド法の制定（一七八四年）などの自由主義的な改革も試みている。一七八九年にフランス革命が起こり、九三年にルイ一六世が処刑されると、革命のイギリスへの波及を恐れたピットは、人身保護法停止、五〇名以上の政治集会の禁止など、国内の引き締め政策を行った。「ピット論」において、バジョットはピットの三つの政治的業績を挙げている。第一に、経済・財政問題の改革である。バジョットによれば、当時は、保護貿易こそが自国の産業を発展させ、他国の産業に損害を与えるため、自国の利益になるという誤った理由から、そうした貿易政策が採用されていた。このような状況に対して、ピットが、「アダム・スミスから学んだはじめてのイギリス政治家の原理」すなわち「自由貿易の原理」を採用したことを、バジョットは評価している。また、財政上の政策については、アメリカ独立戦争で危機に瀕したイギリス財政に対して、「減債基金」制度を導入したことを賞賛している。バジョットによれば、これら二つの政策は、当時の人々からは理解されなかった。しかし、バジョットは、「大衆の消費から歳入を増やす最良の方法は、税率を下げることおよび大衆の購買力を増大させることである」というピットの基本政策は、「今日の正確な研究が証明している」ものであると高く評価している。*Ibid.*, pp. 145-6. ピットの第二の業績は、選挙法改正への取り組みである。バジョットは、「保守的な首相」と一般的に考えられているピットが、第一次選挙法改正の五〇年も前に、「パトロネージと権力の取引」に基づいていた「改革以前の国制」の状況を改善するために、「腐敗選挙区中の最悪のものの廃止」を提案したことを挙げている。*Ibid.*, p. 147. ピットの第三の業績は、アイルランド問題への取り組みである。当時、アメリカ独立戦争の開戦とともに、ヘンリ・グラタンの指導の下、アイルランドにおいてもイギリス議会からのアイルランド議会の独立を要求する運動が高まり、「アルスター義勇軍」の武力を背景に運動が過激化するにおよんで、一七八二年、アイルランド議会は立法上の自治を認められた（「グラタン議会」）。しかし、アイルランド議会を独占していたのはアイルランドにおける少数派のプロテスタントであり、住民の大多数であるカトリック教徒は公職から排除されていた。加えて、カトリック教徒は、彼らにとって「異国の教会」と言っても過言ではない国教会に対して十分の一税の支払いが強制されていた。バジョットはアイルランドの「混乱」と「流血」の源である十分の一税を「同額の借地料の支払い」に代えることで、カトリック教徒から税を「強奪」されているという意識を払拭するとともに、カトリック教徒の公職への開放を行ったピットの政策を評価している。さらに、バジョットによれば、ピットは、一八〇一年のアイルランド合同によって「二つの議会を持つという国民的な危機を治療した」。バジョットは、ピットのアイルランド政策について、「一言で言えば、アイルランドの内部分裂を取り除き、アイルランドの自由を損なうことなく効果的に帝国に結合させた」と論じている。

Ibid., pp. 147-8. アイルランド政治史については、山本正「アイルランド問題とイギリス帝国」秋田茂編著『パクス・ブリタニカとイギリス帝国』ミネルヴァ書房、二〇〇四年。

(133) D. C. Richter, *Riotous Victorians*, Ohio University Press, 1981, pp. 63-71; K. T. Hoppen, 'Grammers of Electoral Violence in Nineteenth-Century England and Ireland', *English Historical Review*, Vol. 109, No. 432, 1994, pp. 597-620.

(134) K. Zimmerman, 'Liberal Speech, Palmerstonian Delay, and the Passage of the Second Reform Act', *English Historical Review*, Vol. 118, No. 479, 2003, pp. 1176-207.

(135) MG, pp. 438-9.

(136) *Ibid.*, p. 438.

(137) MGM, pp. 465-7.

(138) LL, p. 206.

(139) *EC*, p. 169〔三〇七頁〕. 第二次選挙法改正によって、イギリスの有権者数は、一三五万人から二四七万人に増加した。

(140) NMP, p. 201.

(141) SP2, p. 223.

(142) *EC*, p. 174〔三一三頁〕.

(143) SP2, p. 223; RRE, p. 196; LSM, p. 213; LDWC, p. 219 にも同様の議論が見られる。

(144) CLCR, pp. 234-6. 細目事項の処理を軽視する人物であるというバジョットと同様のディズレイリ評価は、次のカーナボンの議論にも見ることができる。カーナボンは、ディズレイリについて、「彼は詳細を嫌う……仕事は何もしていない」と批判し、「ディズレイリは、異なる意見を調整し、裁定し、その優先順位を決めたが、自ら発案したり、提案された政策の細部を理解しようとはしなかった」と論じている。R・ブレイク／谷福丸訳『ディズレイリ』大蔵省印刷局、一九九三年［1966］、六三四—五頁。

(145) LPB, p. 282.

第四章　信従心の国制――イギリス国制と下層労働者階級

これまで検討してきたように、選挙法改正に関する論争の中で、バジョットは、議席の再分配を通じて、上層中流階級を政治支配者層に加えるとともに、選挙権付与を定める財産資格の引き下げを通じて、上層労働者階級への選挙権付与の必要性を訴えた。一八五九年に公表された「議会改革論」は、バジョットのこうした改革構想をもっとも明確に提示した論考であった。ところで、実際に選挙法改正法案が議会を通過したのは、バジョットの「議会改革論」公表から八年後の一八六七年であった。この間、いくつかの選挙法改正案が庶民院に上程されたが、一八五九年から六五年にかけて、自由党の長期政権を担った首相パーマストンが国内の政治改革に一貫して消極的な態度を示しており、彼によって自由、保守両党からの支持を受けた安定的な政権が維持されていたため、いずれの法案も結局通過を見なかった。

しかし、一八六〇代半ばに至って、パーマストンの死期が近づいたこと（一八六五年死去）により、選挙法改正は一挙に現実味を帯びることとなる。(1) 六〇年代前半の数次にわたる改正法案の挫折が先行した反作用として、六〇年代中頃には、改正要求の急進化が見られた。この急進化に多大な影響を与えたのが、自由党の大物政治家グラッドストンであった。グラッドストンは、六四年五月、ラディカルの議員E・ベインズ（一八〇〇―九〇年）による、投票に関する財産資格の大幅な引き下げの提案を受けて、普通選挙制導入の容認を周囲に印象づける有名な演説を行った。

私はあえて申し上げます。個人的不適格あるいは政治的危険性といった類の考慮によって資格がないとはされないすべての人間は、道義上、国制の範囲内（within the pale of the Constitution）に入る資格があるのであります。[2]

この演説に、庶民院は驚嘆した。パーマストンは、この演説を、労働者たちの決起に帰結するブライト的ラディカリズムの表現として受け取り恐怖に震えた。新聞などの報道機関は、改革に消極的な時代が終わり改革の新時代の幕開けを告げる画期的演説としてこの演説を大きくとり上げ、ドラスティックな改正への気運が一挙に高まることとなった。[3]

こうした気運の中で、院外では、ブライトが、穀物法撤廃連盟誕生の舞台であるホールにおいて、「議会改革連合（The National Reform Union）」を六四年に組織した。さらに、六五年二月には労働者階級を中心とする「議会改革連盟（The Reform League）」が結成された。J・S・ミルは、五九年の「議会改革論考」においてすでに、選挙法改正は「今後予期されるさらなる変革をにらみつつ着想されなければならない」と論じ、普通選挙制の原則承認という将来の抜本的改革を視野に入れた議論を展開していた。[4] このように、六〇年代中頃には、上層労働者階級のみならずさらに下層の労働者階級全般にまで、選挙権が付与される可能性をもうかがわせる緊迫した状況の中で選挙法改正論争が展開されていたのである。

バジョットも、第二章で検討した一連の改正構想に加え、すでに一八五九年の時点で、選挙法改正要求が持つ急進性を見て取り、「議会改革以前の歴史とその教訓」（一八六〇年）と題する論考などにおいて、改正における下層労働者階級の扱いに関する議論を公表していた。つまり、バジョットは、五九年以降、普通選挙制実現の危険性を見越して、普通選挙制の可能性を排除しつつ、なおかつ「善き統治」すなわち「ビジネス・ジェントルマン」による国政運営の維持・促進のための諸条件を模索する、という問題にも取り組まざるをえなくなった。この問題に対してバジョットがめざした基本的な戦略は、下層労働者階級に対する選挙権付与を完全に阻止することであった。なぜなら、本章で論じるように、この階級に選挙権を与えることは、イギリスが、「善き統治」の維持どころか政治秩序の維持すら危ぶまれる状況に陥ることを意味するからである。

選挙法改正が、とりわけ喫緊の課題となった六五年五月に、バジョットの主著『イギリス国制論』を構成することとなる諸論考のうちのはじめの論考「内閣」が、『フォートナイトリー・レビュー』誌上で掲載された(5)。よく知られているように、バジョットは、同誌創刊号の巻頭を飾った同論考冒頭部において、従来の国制理論を批判し、イギリス国制を新たな見地から考察すべきであると論じた(6)。バジョットが批判した国制理論とは、三権分立論および混合政体論であった。バジョットは、イギリス国制解釈に対して「非常に大きな勢力を有する」これら二つの理論は、国制の「生きた現実」に合致しないものだと批判し、国制は、新たな視点から考察されなければならないと主張した。すなわち、バジョットは、イギリス国制を「実効的部分」と「尊厳的部分」という二つの部分に大別して新たに考察すべきだとしたのである。これらについて、バジョットは次のように定義した。

［多様な住民を支配する］国制には、二つの部分が存在している（実際、それは顕微鏡で覗くように精密に見分けることはできない。なぜなら、巨大な事物の本質は、細部の分割を嫌うからである）。第一に、住民に崇敬の念（reverence）を起こさせ、これを維持する部分である。これを仮に尊厳的部分（the *dignified* parts）と呼ぼう。次に、実効的部分（the *efficient* parts）である。これが、実際には国制を動かし支配している。国制が成功を得ようとするのなら、次の二大目的を達成しなければならない。古くからの優れた国制ならば、巧みに達成してきたことである。すなわち、国制は、まずは権威（authority）を獲得し、そうして次に、その権威を利用しなければならない。すなわち、国制は、まず人間の忠誠や信頼を勝ち取り、そうして次に、彼らの恭順の姿勢（homage）を支配という営為に用いなければならないのである(7)。

バジョットによれば、イギリス国制に特有の長所は、こうした二つの部分が十全に機能することにあった。

この国制には、二つの主要な長所がある。第一に、イギリス国制は、簡潔な実効的部分を有している。この部分は、場合により、また必要なときには、これまで試されてきたどのような支配の道具よりも、簡潔に容易にかつよりよく機能しうる。同様に、イギリス国制は、歴史的で複雑かつ威厳がある演劇的部分を含んでいる。それは、はるか昔から受け継がれてきたものであり、大衆を魅了し、知覚することはできないが絶大な影響力によって、臣民を導いていく。その本質は、近代的簡潔性が持つ強力さを有しており、その外装は、堂々たるゴシック建築の荘厳さの威厳を備えている。(8)

このように、バジョットは、イギリス国制を「尊厳的部分」と「実効的部分」とに分け、前者が国民の忠誠心を調達する役割を、後者がこの忠誠心を利用し実際に行政を行う役割を果たすものと論じた。バジョットによれば、具体的には君主と貴族(院)が「尊厳的部分」に属し、「実効的部分」には庶民院および内閣が属していた。

本章では、選挙法改正論争が頂点に達しようとしていた六〇年代中頃の状況において、バジョットが、イギリス国制における「尊厳的部分」ならびにこれが国民に喚起する「信従心(deference)」の議論に込めた政治的目的を選挙法改正の側面から明らかにする。第一節では、トーリー支持勢力が有する独特の「信従心」と、これに基づく彼らの投票行動に関するバジョットの議論を検討する。このような議論を行ったバジョットのねらいは、選挙制度のあり方がイギリスにおける「自由な統治」の成立に決定的な影響を及ぼすことを明示することにあった。バジョットは、下層ジェントリと農業地域在住の田舎牧師、さらには下層労働者階級とからなるトーリー支持勢力には、「自由な統治」の運営能力がないことを強調した。無抑制的に即座に行動する性格という意味では、フランス国民型と近似の性格を有する下層ジェントリおよび田舎牧師と、バジョットが未開人と同等視する下層労働者階級は、権威への絶対服従なしに衝動的行動を克服できない。そのため、彼らは「尊厳的部分」に対する「信従心」を抱くことなしに政治秩序にとって安全な存在にとどまることはできない。このような人々に政治的実権が移ることになれば、討論能力を持たない議員による代議政治運営という実践不可能な事態に陥ってしまう。だからこそ、選挙法改正においては、これらの諸勢力が政治的実権を握ることのないような選挙制度が構想され実施されなければならなくなる。

第二節では、代議政治の成立条件に関して『国制論』で展開された下層労働者階級論を検討する。バジョットによれば、代議政治の主要な成立条件とは、優秀な庶民院が構成されることであった。バジョットは、この条件が満たされるためには、政治的な事柄をまったく理解し判断することのできない下層労働者階級に選挙権が与えられてはならないと考えた。そこでバジョットは、君主を中心とする「尊厳的部分」に対する下層労働者階級特有の信従心を明示することで、下層労働者階級が、有権者層全体とは別種の宗教的な服従心からイギリスに安住していることを強調した。このような議論を通じてバジョットは、下層労働者階級が、選挙権の行使によって政治に参与するという意味における自治の領域の構成員となる可能性を徹底的に排除しようとしたのである。

第三節では、これらの分析をふまえて、『国制論』におけるバジョットの政治戦略を解明する。バジョットは、「ビジネス・ジェントルマン」による効率的な国政運営を望んだ。にもかかわらず、バジョットの診断によれば、彼らには下層労働者階級の自発的服従を獲得できないという限界があった。そこでバジョットは、この階級の服従を得るために、「尊厳的部分」を利用する方策を「ビジネス・ジェントルマン」に教示したのである。その意味で、『国制論』は、「ビジネス・ジェントルマン」によるイギリス支配のために、彼らに向けて執筆された政治支配者教育論であった。

ここで、バジョットの信従心解釈に関して従来の研究が共有する方法とその欠点について付言しておきたい。近年、とりわけ一八世紀以降のイギリス史研究において、地主階級による政治支配が一定の安定性を維持してきた理由を究明する視点から、当時のイギリスにおける信従心の実情に関する議論がなされてきた。その際、とりわけ、バジョットの信従心概念が考察の出発点として注目され、労働者階級を含めたイギリス社会の全成員が地主階級の政治的支配を実際に承認していたのか、そうだとすればどのような服従態度であったのかという問題について検討されてきた。ただし、それらの研究では、バジョットの信従心概念はあくまでも、従来の誤った信従心概念の典型例としての扱いをまぬがれなかった。すなわち、従来の諸研究は、バジョットの信従心概念を、ヴィクトリア時代の実状に合致しないものとして批判したうえで、当時の服従態度の実状に関して見直しが必要であることを指摘する、という構成を採っている点で共通しているのである。(9)

バジョットの信従心概念自体を考察対象とした研究も、右の信従心概念一般の解明をめざしたものと同様、バジョットのそれが同時代のイギリスの政治状況を理解するための準拠となりうるか、というアプローチが採用されてきた。たとえば、D・スプリングは、『国制論』や『自然科学と政治学』を素材にバジョットの信従心概念を考察する中で、「議会改革法案や［反］穀物法運動」時代のイギリスにおいて、地主階級の政治支配に追従する「巨大な信用詐欺の単なる受動的犠牲者」のような階級は実在しなかったと論じた。結論として、スプリングは、「一九世紀におけるイギリスの政治的実体の手引きに、バジョットを利用するのは明らかに危険」と結論づけている。(10)

これらの諸研究は、『国制論』で展開された信従心概念が、バジョット自身がヴィクトリア時代中葉に目撃した、地主階級と中流階級および労働者階級のありのままの関係を描写したものと素朴にとらえる点で共通している。その結果、それらの研究はいずれも、バジョットの見解が実情に合致するかしないかという議論に終始することになっており、バジョットの信従心概念そのものが有する意味内容を確定しようとしてはいない。しかし、本章の冒頭で論じたように、『国制論』は、議会内外で選挙法改正を望む声がもっとも高まった一八六五年に連載が開始されている。このような同書の時代性を鑑みるならば、バジョットの信従心概念に対して従来の研究が共有するアプローチでは、きわめて多くの側面が看過されることとなり、ひいては、バジョットの信従心概念それ自体を誤って解釈することになってしまう。『国制論』は高度に時論的な要素を内包しているため、同書の内容は、きたるべき選挙法改正におけるバジョットの政治的戦略に対して、細心の注意を払わなければ理解不可能である。このような理由から、バジョットの信従心概念の究明を企図するならば、なによりも第一に問われるべきは、バジョットが『国制論』において、どのような政治的意図の下に、この概念を前面に押し出したのかという点でなければならない[11]。

第一節 「自由な統治」の二つの敵——トーリーと下層労働者階級

第一章で論じたように、バジョットは、政治秩序の形成ならびに維持のためには、人間は、その本性に共有されている「衝動性」を抑制しなければならないと考えていた。ウィッギズムという性格の持ち主たちは、「討論による政治」の実践を成功させることによって、こうした衝動性を克服してきた。彼らは、このような過程の中で代議政治の運営のためには欠くことのできない役割を歴史的に演じてきた。しかしながら、バジョットは、すでに論じたように、討論の習慣を遺伝的に継承して形成された性格を持たない場合でも、衝動性の抑制は可能だということも明らかにしている。すなわち、第一章第二節で扱ったフランス国民の性格の場合である。バジョットによれば、その抑制方法とは、自ら権威を設定しこれに服従することであった。ルイ・ナポレオンの一連の政治行動は、このようなフランスの国民性を理由に擁護された。ただし、バジョットは、こうした権威への服従によって衝動性を抑制している人々は、実のところ、フランスのみならず、イギリスにおいても多数存在することを指摘している。バジョットによれば、「内的良心」に乏しいがゆえに自律性に欠けるそのような人々は、とりわけ「荒々しい本性」を持ち、自己の行動を統制することができないため、より強力な権威を必要とする。その結果として、そのような人々が、自らが服することのできる権威をより明確に見いだすほど、彼らはその権威により熱烈に服従する必要性を感じるようになる。論考「マコーリー氏」（一八五六年）において、バジョットは、「世襲君主制とは、実際、この原理の具体化に他ならない」のだと説明した。

その［世襲君主の］権威は、非常に明確で安定しており、明らかにわかりやすい（intelligible）。それが過去から受け継がれていることは非常に明瞭である。それが外部から課されたものであることは非常に顕著である。……「国王を取り巻く神聖性」というものは、［服従者自らが］作ったもの、選んだものではない世襲の義務を象徴したものなのである。(12)

すでに明らかなように、この議論は、一〇年後に執筆されることとなる『国制論』における「尊厳的部分」や「信従心」の議論に受け継がれるものである。バジョットは、人間本来の衝動性を内的良心に乏しい人々が抑え込むためには、服従の対象としての権威が不可欠だということを確信していた。逆に言えば、バジョットは、権威が存在しなければ、そのような人間は衝動性を抑制し秩序形成可能な存在、別言すれば性格を持つと見なすに値する状態で存在することは不可能だということを強く意識していたのである。

（一）政治秩序とトーリー

このような権威に対する服従を、至上の行動原理とする人々としてまず数え上げられるのは、トーリーならびにその先代のジャコバイト（Jacobites）、さらには先々代の王党派（Cavaliers）である。まず王党派に関するバジョットの議論を見てみよう。バジョットは、論考「マコーリー氏」において、なぜ王党派の人々は、君主に篤く忠誠を誓うのかという問題に焦点を当てている。バジョットによれば、「王党派のような人はいつも若々しい。彼の前には、楽天的な生活が、希望にあふれて立ち現れる。……『自然の豊かさ』を感じて生きる若く熱情的な人々には、……あらゆる享楽が開かれ、［彼らは］感情において生き生きしている。［彼らは］情熱的で衝動的である。勇敢ではあるが鍛錬に欠け、高貴ではあるが自己規律に欠け、贅沢を賞賛」する。そうであるからこそ、王党派の人々は、「外部からの拘束具や囲い」すなわち、自らが服従するための権威を「切望」する他はない。王党派の性格は、このように、権威による衝動性の抑制を経て形成される典型例である。(13)

名誉革命の後、革命によって亡命を余儀なくされたステュアート家のジェイムズ二世とその直系子孫を正統な王位継承者として支持したジャコバイトが、王党派の性格を継承している。

その［一八］世紀の前半には、イギリス政府は、それぞれが一つの原理を奉じた二組の王位要求者間の闘争によって、世襲的で立憲的な統治の基礎に対するもっとも熾烈な挑戦を受けた。われわれは、勝利者側の議論はよく知っているが、敗北者側の道徳的長所について常に覚えているわけではない。ジャコバイトは、イギリス人の本性の中の優勢な原理に訴えかけるものの多くを信条としていた。すなわち、論証可能な政策上の考察に基づいてではなく、血統という確認可能な主張に基づいて王位を要求する世襲の家系というものである。それ［世襲の家系］は、思弁ではなく事実を具体化する。それは、時効に有利に働き、他のほとんどすべての制度が時効である国と調和的である。それは、時効による要求が持つに違いないような、秩序の維持と所有の安全の側に立つ。それは、可視的世界が多くを支配する人々において常に強力であるような保守的本能に訴えかける。それは、強力ではあるが隠された想像力が深く作用する人々に対して大きな影響力を有する忠誠の本能に訴えかける。(14)

歴史的結果は、後述するように、ハノーヴァー家側の勝利であった。しかしながら、この王党派ならびにジャコバイトの性格の後継者たちが、バジョットの時代にも生き続けている。すなわち、「トーリズム（Toryism）」を奉じ「保守党」を支持する人々である。

われわれは、これらの人々が、国王と教会を守るために意見を述べ集うのを見かける。しかも、なんら驚くこともなく見かける。勇敢な金持ちは、危険を愛する。興奮しやすいたちの人は、興奮を好む。周囲を見渡せば、これに近い人たちを見かけるだろう。アルマの戦いを勝利に導いたのは、「無教養なジェントリ」であると言う人もいる。つまり、「無教養なジェントリ」は、現代の王党派である。政治的見解は、性格（character）より生じるのである。[15]

バジョットは、「トーリズム」信奉者たちの「本質」を「享楽」に見いだす。なぜなら、保守すること、すなわち「古い慣習を維持する方法は、古い慣習を楽しむこと」であり、「現在の状態で満足する方法は、現在の状態を楽しむこと」だからである。

「王党派」の精神では、この世は喜びに興奮することで通り過ぎる。……［従来の］諸制度の一つに手をつけることや慣習の廃止を提案することは、個人的な快楽――気持ちが安らぐ場所――に手をつけることである。……この世がこの世であるかぎり、楽天的な生活が、活力ある保守（an animated Conservatism）に固有の源となる。[16]

保守党支持者の性格に関するバジョットのこのような分析は、すでに述べた衝動性の抑制のための権威への依存という議論の延長線上にある。すなわち、保守主義者の場合、自らの衝動性を克服し、さらに精神的安楽の支柱を得るために、権威を見いだしこれに服従する。多血質の彼らは、外部の権威がなければ、「全霊魂（the whole soul）が無秩序（anarchy）」

に陥り、自己制御不能となることを意識している。そうであるからこそ、なおさら保守主義者は、現状を肯定的にとらえ、これに固執し、さらには安らぎを見いだすのである。[17]バジョットの性格診断では、このような保守主義あるいはトーリズムは、ウィッギズムと並んでイギリスにおける一大「性格」として、遅くともステュアート朝以来、連綿と存続してきたのである。

（二）下層労働者階級

服従すべき権威がなければ一定の政治秩序に従って生活を営むことができない人々は、イギリスにおいて、トーリーだけではなかった。バジョットによれば、下層労働者階級もまた、トーリーとは異なる方法で服従対象を必要とする。バジョットは、人類が住む地域や国などの環境の相違によって多様な進歩の道をたどり多様に存在していること、すなわち「人類の不均等な発展（the unequal development）」を奇妙なこととはしながらも、「実際には、もっとも明白な」事実だと論じている。しかも、バジョットによれば、このような不均等な進歩によって、人類はその本性においては、まったく異ならないことを「忘れてしまうほど」多様化してしまった。バジョットは、このことは、ヨーロッパと東洋や未開の地との差異にのみ妥当するものではないと考える。つまり、イギリスという一つの国家内においてさえ、この不均等な進歩は、多種多様な住民を出現させたのである。

イギリスのような巨大な共同体には、二千年前の大多数の人々ほども文明化されていない多くの人々がいる。また、千年前の最良の人々のようなより多くの人々も抱えている。下層階層、中流階層は、「教養ある一万人」の基準で計った場合、はるかに偏狭で知性や向上心に欠ける。……巨大な共同体は、巨大な山のようなものである。つまり、それは、人類進歩における古生代層、中生代層、第三紀層を有する。下層域の特徴は、現代の上層域の生活よりも、むしろ古代の生活に似ている[18]。

しかも、バジョットは、進歩の段階という視点から評価すれば、下層労働者階級は、他のより上位の階級の人々に比べてとりわけ著しく遅れており、初期段階あるいは未開の段階のままにとどまってしまっていると見ていた。

イギリス民衆の相異なる諸階層もまた、それぞれの速度で進歩してきた。上層階級の状態の変化は、中世以来、著しいものがある。そして、それはすべて改善であった。しかし、下層階級は、あまり変わらなかった。そして、多くの人々が論じているように、よくなった面はあるとしても、いくつかの重要な点において、彼らはより悪くなった[19]。

バジョットは、上層階級と下層労働者階級との進歩のこうした落差は、容易には縮小不可能だと断言する。さらに、バジョットによれば、この落差は、人類史的スパンにおいて形成されてきたものであるため、解消不可能であるどころか時の経過にしたがってさらに拡大することは必定である。落差の解消を楽観視するような見方、「おそらく十年やそこらで、人類は特別な措置がなくても同じ水準に達するであろう」などと考える「政治哲学」は、バジョットの考えでは、人類史に対する理解不足でしかない。

しかし、現在では、苦難の人類史［が明らかにしてくれたこと］により、われわれは、どのようにわれわれ［人類］が始まったのか、どのようにわれわれは常に苦しんできたのか、どのような幸運な環境に助けられたのか、どのような成功を積み重ねてきたのか、ということを知り、その結果として、文明人が、自らをともかくもそう呼ぶに値するようになった、ということを知ると――つまり、緩慢な歴史の歩みとその結果をもたらした労苦を知ると――、われわれが長時間かけて徐々に進歩してきた各段階に関する認識を深めることとなる。もし人間が文明化されるのにそんなにも多年を要したのであれば、現在途中までしか文明化されていない人々を完全に文明化させるには同じだけの年月を要することにならないのであろうか。[20]

このように、バジョットが、下層労働者階級に対する教育的効果に対して否定的であった理由、さらにより広く、第一章で論じたように、彼が――たとえばJ・S・ミルとは異なり――教育による人間の陶冶を疑問視した理由は、彼が、ミルの世代よりも長い時間枠で人類史を考察するようになったこと、さらには、その結果として、人類社会の発展の程度が非常に緩やかなものだという認識を持つようになったことを一因とする。バロウによれば、ミルが歴史的考察を行う際に射程に入れていた時代とは、前世紀のスコットランド啓蒙の思想家たちと同様、封建制以降という比較的短期であった。他方、バジョットは、地質学やダーウィニズムの知見を通じて、また特にH・メイン（一八二二―八八年）から影響を受け、未開から文明へと至る人類史全体を想定しながら議論を展開したのである。[21]

このように、バジョットによれば、下層労働者階級は、「原始の野蛮（primitive barbarism）」の段階に位置づけられ、なおかつ将来的な進歩もほとんど期待することができない。[22] すでに論じた人間本性における衝動性という観点から考察すれば、下層労働者階級は、未開人としてまさにこの衝動性から逃れられないと見なされざるをえない。トーリーに属する人々であれば、強力な権威をある程度意識的に見いだした上で、権威として設定して、自らの意志で忠誠を誓うことができるであろう。そのため、トーリーの場合には、たとえ服従対象が廃棄される、たとえば革命的事態によって君主制が崩壊してしまったとしても、新たな権威を自発的に発掘し、新たな忠誠を誓うこととなる。このようにして自覚的に秩序を創出することができるという意味では、トーリーの「性格」と見なすことのできるものを彼らは持っていると考えることができる。他方、同様の観点から、反対に、文明以前の人間と同一視される下層労働者階級は、なにかしらの性格を有する存在と見なすことはできない。「知性の働きや知性に影響を与えるものにもっとも自覚的ではない[23]」この階級が、無条件のままで放置されるならば、次節で論じるように、秩序形成どころか他者の所有物をも奪い合うアナーキーに陥ることは必至なのである。

バジョットは、下層労働者階級が実際に衝動性の激発を免れるのは、この階級を無自覚的に権威に服従させることによってはじめて可能だと考えた。そうであるからこそ、下層労働者階級に「信従心」を惹起する「尊厳的部分」の不可欠の役割が、大いに認識されなければならない。このような観点から、バジョットは、一八六〇年代から七〇年代前半にかけて高揚した君主制廃止運動（Republicanism）をいくつもの論考で繰り返し批判した。君主制を廃止すれば、イギリス統治にはむき出しの物理的暴力装置が不可欠になる。バジョットによれば、無教養な労働者貧民が膨大に存在するイギリスのような国においては、「法はなにはともあれ恐ろしいものであるべきで、『反逆』、つまり既存の秩序に対する抵抗は、非常に危険な実験であると考えられなければならない」。しかし、実際は女王の存在により「信従心の体制」が維持されているため、たとえば、興奮した群衆も「不可視の抵抗できない力の代理人」である「一人の」警官に服するようになっている。したがって、バジョットによれば、君主制の廃止は次のような事態の招来を意味する。

庶民院は、財産保護のためにあらゆる方向に対する権威を強化しなければならないことに気づくだろう。軍隊を召集することによって。より多くの警官を雇うことによって。より厳格な新法を通過させることによって。一言で言えば、現在、主権者の権威に対して感じられている尊敬を通じて保証されているものを、力（force）を［民衆の］眼前におくことを通じて保証しなければならないのである[24]。

その結果、君主制廃止の究極目的である「自由の維持」は、あらゆる統治の究極目的である「秩序の維持」によって犠牲にされざるをえない[25]。このように、バジョットによれば、君主を中心とする「尊厳的部分」が存在することは、下層労働者階級のむき出しの暴力性を抑え込み、政治秩序を保つための不可欠の条件であった。

(三)「自由な統治」の反対勢力

さて、バジョットは、論考「議会改革以前の歴史とその教訓」や『国制論』などにおいて、これら二つの勢力が、名誉革命以後には一貫して「自由な統治」に対する反対勢力を形成してきたことを明らかにした。これら二つの勢力を形成する人々は、外的な権威に絶対的に服従することなしには衝動の抑制が不可能であるため、自制的な態度を不可欠なものとする討論を、政治運営において有効に活用しえない人々なのである。しかも、これらの諸階級は、トーリーのもっとも堅固な支持基盤を構成してきた。名誉革命以後、一八世紀前半までのイギリス政治において、もっとも重要な政治上の争点は、バジョットによれば、名誉革命を支持し、「自由な統治」すなわち議会主権の原理を肯定するのか、革命に反対して、国王が国政を差配し国民がこの支配に服従する国王主権の原理に回帰するのか、というものであった。この時期全体を通じて、ステュアート家を支持する後者の勢力は、議会主権を原理とするハノーヴァー王家支配に対する反政府勢力、すなわちジャコバイトとして、イギリス政治秩序に対する強力な脅威となり続けた。

バジョットによれば、ジャコバイトが国民による自主的な統治である「自由な統治」の破壊をめざしていたにもかかわらず、歴史上「もっとも熾烈な」戦いに挑むことができるほど強力であり、多くの人々の支持を獲得することができた理由は、先述したように、世襲制の原理に基づくステュアート家が多くの人々の「保守的本能」あるいは「忠誠の本能」に訴えかけたからであった。バジョットによれば、「そのような家系は、イギリスの民衆的愛着に対して多大な威力を有したに違いな」かった[26]。

しかも、ジャコバイトは強力な反政府勢力であるだけにとどまらず、当時の政府に取って代わる可能性も十分にあった。すなわち、バジョットの分析によれば、ステュアート家とハノーヴァー家のどちらを王家とするかという選択については、実際、紙一重の情勢だったのである。

彼ら［ステュアート家］がその力を持っていたこと、ならびに、行動における無能とこの家系に遺伝的であるように思われる判断の生来的なへそ曲がりとによってのみ、彼らはイギリスを失ったということは、歴史が証明している。そのドラマの最終幕、つまりハノーヴァー家の最初の数年間、ステュアート王家には依然として国民に大きな影響力があった。実際には、たしかに彼らは王位を保持していなかった。また、彼らの支持者たちはもっとも保守的な階級の中にいたため、再び王位を獲得することも不可能であった。しかし、運命の気まぐれによって彼らが王位を回復したと空想するなら、再び彼らを追い出すことは信じられないほど困難であっただろう。ローマ教皇に対するイギリス人の大多数の熱狂的な嫌悪が、自由に対する愛着と協力しなかったならば、おそらくそれは不可能であっただろう。大衆を動かした感情が少数者に影響を与えた確信と同じ側になかったならば、きっとそれは不可能であっただろう。もし、王位の世襲的な継承者が一度でも王位に就き、プロテスタントへの改宗に合意するか改宗したように見せかけたならば、ハノーヴァー家のチャンスは小さく弱々しいものであっただろう。(27)

バジョットは、このジャコバイトの支持勢力とは、具体的には、「下層ジェントリ」、「田舎牧師」および「下層階級」であったと説明している。

アン女王の死の直前、ジャコバイト派の見込みは、楽天的で近視眼的な人たちを惹きつける多くの要素を有していた。……彼女［アン女王］の隠された性向――おそらくは、彼女の潜在的良心――は、彼ら［ジャコバイト］に好意的であった。主だった大臣たちは、ボーリングブルックの分類を用いれば、「確たる意図」はなかったとしても、ステュアート家を支持する浮動的な考えと漠然とした「見解」を持っていた。概して、国民の中では、下層ジェントリ――トーリーの狐狩り愛好家アディソンが見事な記念碑的人物である――は、半ばジャコバイトであった（half Jacobite）。田舎牧師（ウィッグの歴史家［ハラム］が「派遣された人々にとっては、祝福すべきというよりもむしろ呪うべき人物」と呼んだ）は、半ばのジャコバイト以上であった。民衆の中の下層階級（the lower class of the people）は――教皇に対する反感はさておき――たぶん、ハノーヴァー家よりもステュアート家に傾いていた。正統性は民衆の支持を得る資格であり、忠誠は心に響き、一人の君主の支配は分かりやすいもの（intelligible）であり、教養のない人々にも理解可能で、実際に理解できるものであった。(28)

当時のこのような事情から、たとえば、下層階級も選挙権を有するような「民主的な選挙制度」が仮に施行されていたとすれば、ステュアート家の復位は確実であっただろうとバジョットは推測する。なぜなら、これらの諸勢力は、単にステュアート支持という志向のレベルでのみ一致していたのではなく、バジョットによれば、実は明白な信従の関係にあったからである。すなわち、下層階級は、日常生活において、実際に接することのできる唯一の上層階級であるという理由から、下層ジェントリや牧師に信従心を抱いていたのである。それゆえ、バジョットの思考実験によれば、民主的な選挙制度の場合には、次のような帰結が導かれたであろうことは明らかであった。

ただちに言えることだが、民主的な選挙権の制度は、いかなるものでもこの目的［ハノーヴァー王家の維持］には不適当であっただろう。権力を手中にする階級は、下層階級だっただろう。この階級には、自由の諸原理を知的に認識することを期待できなかったし、実際、認識してもいなかった。普通選挙権に類似のものでは、田舎牧師や小土地所有者［下層ジェントリ］の影響力を巨大なものにしたであろう。これら二階級は、田舎に住み最下層階級に知られており、彼ら［最下層階級］に獲得のチャンスがあるあらゆるいっときの便益を分配し、彼らが受ける危険がある地方の法の軽度な罰を与えるため、田舎の人々に対して圧倒的な影響力を持っていたにちがいない。彼らは、点在する村々や小集落から、ステュアート王家に対する支持者の大群をもたらしたであろう。この支持者たちは、決定の際の論争の真の利益などなにも知らず、立憲的統治の意味にはまったくの無知で、議会の本質や構造に関する説明などできない人々であった。しかし彼らは、自らが知っている唯一の教養ある人たちや自らが見たことのある唯一の影響力のある人たち——彼らの村の教区牧師や領主——が、彼らが現にしていることをするように彼らに言ってきたということは知っていた。現在のフランスに見られることが、当時のイギリスには見られたであろう。つまり、無教養な大衆が自らの決定を宣言し、国民は、その決定を認めるように強いられ、法はそれを強化するように強制されたことであろう。わが国現有の国制の下で生きるのではなく、われわれは、田舎の民衆によって圧倒的な——ほとんど全員一致とも言いうる——支持を受けたジャコバイト専制の下で生きていたかもしれないし、おそらくそうだったであろう。(29)

このように、バジョットによれば、一八世紀前半において、下層ジェントリと田舎牧師、下層階級の諸勢力は、新参の王家であるハノーヴァー家に対してではなく、ステュアート家に対して愛着を抱き同家の王位返り咲きを望んだ。そのため、当時もし下層階級に選挙権が与えられていたならば、下層ジェントリや田舎牧師に信従していた下層階級の支持によって、庶民院はジャコバイトに牛耳られることとなったであろう。このことは、当然、ステュアート家の王位復帰を意味する。このような歴史的思考実験からバジョットが導き出したのは、普通選挙制度が実施された場合には、議会主導による「自由な統治」、すなわち討論による政治は成立せずに、一九世紀中葉のバジョットの時代にまで国王統治が維持されるという帰結であった[30]。

『国制論』において、バジョットは、同様の問題を同時代にも適用して思考実験を行っている。バジョットによれば、一八六〇年代の選挙法改正論争において、「世論（the public mind）におけるもっとも有力な思想」の一つが二一歳以上の全男性への選挙権付与をめざす「超民主主義理論（the ultra-democratic theory）」である。バジョットは、このような選挙制度が実施された場合を、「純粋な農村地域」と「都市地域」とに分けて、その結果を予測している。はじめに農村地域である。

そのような議会が、穏健な人々（moderate men）から構成されるはずがない。選挙区のいくつかは、純粋な農村地域［の選挙区］になるであろう。それらでは、牧師や地主が、ほとんど無制限な力を握るだろう。彼らは、すべての［農業］労働者を、投票所に駆り立てたり送り込んだりするであろう。したがって、これらの地域は、生粋の地主階級（an unmixed squirearchy）を選出するであろう。散在する小さな町は、現在多くの議員を議会に送り込んでいるが、田舎者の大群によって圧倒されるであろう。彼らの投票は、彼ら独自の代表を送ることができなくなるのである。イギリスの農村部は、四季裁判所の代表を選ぶこととなるのである[31]。

農業地域の下層労働者階級たちは、このように自らの生活世界のお殿様である小地主か教区牧師に投票することしか思い浮かばない。では、都市地域における選挙結果に対してはどのような予測が立つだろうか。

他方、選挙区の多くは都市地域になるだろう。これらは、都市の最下層階級の信条や不信を代表する人物を送り出すだろう。おそらく、彼らは、職工の純粋代表と、労働者階級の一員だと偽称する議員とから構成される。職工の純粋代表とは言っても、彼らの中のえり抜きの知的な層をなす最良の人々ではなく、平均的な層の人々である。また、後者は、パブ議員（the members for the public-houses）と呼んでも差し支えないような人々である。すべての大都市における選挙運動では、このようなパブが、不法買収や不法活動の中心となっている。買収や不法活動の内実については、かなり良質の資料があるが、ここで述べる必要はないであろう。私がなにを言わんとしているのか、またそこから選出される不道徳な議員がどのような類のものか、読者諸氏もお分かりであろう。[32]

パブに入り浸り、政治的な事柄について自ら思考する能力をそもそも持たない都市の労働者たちが選挙権を得たところで、不法な選挙活動が横行するパブで買収され、パブ代議士を選出することにしかならない、というのがバジョットの予測である。

このように、バジョットの予測では、選挙権を拡大すればするほど、より低劣な政治支配者層が出現することとなる。バジョットは、その結果として、普通選挙制を容認するような理論は、「代議政治を悪化させることはないであろう」と逆説的に論じる。なぜなら、下層労働者階級に選挙権を与えることによって、代議政治が悪化する以前に、そもそもその成立が「不可能になるから」である。「超民主主義的議会」は、代議政治を「維持できない」のである。[33]

このように、バジョットは、選挙法改正論争のさなか、普通選挙制度あるいはそれに近似の制度を採用することによって、すなわち、下層労働者階級に選挙権を与えることによって生じる結果を、一八世紀と一九世紀中葉の二つの状況に関する思考実験によって推測した。イギリス国民の大多数を構成する下層労働者階級が選挙権を持つことは、この階級がまがりなりにでも投票することができるのであれば、この階級の政治的見解が国政運営上もっとも有力な見解となることを意味する。バジョットによれば、この場合、ともにトーリーの支持勢力が、国政における政治的実権を握ることが推測される。さらに、一九世紀中葉の場合には、下層労働者階級自身の判断によって、政治家としてまったく信頼に値しないようないかがわしい人物が国政運営の中枢に入り込むこととなる。これらの帰結すべてにおいて明白なのは、討論を行う能力をまったく持たない人々が、庶民院議員に選出されるという事態である。この場合には、「討論による政治」すなわち「自由な統治」の成立の余地がまったくなくなってしまう。「自由な統治」終焉後のさらなる帰結については、バジョットは考察を行ってはいない。なぜなら、すでに述べたように、その場合には、代議政治そのものが不可能になるという最悪の事態が生じてしまうからである。

しかしながら、イギリスは、少なくとも過去においては、このような惨状に陥ることはなかった。バジョットは、イギリスでは、概して、代議政治の運営能力を有する人々が政治的実権を握り続けることができたと考えた。「自由な統治」すなわち「自治」に対する反対勢力が歴史を通じて長期にわたり存在してきたにもかかわらず、「善き統治」が成立するための条件、すなわち、イギリスにおいてもっとも優秀な人々が、庶民院に選出される結果となるための条件が満たされてきたのはなぜか。「自治」と「善き統治」の両立のために、バジョットが不可欠だと考えた条件は二つある。第一の条件は、イギリスにおける下層労働者階級の「信従心」の存在である。バジョットは、まさにこの権威に対する信従それ自体が、「善き統治」成立の重要な役割を果たしてきたと考えた。

信従社会(a deferential community)は、たとえ最下層階級が知的ではなくとも、あらゆる種類の民主的国家よりも、議院内閣制にずっと適している。なぜなら、その社会は、優れた政治を行うのに非常に適しているからである。そこでは、最上層階級が支配することができる。最上層階級は、当然、政治的能力において、下層階級よりも優れているにちがいない。……貧民が尊敬心を持っている国は、そうした貧民を持たない国よりも、福祉面ではずっと劣っているであろうが、それにもかかわらず、最善の統治(the best government)にははるかに適しているのである。

尊敬心を持った国民を擁する国は、最良の階級を利用できるが、あらゆる国民が他人よりも自分がもっとも優れていると考える国では、最悪の階級しか利用できない[34]。

バジョットによれば、このような信従心の存在によって、最上層階級である政治支配者層による支配が可能となり、有能な政治家を庶民院に選出するという「善き統治」の成立条件が満たされる。

他方、信従心のない国民から構成される国家は、悪しき統治に陥らざるをえない。バジョットによれば、「無責任な民衆がいい加減に集まって行う「自由な統治」は、たかだか民主的な統治（a democratic government）にしかならない」。このような「すべての人々が平等」である「民主的な統治」においては、「誰のことも知らず、気にかけず、尊敬もしない」。その結果、「そのようなところでは、誰かの見解が他の人の見解より影響力を持つようなことはない」。バジョットの見通しでは、このように優れた見解を「無視するような自由な統治は、悪しき自由な統治」にしかならないのである[35]。このような理由から、信従心を持たない国民からなる「自治」は、「善き統治」とは正反対の「悪しき自由な統治」、つまり劣悪な代議政治に帰結することとなる。

「善き統治」成立の第二の条件は、その信従心が政治的最優秀者の投票へと直結するための選挙制度の存在である。「善き統治」成立の保証を信従心の存在に求めたバジョットは、同時に、「善き統治」が成立するような状況は、あくまでも「幸運な」状況であって、非常に不安定な基盤の上に成立しているものと見た。なぜなら、たとえ信従心が存在していたとしても、この信従心が優れた政治能力の持ち主の得票に結実しなければ、信従心の存在は無意味であり、劣悪な人々の得票へと結びつけば、有害ですらあるからである。本節で考察してきた「自由な統治」の敵対者であるトーリーや下層労働者階級が選挙における最有力の勢力となる場合が、まさにこれに該当する。バジョットによれば、こうした不安定要素の存在にもかかわらず、イギリスでは、「幸運なことに、もっとも信頼を受けていた階級がもっとも知的な階級の一部」、すなわち、「国民の中の選ばれた指導者たちは、少なくとも、指導者を選ぶに際して最良の人々の一部」であり、その意味で「善き統治」が維持された。では、このような幸運はどのような方法によって得られたのか、とバジョットは問う。

しかし、いったいどのような国制上の取り決め（constitutional arrangement）が法によって指導権を彼らに与えるようになったのであろうか。いったいどのような方法で、不明確で漠然とした民衆の信従心が一つの政体（a polity）へと具体化され形づくられたのであろうか。[36]

この文章における「国制上の取り決め」とは、具体的には選挙制度のことである。[37] したがって、ここでは、民衆とは上位階級に属する人々に対して信従心を抱く存在ではあるが、信従心がどのような人々の得票に結実するのかは選挙制度によって決定される、というバジョットの基本的な認識を看取できる。つまり、選挙制度は、最良の人々に国政運営の実権が委ねられる「善き統治」をもたらすための、いわば信従心の交通整理の役割を果たすものなのである。

このように、バジョットによれば、自治と「善き統治」の両立は、より下層の階級からより上層の階級への信従心を――バジョットにとって――適切な対象へと向かうように調整する選挙制度が存在してはじめて成立するものであった。バジョットは、普通選挙制度に関する二つの思考実験を行うことで、「自由な統治」を適切に運営できないトーリー支持勢力の政権が誕生するという見通しを示した。これによって、バジョットは、「自由な統治」が成立し、なおかつそれが「善き統治」となるためには、「信従心」を政治的最優秀者の政治的実権掌握へ方向づける適切な選挙制度が必要不可欠であることを強調したのである。

第二節　『イギリス国制論』における下層労働者階級対策——下層労働者階級の信従心

前節で論じたように、バジョットは、下層労働者階級が選挙権を獲得した場合の投票行動について、一八世紀前半と一九世紀中葉とに関して思考実験を行った。そこから導出された結論は、下層労働者階級が選挙権を得た場合、彼らの票が、教区牧師や下層ジェントリ、パブで政治活動をする不審な人物など彼らのもっとも身近な尊敬の対象へと向かうこととなり、代議政治の運営が不可能になるということであった。しかしながら、下層労働者階級への選挙権の付与に関して、バジョットがもっとも恐れていたのは、その階級が選出する政治支配者層における、このような政治的無能ではなかった。前節で論じたような自発的に権威を見いだすことのできない下層労働者階級に選挙権を与えること、すなわち普通選挙制度を実施することは、一定の政治秩序に服従させる拘束具を彼らから取り外してしまい、彼らの衝動性をむき出しにすることを意味するのである。したがって、バジョットの最大の危惧は、未開人に等しい下層労働者階級に選挙権を与えるならば、選挙を行う能力をそもそも持たない野蛮な彼らがパニックに陥り、政治秩序の維持すら不可能にしてしまうということであった。選挙制度のあり方次第では、「善き統治」の実現以前に、そもそも選挙による自治すら不可能な状況に陥りかねないのである。

下層労働者階級の政治的無能力に関するバジョットの議論は、とりわけ『国制論』第二章で、議院内閣制の成立条件との関連で考察されている。議院内閣制とは、バジョットによれば、国政選挙によって選出された議員が内閣を選出し、この内閣によって統治が行われるという、二段階の選挙を経て成立する制度である。そのため、バジョットの考えでは、まず第一に、国政選挙が成立するための諸条件が問われなければならない。

(二) 下層労働者階級の政治的能力――選挙権行使能力について

国政選挙が成立するための条件、すなわち「選挙政治一般に必要な諸条件」として、バジョットは次の三点を提示している。すなわち、「選挙人」(有権者)の「相互信頼 (mutual confidence)」、「冷静な国民精神 (a calm national mind)」、国民の「理性的思考 (rationality)」である。[38] これらの条件の提示によって、バジョットは、下層労働者階級が選挙を行う能力をまったく持たないことを強調しようとする。

三つのうちの最初の条件である有権者の相互信頼とは、次のことを意味していた。議会制においては、個々の有権者が自ら選出に関わる議員の数はかぎられている。しかし議会は、様々な地方から選出された数多くの議員（六五八名）から構成されているため、個々の有権者から見るならば、議会は、自らが票を投じた若干名の議員と、そうではない他選挙区の大多数の議員たちから成り立っていることとなる。ところで、各有権者は、このような性格を持つ議会が選出した大臣たちによる政治指導を承認している。バジョットによれば、こうした承認は、各有権者が、他の有権者によって選出された議員たちを信頼していることの表れであり、ひいてはその議員を選出した他の有権者自身を信頼していることを意味する。バジョットの観察では、こうした状態は、歴史上、非常に特殊なものであった。「漠然とした不信の念を抱き、だれかれとなく疑うこと」を特徴とした「半未開状態の民衆 (semi-barbarous people)」には、相互信頼はまったく見られないため、政治指導者の選任はおろか、死刑執行人の選定すらままならないとバジョットは論じている。[39] イギリスにおける国民構成についてのバジョットの議論を思い起こしてみれば、この「半未開状態の国民」が下層労働者階級を意味していたと解釈できる。すなわち、バジョットは、選挙政治の条件に相互信頼を含めることによって、この階級には選挙を行う能力がないことを明らかにしたのである。[40]

選挙政治の条件の二つ目は、「冷静な国民精神」である。それは、「国民が重大な政治変動の際に生じる興奮を、十分に抑制できるような精神状態」を意味する。ただし、この条件について、バジョットはこれ以上のことを論じておらず、むしろ、下層労働者階級がこうした精神状態にはないことを強調する。すなわち、バジョットによれば、野蛮人と同一視される下層労働者階級に指導権を与えるなら、彼らはパニック状態に陥り、結果として秩序破壊の危機をつくり出してしまうであろう。

野蛮（barbarous）かつ半未開の（semi-civilised）国民は、これ［冷静な国民精神］をこれまで持ったことはない。現在イギリスで、無教養な大衆に「さあ、あなたがたの支配者を選びなさい」などと言うことはできない。なぜなら、その場合、彼らは狂乱状態に陥り、彼らの想像力は非現実的な危険を妄想して、選挙の試みは、結局は力任せによる主権の強奪に……陥るからである。(41)

このような理由から、この条件に関しても、下層労働者階級は、選挙民として不適格者だと見なさざるをえない。選挙政治の条件の三番目に挙げられている「理性的思考」とは、選挙に際して「遠い対象を明確に認知する能力」、「一定の手続きによって選ばれた指導者による簡明な支配を納得」する能力である。これは、「指導者を選挙するあらゆる人々が」持っていなければ「ならない」ものであった。しかし、下層労働者階級はこの能力も欠いていた。(42)

選挙政治成立のための三つの必要条件に関するこれら一連の議論は、選挙権付与の最低条件の提示であったと言える。それは裏を返せば、どのような人間が選挙民として不適格であるのかを明確にしたものでもあった。実際、バジョットの力点は後者にあった。バジョットは、この条件の検討を通じて、下層労働者階級に選挙権を与えることの危険性を描き出したのである。

このような意味において、バジョットには、下層労働者階級への選挙権付与の検討も含めて、選挙法改正の問題が常に浮上する当時のイギリス国制は、到底盤石と言えるものではなく、様々な改革論の出現を前にして、パニック直前の状況に絶えず置かれているものと映った。様々な改革の中でも、選挙権に関する改革は、非常に些細な変更であっても、既存の秩序をもっとも強力に揺さぶるものである。しかも、改革の性質上、国民全体を巻き込まざるをえないため、一度わずかにでも動揺すれば、秩序の破壊は不可逆的かつ加速度的にその完成へと向かう。

膨大な数の民衆が無知であるような信従社会（a deferential community）は、力学で不安定平衡と呼ばれる状態にある。その平衡が一度でも乱されるならば、原状の回復へは向かわず、むしろ原状から離れる方へ向かう。頂点で均衡を保っている円錐は、不安定平衡の状態にある。というのも、もしそれをほんの少しでも押すならば、それはその状態からますます遠ざかり、横倒しになるだろうからである。[43]

このように、「民主的な統治（a democratic government）」が向かう先は、「自由な統治」の消滅、すなわち下層労働者階級による衝迫的な秩序破壊以外のなにものでもない。[44] つまり、下層労働者階級による政治的支配は、クーデタ直前のフランスのような状況に、ただちに陥ることを意味するのである。『国制論』第二章における選挙政治成立条件の提示が明らかにしているように、バジョットは、無知な下層労働者階級の政治に関する判断が引き起こすパニックに秩序破壊の原因を見た。バジョットにとって下層労働者階級は、「衝動性」という「人間本性」そのままに行動することしかできない未開人と同等の存在であった。

（二）下層労働者階級の信従心——議院内閣制の成立条件

では、なぜこのような「衝動的」な下層労働者階級が、従来のイギリス政治の歴史において、政治秩序に対する潜在的脅威にとどまってきたのであろうか。彼らの暴力的性格の顕在化を抑制してきた事情とはなんだったのか。この点についてバジョットは、『国制論』第二章前半部で「選挙政治の成立条件」について論じた後、同章後半部において、議院内閣制という「特殊な選挙政治に必要な諸条件」に関する議論を検討するという形で考察している[45]。議院内閣制の成立条件に関するバジョットの一般的主張は、きわめて明快である。すなわち、「単に立法部を持つだけでなく、有能な立法部を――自らすすんで優秀な行政部を選出し、これを維持しようとする立法部を」持つことであった[46]。

バジョットは、この一般的主張を分割して二つの条件を挙げている。第一に、優れた立法部を維持すること、第二に、優れた立法部を選出することである。第一の条件を満たすためには、「議会に対し、実質的な内容のある業務を十分に供給する」必要があるとされる。その理由は、議会にやるべき仕事がない場合、有能な議員たちが些末な政争に明け暮れることになり、議員の優秀な能力が浪費されるからというものである。「議院内閣制では、有能な人々が、長期にわたって政権の座につき、有能ぶりを示すことが必要」である以上、このような事態は回避されなければならない[47]。

第二の条件に関しては、バジョットはより詳細な考察を試みている。バジョットによれば、優れた立法部を選出することのできる国民には二種類ある。まず、「大多数が知性的で、生活も安楽な国民」である。国民がこのような状態の場合には、とりわけ「社会に健全な教育が行われ知識が普及している場合には、議院内閣制は成立する可能性がある」。なぜなら、「選挙する能力のある［有能な議員を選出することができる］国民が存在し、［有能な内閣を］選出する能力のある議会が存在している」からであった。バジョットは、その具体例として、アメリカのニューイングランド諸州を挙げている[48]。

次に、「国民の大多数が選挙する［有能な政治家を選出する］能力を持っていない」場合である。その場合には、次のように、政治的に有能な少数者に対し、国政運営の権限の委譲を望む「信従心を持った国民」のみが有能な立法部を選出できるとバジョットは論じている。

民衆の大多数が選挙する能力を持っていない場合——そして、これが例外的な諸国民を除くすべての多数者の場合なのであるが——には、議院内閣制はどのようにして可能となるのか。あえて言うが、信従心のある国民においてのみ可能である。奇妙なことと考えられてきたが、膨大な数の愚かな層が、少数の賢明な層によって支配されることを望んでいるような国民が存在している。多数者——慣習によるか選択によるかは本質的ではない——は、ある少数選良に、支配者を選出する権限を委譲したがっている。多数者は、エリートのために［支配者選出権を］放棄し、エリートが信頼する人にならば服従することに同意している。多数者は、第二次選挙人として——つまり、政府の選出者として——、有能であり服従に値する教養ある少数者を認めている。多数者は、善き政府（a good government）の選出に適し、他のどの階級も反対しない優れた人々にある種の忠誠心を抱いている。このような幸福な状態にある国民には、議院内閣制を構成するための明白な利点がある。すなわち、このような国民は、立法府を選挙する最良の民衆を有し、それゆえに善き立法府——つまり、善き行政府（a good administration）を選ぶ能力のある立法府——を選出することが十分期待できる。[49]

バジョットは、このように論じた後で、イギリスにおいて議院内閣制が成立している理由の考察へと議論を移していく。『国制論』第二章において、バジョットは、とりわけ下層労働者階級が信従心を持っている事実を論証することに力点を置いた。つまり、バジョットは、下層労働者階級が信従心を抱いていることによって、一部エリートに庶民院議員選出権を委譲している現状を明らかにしようとしたのである。しかしながら、バジョットは、イギリスにおける信従心のありようは「非常に風変わりなもの」と説明する。なぜなら、有権者層の大多数を構成するゆえに「現在のイギリスで専制的な権力を保持している」下層中流階級は、前章で論じたように、教養や洗練の度合いに乏しく、「凡庸」あるいは「平凡」な人々だからである。つまり、バジョットの評価では、「この選ばれた少数者を見てみるならば、彼らは、最下層階級ではなく、もっともリスペクタブルではない階級でこそないが、頭の回転の遅い人々なのである」と言わざるをえない[50]。そのため、このように服従する魅力や根拠の欠如した選挙民に対して、下層労働者階級が政治的決定権を直接的に委譲するはずがない。

しかし、バジョットはここで、イギリス議院内閣制の成立を可能としている特殊事情を指摘する。それは、非有権者である最下層の人々が有する独特の信従心である。下層労働者階級の信従心が独特なものに位置づけられる理由は、『国制論』第二章の次の議論で指摘されているように、彼らの信従の対象が有権者層の大多数を構成する選挙民ではないことにある。

実際、イギリス民衆の大多数は、彼らの支配者［下層中流階級］よりもなにか別のものに信従している。彼らは、われわれが、社会の演劇的見世物と呼ぶものに信従しているのである。荘厳な身なりをした人々が、彼らの前を通っていく。高貴な男性たちの華麗な行列、美しい女性たちの壮麗な光景、富や享楽のすてきな情景が目の前で展開されると、彼ら［下層労働者階級］はそれに圧倒される。彼らの想像力が、彼らを屈服させる。彼らは、目の前に示された［高貴な人々の］生活が［自らの生活とは］かけ離れていることを感じる。哲学者たちは、なにも見いだすことができないが、宮廷や貴族は、大衆を支配する偉大な資質を持っている。すなわち、人目を惹きつける資質を持っている。宮廷人は、他の人にはできないことができる。一般人は、舞台上の俳優と演技で張り合おうとするのと同じように、所作において貴族と張り合おうとする。上流社会は、外から見れば分かるように、俳優が観衆よりもよりよく演じる舞台である。この演技は、あらゆる場面で演じられる。田舎者は、彼の家がお殿様の家とは、彼の生活がお殿様の生活とは、彼の妻が奥方様とは似ても似つかないと感じる。この舞台のクライマックスは、女王である。自分の家が宮廷と、自分の生活が女王の生活と、自分の命令が女王の命令と同じだと考える人などいない。

イギリスでは、多数者に感銘を与え、彼らの空想を思うがままにする魅力的な見世物が存在している。ロンドンにやってきた田舎者は、すばらしいショーや理解できない機械の大博覧会のただ中にいると感じるように、わが国の社会構造によって、彼が想像することもつくり出すこともできない、さらにはそれに類似のものの存在を感じたことすらない政治的事象の一大博覧会を眼前にしているように感じるのである。

哲学者たちは、このような迷信を嘲笑するかもしれない。しかし、その結果は計り知れないものがある。この荘厳な社会の見世物によって、無数の無知な男女が、少数の名目上の有権者に服従するよう仕向けられている。この名目上の有権者とは、無知な男女に感銘を与えたり、外見で惹きつけたり、空想の中で魅了したりするものがなにもないバラの一〇ポンド借家人やカウンティの五〇ポンド借家人である。人を感服させるのは、知性ではなく知性の成果である。そして、このような成果の最大のものは、社会のすばらしい見世物である。(51)

この引用部で明示されているように、バジョットによれば、非有権者層である下層労働者階級が信従するのは、君主を中心とした「尊厳的部分」である。では、下層労働者階級のこうした信従が、先述したように、結果的に、政治的知性において優れていると決して見なすことができない選挙民による政治的支配への服従に帰結する理由とは、どのようなものであろうか。

ここで注目すべきは、バジョットが下層労働者階級の服従について論じる場合には、服従の対象、すなわち君主を中心とした「尊厳的部分」が、他の諸階級に比べて、とりわけ宗教的要素を色濃く保持する存在として描かれるということである。(52) 身分的な格差が大きいほど、服従の対象は神格化されることとなるため、イギリスにおける最大の格差を有する君主と下層労働者階級との関係は、まさに神と人間とのそれに近似のものとなる。とりわけ、バジョットが下層労働者階級の服従の態度について論じる場合には、「崇敬の念（reverence）」という言葉を多用し、その非理性的側面が前面に押し出されるのが特徴的である。「尊厳的部分」と「実効的部分」とについて論じつつ、「尊厳的部分」の必要性を強調している『国制論』第一章において、バジョットは、崇敬の念について、「真の君主制にとって本質的な、神秘的な（mysitc）崇敬の念、宗教的な忠誠（the religious allegiance）は、想像から生じる感情であって、どのような立法部であっても、どの国民にも作り出すことはできない」と説明している。[53] さらに、「もっとも容易に崇敬の念を喚起する要素」とは、「演劇的要素（the *theatrical* elements）、すなわち感覚に訴えるもの、最大の人間的想像の化身であると自負するもの、またある場合には超人間的起源を誇るものである。神秘的な権利を持つもの、魔術（occult）的な行動をするもの」であるという記述も見られる。[54]

下層労働者階級は、君主を中心とした「尊厳的部分」に対して崇敬の念を抱いた結果として、君主に対し「宗教的な服従」の態度をとる。すなわち、バジョットによれば、下層労働者階級は、神の恩寵を受けた神聖なものによって自らが支配されていると信じ込み、「尊厳的部分」とりわけ君主に「服従する神秘的な義務」を感じることになる。[55] その結果、下層労働者階級は、あらゆる政治的決定や命令を、神的存在にも擬せられる君主から発せられるものとして「政治的な満足感」に満たされながら受容する、すなわち君主（を中心とした「尊厳的部分」）に信従することとなるのである。

想像に基づくこのような感情が政治的な満足感によって支えられているということはまったくもって正しい。イギリスにおける民衆の大多数は、豊かであるとは言えない。上流階級が言う安楽がどのようなものか考えることができず、道徳的な生活のための必要条件を有することもなく、人間らしい生活を送ることもできない膨大な数の階級が存在している。しかし、こうした階級のうちでももっとも惨めな人々ですら、自分達の惨めさを政治のせいにはしない。たとえ、扇動家が、ドーセットシャーの農民に向けて講演を行い、政治的な不満をかき立てようとしても、その扇動が成功するよりも、石を投げつけられるのが関の山であろう。これらの惨めな人々は、議会についてはほとんどなに一つ知らない。内閣については、聞いたことすらない。しかし、彼らは、「聞いた話だが、女王様はとても素晴らしいお方のようだ」と言うであろう。彼らの考えでは、社会の構造に反逆することは、女王に反逆することを意味するのである。なぜなら、女王が、社会を支配し、彼らが知っている中でもっとも心を打たれる上流社会の頂点にいるからである。イギリスにおける民衆の大多数は、政治的に信従しているだけではなく、政治的に満足しているのである[56]。

ところが実際には、下層労働者階級のこうした思いこみは、単なる誤解以外のなにものでもない。なぜなら、現実に政治的決定を行い、命令を発しているのは、君主や「尊厳的部分」ではなく、選挙権の行使を通じて自治を運営する有権者層、より正確に言えば、形式的には、そのうちの大多数を構成する選挙民（下層中流階級と上層労働者階級）だからである。しかし、下層労働者階級は、「君臨（reigning）」と「支配（governing）」との差異を見分けることができず、なおかつ「尊厳的部分」だけにしか「心を打た」れることがないため、この階級には、有権者層による国政運営という実際上の政治過程は、まったく認知されることはない[57]。こうして、神秘的な「尊厳的部分」に対する崇敬という下層労働者階級の主観的意識が、政治権力の現実的な委譲関係としては、「真の指導者［有権者層］」に対するこの階級の「盲目的かつ無意識的な服従」にたどり着くこととなる[58]。すなわち、下層労働者階級は、選挙民による政治的支配を意識することなく、選挙民の支配に服することとなるのである。

前項では、下層労働者階級が選挙民としては不適格であるというバジョットの指摘を検討したが、選挙権を持たないにもかかわらず、少なくとも過去の事実としては、この階級が選挙権を要求してその脅威が顕在化することがなかった理由も、同様にここにある。すなわち、「冷静な精神」を欠いていたとしても、下層労働者階級は、「神の恩寵を受けた君主」に対する「崇敬の念」を抱いているため、結果的に既存の政府に服するという事態になっている。下層労働者階級は、「理性的思考」を持っていないとしても、彼らにとって、君主は、「神聖な王冠をいただき、レンスの聖油をそそがれたプランタジネット家の子孫」であり、「神秘的な権利によって、[下層労働者階級が]服従しなければならない一人の人間」であるため、彼らの服従は確保されるのである。バジョットによれば、こうした心性のため、下層労働者階級は議員を選出する必要性を感じることがない。それゆえ、選挙権を行使するための諸条件に欠けていたとしても、選挙政治の成立条件の充足に瑕疵が生じるわけではなかったのである。(59)

『国制論』第二章におけるバジョットの論証は、選挙権を行使するという意味での自治権を、下層労働者階級が選挙民に意図せずに委任しているという点にとどまらなかった。すなわち、バジョットは、本章第一節において論じたように、下層労働者階級の信従心の存在によって、優れた政治的能力を持つ政治支配者層による国政運営の独占が可能となっていることを理由に、下層労働者階級のこうした信従心の維持・保存を訴えたのである。

下層労働者階級の「尊厳的部分」に対する宗教的な崇敬に起因した信従心の存在が強調されることによって、さらに、この階級の政治的無能が徹底的に浮き彫りにされる。バジョットの考えでは、自治とは、有権者層が投票によって議員を選出し、その議員たちが選んだ内閣に国政運営の実権を委ね、その運営実績を評価し、その評価をもとに新たな議員を選出する過程の絶えざる繰り返しに他ならなかった。しかし、バジョットによれば、下層労働者階級は、「尊厳的部分」や「演劇的要素」、「神秘」的なもの以外に関心を向けることができない。つまり、下層労働者階級は、そもそも、自治を意味あるものとして認識できない。この意味では、下層労働者階級は、自治の領域の成員である有権者層の心性とは別の心性を有する階級なのである。『国制論』においてバジョットが描き出した下層労働者階級と有権者層との関係は、ディズレイリの小説『シビル』における相互にまったく共感することのない「二つの国民」の関係に似ていると言える。(60) ただし、バジョットがめざすのは「二つの国民」の解消ではない。あるいは、ディズレイリのように、「トーリー・デモクラシー」的政策を実施して、下層労働者階級を支持者として巻きこむことでもない。(61) バジョットは、下層労働者階級を、あくまでもイギリス国内で自治とは無関係に生きている政治的無権利層として特徴づける。これによって、バジョットは、下層労働者階級の政治参与の可能性を徹底的に排除しながらも、政治参与の資格を上層労働者階級以上のリスペクタブルな有産者層に限定し続けることが可能であり、またそうすることでのみ望ましい政治体制を確保できるという考えを貫いたのである。

第三節　『イギリス国制論』の政治戦略——選挙法改正をめぐって

本節では、これまでの検討の成果をふまえ、『国制論』におけるバジョットの政治戦略を解明する。同書やその他の諸論考でバジョットが一貫してめざしたのは、「ビジネス・ジェントルマン」をイギリス国政運営の中枢にすえることであった。しかし、「ビジネス・ジェントルマン」には、下層労働者階級の自発的服従を得ることができないという弱点があった。このように見るバジョットにとって、下層労働者階級の服従の獲得は、イギリス国制の「尊厳的部分」を利用し、下層労働者階級を従来の非有権者層の地位に馴致することによってのみ可能だった。本節で解明する『国制論』におけるバジョットの実践的意図の中軸は、こうした目的を達するための方法を「ビジネス・ジェントルマン」に教示することにあった。

すでに論じたように、バジョットによれば、イギリスにおいては、「自由な統治」が「善き統治」となるためには、もっとも優れた政治的能力を有する「ビジネス・ジェントルマン」が国政運営の実権を握ることが不可欠であった。選挙法改正論争の中で公表した諸論考のみならず、執筆開始の初期よりバジョットが一貫して展開してきたのが、この政治的リーダーシップ論の妥当性を論証するための「ビジネスとしての政治」論であった。

しかしながら、このリーダーシップ論に言及する際、バジョットには克服すべき大きな障碍が存在していた。それは、

「ビジネス・ジェントルマン」が、下層労働者階級の信頼をまったく受けていないという現実であった。総じて、ヴィクトリア時代中葉においては、貴族・地主の文化に比べて実業界の文化が周縁に位置づけられ続けただけにとどまらず、実業界に対する蔑視の風潮が根深く存在していた。すなわち、ビジネス従事者は、目的合理的精神一辺倒の卑俗な利益第一主義者であり、労働者階級から搾取することによって自らの経済的繁栄を享受している、というのが地主貴族と労働者双方に共通する認識だったのである。これでは、下層労働者階級が、「ビジネス・ジェントルマン」の政治指導に従うことはないであろう。こうして、「ビジネス・ジェントルマン」による国政運営の実権掌握をめざすバジョットにとって、下層労働者階級を有権者層から排除し続けることの正当性を論証し、かつ、排除される下層労働者階級が「ビジネス・ジェントルマン」による支配に自発的に服従するための方策を提示することが喫緊の課題となったのである。

この課題を達成するためには、バジョットは、まず第一に、当時のイギリスにおいて有力な政治論を提供していたラディカルの政治理論を粉砕しなければならなかった。なぜなら、この政治理論は、下層労働者階級の服従の獲得という重大な問題にまったく気づいていなかったからである。『国制論』は、「『すべての重要な問題に関しては、論じられるべきことが数多く残されている』とミル氏は述べている。そして、イギリス国制に関してほど、このことが当てはまる問題はない」という一節から始まっている[62]。周知のように、この言葉はミルの議論に対する賛同ではなく、皮肉を込めた反論である。『国制論』冒頭部において、バジョットはこのように述べることで、そうした政治理論の代表格であるJ・S・ミルの「議会改革論考」や『代議政治論』に対する異議申し立てを行ったのであった[63]。

具体的には、『国制論』においてバジョットは、ミルを中心としたいわば『フォートナイトリー・レビュー』主流派とも言うべき人々の議論全体を視野に入れつつ、彼らの議論のうち次の二点を批判したと言える[64]。第一に、政治における実績主義である。これは、政治とは「実績を上げ、業務をこなしさえすれば」十分であり、また国制とは、「政治的目的に対する政治的手段の寄せ集め」にすぎないという見地から、支配における非合理的要素の必要を認めない立場である。[65] こうした立場は、たとえば同誌の第二代編集者を務めたJ・モーリーに看取できる。ミルを知的な師と仰ぐモーリーは、社会の「進歩」や「改良」をもっとも重視していた。モーリーによれば、政治における「改良」とは、「権威の領域の制限」であり、また「社会的結合の諸条件とは、神秘(mystery)などではなく、説明可能な諸理由の帰結」であった。[66]

ラディカルは、このような考えに基づき、また次に述べる一八六〇—七〇年代前半の特殊状況も手伝って、「尊厳的部分」の中核である君主制の廃止運動を展開することとなった。ことの発端は、六一年におけるヴィクトリア女王(一八一九—一九〇一年)の夫であるアルバート公(一八一九—六一年)の死去であった。公の死を深く悼んだ女王は、以後政府高官に接見するときでさえも黒の喪服に身を包み、イギリス国民の前に姿を現す必要のある一切の儀式から身を引いてしまった。女王のこの隠遁生活は、七四年まで続くことになる。そうした状況の中、次第に国王不要論としての共和制論(republicanism)の論調が高まることとなった。六〇年代後半から七〇年代にかけての国王不要論は、三〇年代から四〇年代にかけてのチャーチスト運動における不要論よりも過激なものであった。なぜなら、後者においては、「チャーチストの指導者は、国王に対して大臣の解任を要求することはあっても、君主制の除去を求めることはしなかった」のに対し、前者においては、君主制の廃止そのものが声高に主張されることになったからである。[67] たとえば、この君主制廃止運動が最高点に達した七二年には、君主不要論の有力な論者の一人であり、モーリーと親交の深かったコント主義者F・ハリソンは、『フォートナイトリー・レビュー』において、当時のそうした論調の高まりについて次のように主張している。

非常に広範かつ根深い共和制支持の感情が、多かれ少なかれ明確かつ意識的なものとして存在している。ロンドンや他の大都市において、労働者階級中の大多数は、確信的な共和制支持者である。……北部や中央部の多くの諸都市では、共和制支持の感情が熱狂的興奮の域に達している。……礼儀としてではなく、実体としての世襲君主制を信仰することは、実際、近代文明に対する非難なのである。われわれの活動と生活上のあらゆる傾向は、現在、本質的に共和制と親和的であるため、原理としての世襲君主制は、思慮深い知性の持ち主に対しては、陰謀か虚礼(a conspiracy or a mummery)としてのみ立ち現れざるをえない[68]。

イギリス国民一般の君主に対する態度をこのようにとらえていたハリソンから見れば、「君主制」の「演劇的」役割を説いた『国制論』は、単なる「たわごと(nonsense)」と評価せざるをえない駄作にすぎなかった[69]。『フォートナイトリー・レビュー』は、この時期にハリソンが王室批判を展開するための主要な刊行物となった[70]。さらに、モーリーの友人であるJ・チェンバレン(一八三六―一九一四年)に至っては、七一年に「われわれの活動の早さからすると、共和制はわれわれの世代にやってくる」とまで言い切っている[71]。一八六〇年代後半から七〇年代前半にかけては、イギリス王室の扱いについて、このように過激な見解を抱いていたチェンバレンが、二年後の七三年にバーミンガム市長となるような状況であった。

ただし、バジョットが『国制論』を構成する諸論文を公表し続けていた六〇年代中頃には、王室批判がこうした高まりを見せるようになることは予期できなかったため、彼がこの廃止運動に対応して同書を執筆したと解釈することはできない[72]。とはいえ、イギリスにおけるラディカリズムの中核を構成する思考の中に、王室批判は、「古き腐敗」論の一部として、一七世紀より少なくとも一八九〇年代まで根強く存在し続けた。とりわけ、一九世紀の前半においては、統治における合理性や功利性を追求するベンサム派のラディカルを中心に、王室の「虚構(fiction)」性が批判的に論じられた。王室に対するそうした批判の主要なものとしては、「安価な政府」実現の観点からの、J・ヒューム(一七七七―一八五五年)らによる高額な王室維持費に対するものや、膨大な貧困層が存在することを許しながらも様々なスキャンダルを引き起こす王室の道徳的腐敗に対するもの、さらにはイギリス王室が生粋のイギリス人ではなく外国人の王室であることに対するものなどが挙げられる。これらの批判は、チャーティズムの王室批判に典型的に見られるように、王室廃止論に容易に転化することはなく、イギリスの共和制論の中心的目的は、地主支配の消滅に向けられていたという意味で、君主制の存続を消極的にではあれ容認するものであり続けた。しかし重要なことは、王室に対しては常に否定的な目が向けられていたということである。王室は、なにか問題が生じるたびに、ラディカルの新聞などによって、過去のスキャンダルが繰り返しとり上げられ、批判に晒された。とりわけ、ジョージ四世とキャロライン王妃との離婚問題以後、反王室の国民感情は、ヴィクトリア女王のおじであるカンバーランド公の召使い殺害疑惑などの問題が相次ぐ中で、七〇年代前半までの約五〇年間、ラディカルによる批判を起点にしながら、王室に対する不人気や不満としてくすぶり続けることとなった。[73]

このような事情を考慮に入れるなら、「尊厳的部分」の政治的有効性を確信するバジョットにとって、ハリソンのような過激な王室廃止論に帰結するラディカルの議論は、論破される必要があったと考えられる。[74]なぜなら、「ビジネス・ジェントルマン」によって、庶民院がいかに効率的に運営されていたとしても、下層労働者階級はそれを理解し評価することができないため、君主の存在価値を一顧だにしない『フォートナイトリー・レビュー』主流派のこうした皮相な見方では、下層労働者階級の服従を確保することはできないからである。バジョットの考えでは、「たとえ率直な議論が効果的に、公正に行われるようになったとしても、教養ある少数者の支配を、合理的に、論理的に論証して納得させることはほとんど不可能」であった。[75]

このような状況の下で、バジョットは、「尊厳的部分」の絶大な有効性の論証を不可欠の課題として引き受けたのである。『国制論』第三章冒頭における次の議論は、バジョット一流のシニカルな調子を交えながらも、君主制の存続が絶対的に必要であることを訴えざるをえなかった、彼の危機意識が明確に表現されている。

尊厳的な地位にある女王の効用は、計り知れない。イギリスでは、彼女なしでは、現在の政府は崩壊し消滅してしまうであろう。女王がウィンザーの丘を散策したとか、皇太子がダービーへ行っただとかという記事を読めば、ほとんどの人々は、些細なもののために、あまりにも多くの思考が費やされ、大げさにとり上げられていると考えてきたであろう。しかし、それは誤った考えである。引きこもりの未亡人や無職の若者の行動が、そうした重要性を持つに至った過程をたどってみることは結構なことなのである。(76)

バジョットの『フォートナイトリー・レビュー』主流派批判の第二の点は、彼らの政治論が、民主主義容認に直結するものであることに対するものであった。バジョットによれば、ミルの議論は、単なる抽象的な「紙上の解説」であって、「生きた現実」あるいは「実体」を無視していた。それは、人間が一様な存在であると想定することで、イギリス国民が様々な階級から構成されているという実態を黙殺し、その結果として、普通選挙制の原則承認をも思わせる議論に帰結していた。(77) また、『自然科学と政治学』第二章「闘争の時代」（一八六八年四月）では、ハリソンらの目的が「ナポレオン的組織の一種の模倣、プロレタリアートを基礎とした独裁をこの国に導入する」ことであると論じられている。(78) 民主主義体制をまったく志向しないという点で、バジョットの選挙法改正論は、これらの議論と真っ向から対立せざるをえなかったのである。(79)

バジョットによれば、抽象的な政治理解に基づく国制理解は、国制を外見から判断するもので機構論に終始している。そのため、バジョットは、こうした理解に依拠していては、国制を下層労働者階級にとって信従心を喚起するような魅力のあるものとして評価することなど到底不可能だと批判する。(80) これでは、下層労働者階級の服従の調達という問題に対して、なんら解決策を提示しようがない。それどころか、民主主義体制の実現という革命的で危険な事態を一挙にもたらしかねないものですらあった。しかも、普通選挙制の導入によって、「善き統治」の前提条件である下層労働者階級の信従心が消滅するのは必至だと見なさざるをえない。なぜなら、バジョットによれば、下層労働者階級の信従心の維持という課題を達成するためには、彼らに選挙権を与えないことがなによりも肝要だからである。

ある社会で、大衆〔下層労働者階級〕が無知ではあるが、信従心を持っているという場合、この無知な階級にひとたび支配権を与えると、永久に信従心は戻ってこない。現王朝〔民衆〔下層労働者階級〕〕の支配は、打倒された王朝〔貴族〕の支配より優れていることを、扇動政治家が説き、新聞が話しかける。……教養ある少数者が、民衆〔下層労働者階級〕の支配に比べて、いちだんと立派に、また賢明に支配していたということを誰も民衆〔下層労働者階級〕に教えようとしない。民主制は、恐ろしい破滅を味わわないかぎり、民主制の打ち負かした体制へ復帰しようとはしないのである。[81]

このように、バジョットは、下層労働者階級に選挙権が付与された場合、彼らの信従心が消滅するおそれがあると力説した。ラディカルの安易な議論が実現するなら、下層労働者階級に政治的決定権を与え、「民の声は悪魔の声となる(*Vox populi will be vox daiboli*)」って、「貧民の楽園(a poor man's paradise)」が出現してしまうことになる。[82]

こうしてバジョットは、下層労働者階級に選挙権を許容するような理論と実践双方の傾向に対抗すべく、『国制論』において、イギリス国制の宗教的・神秘的要素を、国制の中心的役割を担う「尊厳的部分」として描き出すこととなった。バジョットは、イギリス国制の神秘性や宗教性の側面を強調し、イギリス国制に対する認識を一変させようとしたのである。

ところで、ここに検討すべき問題点が登場してくる。バジョットは、宗教的なものが宗教性を失うことなく認知され受容されるための秘訣とは、宗教的なものの明確な理論化を避けることであるという議論を行っている。宗教とは畏怖され、無限なものととらえられなければならず、また、そのようにとらえられるためには、宗教は神秘的なものとして想像されなければならないからである。そのため、バジョットによれば、「宗教的支配」の成立条件は、その支配が「説明不可能」なものとして観念されなければならないことにある。[83] 同様の見地から、バジョットは『国制論』において、「君主が神聖さを保持している場合には、これに触れさせないのが最善」であり、また「君主を実際の尺度であまり厳密に測るべきではない」と忠告している。[84] しかし、バジョットのこうした主張をふまえるなら、『国制論』第三章および第四章の議論は、一見、奇異な印象をまぬがれない。なぜなら、バジョットは、君主の神秘性の暴露を禁じる一方で、君主の「実効的部分」における役割（第四章）のみならず、「尊厳的部分」における役割（第三章）をも様々な角度から精査し、自らその神秘性のヴェールを剥いでいるからである。

とはいえ、バジョットによるこのような一見矛盾した行為は、実は一貫したものとして説明可能である。その手がかりは、『ロンバード街』における次の議論に見いだすことができる。

イギリスの民衆は、そして外国人もまた、それ［イングランド銀行をその中軸および基礎とする信用の巨大なシステム］を暗黙裡に信頼している。もし、ある銀行家が、自らが信用に値する者だということを証明しなければならないとすれば、どのように素晴らしい説明をしたとしても、実際には、彼の信用は消え去ってしまっているのである。このことは、あらゆる銀行家が知っている。すなわち、現に存在しているものには、証明は不要なのである。[85]

この議論は、君主に対する信従心にも当てはまる。すなわち、同じく『ロンバード街』で指摘されているように、イギリスのすべての人々が君主に対する信従心を抱いているのであれば、信従心の存在を立証する必要などない。

ビジネスにおける信用は、支配における忠誠のようなものである。したがって、そこに見いだすことのできるものを取り出して、可能なかぎり利用しなければならない。理論家なら、ヴィクトリア女王なしでもやっていけるような支配の枠組みを容易に描き出すであろう。彼は、庶民院が真の主権者であるとわれわれが認めており、かつまた知っているので、他のすべての主権者はうわべだけのものとする理論をつくるであろう。しかし、実践的な目的にとっては、そのような議論は、検討の余地もないのである。ヴィクトリア女王は、疑いなくまた理屈抜きで、幾百万の人々から忠実な服従を受けている。もし、これらの人々が議論を始めるならば、ヴィクトリア女王や他のだれに対してでさえも服従を説得するのは容易ではなくなる。確信させることが必要な民衆を効果的に確信させるような議論などない。(86)

にもかかわらず、『国制論』において、バジョットが、君主の神秘性や「尊厳的部分」、またそれから生じる信従心の存在にあえて言及したのは、国政運営の中心的担い手として期待した「ビジネス・ジェントルマン」には、国制における「尊厳的部分」の意義がまったく認識されていなかったからである。先に挙げた、『フォートナイトリー・レビュー』主流派的な実績主義的傾向は、バジョットによれば、時代の趨勢であった。当時の「知的諸動因（intellectual agencies）」の一つは、バジョットの見るところ「ビジネス」であった。「ビジネス」の普及によって、「われわれは、商業の物質的成果を重視しすぎて、その精神的な影響を忘れ」、「物ばかり欲しがり、心を蔑ろにして、言葉の微妙なニュアンスに無知な精神を生みだしている」独特の知的「風土」に足を踏み入れることになったのである。そのため、「ビジネス」に従事する人々は、政治支配のためには欠くことのできない国制の非合理的側面にまったく注目しない傾向を強く持っている。バジョットが、「女王によって喚起される崇敬の念」の重要性を強調したのは、このような思想的傾向が充満しているからであった。(87)

こうした傾向を共有する「ビジネス・ジェントルマン」は、バジョットによれば、国制を単に実務処理のための行政機構としてしかとらえられない。第一章第三節ですでに論じたように、彼らの愛着の対象は、「一人の君主という人格」などではなく、「体系化された法典」なのである。バジョットによれば、「ビジネス・ジェントルマン」は、このように、「実効的部分」の中心機関である庶民院において、君主に対する愛着や忠誠とは無関係に国政運営を行うような性格の持ち主であった。「自由な統治」と「善き統治」の両立を可能にするという点では、彼らウィッギズムという性格の持ち主は、イギリス代議制の運営における不可欠の人材だということは、バジョットにとって自明であるとはいえ、下層労働者階級の服従の確保という課題への取り組みにおいて、彼らには、重大な認識上の欠落があった。「実業家階級」に対する賞賛と「ビジネス」批判とがともに『国制論』の中に見られる理由は、バジョットが、ビジネス的思考におけるこのような欠落部分を、「ビジネス・ジェントルマン」に認識させることを同書のねらいの一つとしたからだと考えられる。

したがって、「ビジネス・ジェントルマン」主導による十全な国政運営を実現するために、バジョットが企図した第二の点は、国制をこのようなものととらえていた「ビジネス・ジェントルマン」に対して、「尊厳的部分」が有する絶大な効用を教示することであったと言えよう。信従心を呼び起こす神秘的な「尊厳的部分」の存在により、下層労働者階級が政治的無権利層の地位に安住しているからこそ、庶民院や内閣といった「実効的部分」の効率的な機能が約束される。バジョットは、下層労働者階級の服従を獲得するこの貴重な方法を、「ビジネス・ジェントルマン」に伝授しようとしたのである。

そうである以上バジョットにとって、このような伝授の対象である「ビジネス・ジェントルマン」にも「尊厳的部分」への信従心を期待する必要はまったくなかった。彼らにとって、女王や皇太子はあくまでも「引きこもりの未亡人や無職の若者」と見えてかまわないのであり、彼らが君主を、「崇敬の対象としての威厳に満ちた孤高の座から引きずり下ろして、単なる便宜的な諸制度の一つにすぎないという原則」からのみ評価することにはなんら問題はない(88)。彼らに対して禁じられるのは、「神秘こそ生命」である君主の「魔法を白日の下にさらす」ことだけである。[89] このように、『国制論』は、下層労働者階級を非有権者層の地位に馴致し続けながら、「ビジネス・ジェントルマン」による国政運営を維持し促進するための秘伝を含んだ政治支配者教育論の性格を色濃く帯びている。[90]

〔註〕

（1）K. T. Hoppen, *The Mid-Victorian Generation, 1846-1886*, Oxford University Press, 1998, pp. 242-3; D. G. Wright, *Democracy and Reform 1815-1885*, Longman, 1970, ch. 6. 選挙法改正に関する風潮が変化した原因として、アメリカ南北戦争の影響が挙げられる。もし北部が勝利を得れば、民主主義は安定的かつ有効な政治システムであることが再度認められることとなる。イギリス地主階級が支持する南部に対するイギリス民衆の反感は、選挙法改正運動へと容易に転化する可能性を有していたのである。*Ibid.*, p. 64. バジョットが『国制論』第一章をイギリス議院内閣制とアメリカ大統領制との比較に当て、この観点から議院内閣制の優位を主張しているのは、このような事情によるものと解釈することができる。また、六五年出版の『国制論』初版においてバジョットが自ら執筆した同書の「広告（Advertisement）」にも、六五年当時のアメリカ政治事情について、バジョットが深い関心を示していたことを読み取ることができる。W. Bagehot, *The English Constitution*, ed. by P. Smith, Cambridge University Press, 2001, p. 1. ちなみに、六〇年代前半のバジョットは、一八六一年にアメリカで勃発した南北戦争に特に関心を寄せていた。たとえば、『バジョット著作集』所収の一八六一年の論考三二本中二〇本が、南北戦争に関するものであった。

（2）*Hansard's Parliamentary Debates*, 3rd series, Vol. 175, 324. 神川信彦『グラッドストン――政治における使命感』潮出版、一九七五年、一四二―三頁。

（3）K. Zimmerman, 'Liberal Speech, Palmerstonian Delay, and the Passage of the Second Reform Act', *English Historical Review*, 118, 2003, p. 1191.

（4）J. S. Mill, 'Thoughts on Parliamentary Reform', *Collected Works of John Stuart Mill*, Vol. XIX, ed. by J. M. Robinson, University of Toronto Press, 1977, p. 315. 関口正司『自由と陶冶――J・S・ミルとマス・デモクラシー』みすず書房、一九八九年、四一五頁。

（5）『イギリス国制論』は、次の順序で連載された。

第一章「内閣」（一八六五年五月一五日）

第二章「議院内閣制の必要条件、ならびにそのイギリス的特殊形態」（六五年六月一五日）
第三章「君主」（六五年八月一五日）
第四章「君主（続き）」（六五年一〇月一五日）
第五章「貴族院」（六六年一月一日）
第六章「庶民院」（六六年三月一五日）
第七章「内閣の更迭」（六六年一〇月一五日）
第八章「いわゆる『牽制と均衡』」（六六年一二月一日）
第九章「国制の歴史とその成果」（六七年一月一日）
六七年（日付は不明）に、これら九本の論文が一巻本にまとめられた（初版）。また、七二年には章立てが変更され、さらに長文の序文が付加された（第二版）。これ以降、第二版が流通していくこととなった。

（6）ここで、English と British の関係について説明しておきたい。バジョットの『イギリス国制論』の原題は、*The English Constitution* である。この場合、バジョットは、English と表記することで、『国制論』の分析対象がイングランドを指すことを意図していたわけではない。イギリスは一八五〇年代から未曾有の絶頂期を迎えたが、これによってアイルランドのナショナリズムが沈静化したこと、またスコットランドではすでにスコットランド啓蒙期から、知識人たちが自らの歴史の系譜を野蛮な慣習を持つスコットランドには見いだしていなかったことから、English がブリテン諸島すべてを表す言葉として定着することとなっていたのである。事実、ヴィクトリア時代に出版された Britain 史を扱った一二一冊の歴史書のうち、一〇八冊が、England 史の名を採用していた。P. Mandler, *The English National Character: The History of an Idea from Edmund Burke to Tony Blair*, Yale University Press, 2006, pp. 66-7.

（7）*EC*, p. 206〔六八頁〕.

（8）*Ibid.*, p. 210〔七二頁〕.

（9）D. C. Moore, *The Politics of Deference: A Study of the Mid-Nineteenth Century English Political System*, Harvester Press, 1976, p. xiii; J. G. A. Pocock, 'The Classical Theory of Deference', *American Historical Review*, Vol. 81, 1976, No. 3; R. W. Davis, 'Deference and Aristocracy in the Time of the Great Reform Act', *American Historical Review*, Vol. 81, 1976, No. 3.

（10）D. Spring, 'Walter Bagehot and Deference', *American Historical Review*, Vol. 81, 1976, No. 3, pp. 530-1. Cf. D. Kavanagh, 'The

Deferential English: A Comparative Critique', *Government and Opposition*, Vol. 6, 1971, No. 3.

(11) この議論は、バジョットにのみ限定されず、より一般的に次のように言うことができる。当時のイギリスにおいて、地主階級の支配の正当性について議論する際、各論者によって信従心の有無が重視されていたことは先にも触れたが、そもそも、当時の思想家が信従心について論じる場合、当時の政治的実情に合致した信従心理解というものが成立しうるであろうか。信従心に関する当時の見解は、論者により多種多様であり、一定の解答など見出すことはできないという事実が、そうした理解が不可能であることを雄弁に物語っている。近年の信従心研究においてしばしば指摘されているように、有権者層の地主階級に対する政治的態度が各選挙区における有権者層の職業的構成や人的諸関係など多様な要素によって規定されるのであれば、信従の実態を明らかにするためには、当時の各選挙区の「投票者名簿」等を詳細に検討する必要があるはずである。したがって、そうした実証研究を経ない同時代人たちの信従心理解は、実態解明のための史料とするよりも、地主階級の政治的支配に関する自らの見解を一般的に表したものと解釈する方が有意義であろう。というのも、当時の各論者の信従心理解は、選挙法改正に関する各論者のプランや、さらにより広く、将来のあるべきイギリス政治社会構想と密接不可分の関係にあったとは言えるからである。

(12) MM, pp. 407-8.

(13) *Ibid.*, p. 405.

(14) HUP, p. 274.

(15) MM, p. 406.

(16) *Ibid.*, p. 406.

(17) *Ibid.*, p. 408.

(18) *EC*, p. 208〔六九—七〇頁〕.

(19) *Ibid.*, p. 386〔二八六頁〕.

(20) *Ibid.*, pp. 207-8〔六九頁〕.

(21) J. Burrow, *Whigs and Liberals: Continuity and Change in English Political Thought*, Clarendon Press, 1988, pp. 107-9. バロウは、この点に、バジョットとメインとの類似性を見いだしている。特にメインに関しては、idem, *Evolution & Society: A Study in Victorian Social Theory*, Cambridge University Press, 1966, ch. 5.

(22) *EC*, p. 229〔九四頁〕.

（23）MM, p. 407.
（24）ER, p. 424.
（25）*Ibid.*, p. 425.
（26）HUP, p. 274.
（27）*Ibid.*, pp. 274-5.
（28）*Ibid.*, p. 275.
（29）*Ibid.*, p. 277.
（30）バジョットは、このように、トーリーによる政治支配を民主的な選挙制度実施の結果に見る中で、それをフランス的な政治構造と表現している。他方、トーリー側からも、ウィッグによる政治的支配は、フランス的な政治社会状況を生み出すという批判がなされている。たとえば、ディズレイリは、『イギリス国制擁護論』（一八三五年）において、「わが国の王位、教会、大学、偉大な地方自治体や商業法人、治安判事や地方自治体における相互依存の枠組み（dependent schime）」からなる旧来の「偉大な国民的諸制度」を廃止することを通じたウィッグによる政治的実権の掌握は、「国民」を解体し、ごく少数のウィッグ大貴族による「恣意的な元老院」が発する「冷酷な命令によって支配される個々人の集積（mass）」をつくり出すであろうと論じる。ディズレイリによれば、こうしてウィッグは、政府に対する国民の一方的な依存を高める「フランスが成し遂げたような社会状態」へとせき立てようとしている。このように、ディズレイリは、地主と農業労働者との信従関係を軸とするような、伝統的諸制度の複雑な構成が織りなす階層社会（hierarchy）にイギリス的なるもの（Englishness）を見いだしており、ウィッグによる支配を、そうした伝統的人間関係を破壊し、低俗な方向へと平均化された国民を支配する専制として理解していた。B. Disraeli, 'Vindicatoin of the English Constitution,' *Disraeli on Whigs and Whiggism*, ed. by W. Hutcheon, Kennikat Press, 1971 [1835], pp. 215-6.
（31）*EC*, pp. 298-9〔一八四頁〕.
（32）*Ibid.*, p. 299〔一八四頁〕.
（33）*Ibid.*, p. 299〔一八五頁〕.
（34）*Ibid.*, p. 380〔二八一―二頁〕.
（35）*Ibid.*, p. 306〔一九四頁〕.
（36）HUP, p. 277.

（37）*Ibid.*, p. 277.
（38）*EC*, p. 367〔二六九頁〕.
（39）*Ibid.*, pp. 368-9〔二七〇—一頁〕.
（40）たとえ、こうした推定が不可能であったとしても、バジョットが「選挙人」にかぎって相互信頼の存在を認めていることは注目されてよい。
（41）*Ibid.*, p. 369〔二七一頁〕.
（42）*Ibid.*, pp. 370-1〔二七二頁〕.
（43）*Ibid.*, pp. 381-2〔二八二—三頁〕. なお、この文章は、『代議政治論』において、普通選挙制の実現を将来的に見すえた議論を展開したJ・S・ミルの次の議論を逆手にとって批判したものである。すなわちミルは、同書第一章において、「〔少数者支配は〕不安定平衡と力学で呼ばれる状態にあり、頂点でかろうじて平衡を保っている物体のように、その平衡が一度でも乱されるならば、原状に戻る代わりに、ますますそれから遠ざかってしまうであろう」と論じ、イギリスにおける少数者支配を批判したのである。J. S. Mill, *Considerations on Representative Government, Collected Works of John Stuart Mill*, Vol. XIX, ed. by J. M. Robinson, University of Toronto Press, 1977 [1861], p. 381〔山下重一訳「代議政治論」『世界の名著38　ベンサム／J・S・ミル』中央公論社、一九六七年、三六二頁〕.
（44）*EC*, p. 306〔一九四頁〕.
（45）*Ibid.*, p. 367〔二六九頁〕.
（46）*Ibid.*, pp. 373-4〔二七五頁〕.
（47）*Ibid.*, p. 375〔二七五—六頁〕.
（48）*Ibid.*, pp. 375-7〔二七六—八頁〕.
（49）*Ibid.*, p. 378〔二七八—九頁〕.
（50）*Ibid.*, p. 378〔二七九頁〕.
（51）*Ibid.*, pp. 378-80〔二七八—八〇頁〕.
（52）下層労働者階級が君主に対して抱く感情として、バジョットが同じ箇所で使用するその他の言葉は、worship および piety である。*Ibid.*, pp. 230-4〔九五—一〇〇頁〕.

(53) *Ibid.*, p. 205〔六七頁〕. 他方、後半部は、内閣と議会の関係についての通説（三権分立論、混合政体論）を否定し、内閣と議会との融合の効用を論じるという構成である。
(54) *Ibid.*, p. 209〔七一頁〕.
(55) *Ibid.*, pp. 230-2〔九六―八頁〕.
(56) *Ibid.*, p. 380〔二八一頁〕.
(57) *Ibid.*, p. 209〔七一頁〕.
(58) *Ibid.*, pp. 378-80〔二七八―八一頁〕.
(59) *Ibid.*, pp. 369-71〔二七一―三頁〕.
(60) ディズレイリの『シビルあるいは二つの国民』については、ルイ・カザミアン／石田憲次・臼田昭訳『イギリスの社会小説（一八三〇―一八五〇）』研究社、一九五三年［1904］、第六章参照。
(61) 第二次選挙法改正を含めたディズレイリの「トーリー・デモクラシー」路線に対するバジョットの批判を検討したものとして、関口正司「バジョット『イギリス国制論』における信従の概念について」『法政研究』第七二巻四号、二〇〇六年、九八四―七頁。
(62) *EC*, p. 203〔六五頁〕.
(63)『国制論』冒頭のミルの議論の借用は、ミルの「議会改革論考」の次の一文からである。「すべての重要な問題については、依然として論ずべきことがたくさん残されている」。J. S. Mill, 'Thoughts on Parliamentary Reform,' p. 321. 山下重一『J・S・ミルの政治思想』木鐸社、一九七六年、二二二頁、ならびに小松春雄訳「イギリス憲政論」六五頁、訳註（1）参照。
(64)『国制論』が掲載された『フォートナイトリー・レビュー』は、ミルを知的な師と仰ぐ人々が、編集者あるいは寄稿者として大きな比重を占めていた。たとえば、初代編集者は、ミルの弟子でコント主義者のG・H・ルイスであり、六七年一月にルイスの後を襲ったのもまた、ミルの思想に深く帰依していたJ・モーリーであった。また、同誌創刊号の投稿者に目を向ければ、G・エリオット（一八一九―八〇年）やF・ハリソンなど、一般的に熱烈な合理主義者やコント主義者と見られてきた人々が多く名を連ねている。そのため、『フォートナイトリー・レビュー』は、「コント主義、実証主義」の立場をとる雑誌であるとの一般的な評価を得ていた。モーリーの編集のもとで、同誌は、創刊当初一四〇〇部であった発行部数を、七二年には予約購読のみで二五〇〇部までに伸ばしていった。モーリーは、この時点で『フォートナイトリー・レビュー』の読者は三万人であると試算している。W. E. Houchton, *The Wellesley Index to Victorian Periodicals 1824-1900*, Vol. II, University of Toronto, Routledge & Kegan Paul, 1979, pp. 173-83. また、イギリスの文芸批評家J・グロスも、『フォートナイトリー・レビュー』は「ミルの主要な思想を忠実に反映していた」と論じている。J・グロス／橋口稔・高見幸郎訳『イギリス文壇史――一八〇〇年以後の文人の盛衰』みすず書房、一九七二年［1969］、九四頁。また、本書第二章註（57）および第三章註（95）参照。

（65）*EC*, p. 206〔六八頁〕.

（66）J. Morley, *On Compromise*, Watts & Co., 1933 [1874] p. 61. また、モーリーは、バジョットについて「自由原理の本来的な力やその素晴らしさ」を感じておらず、「政治的改良について、冷ややかな目を持っており、懐疑的で、正統なミル派（an orthodox Millite）では少しもなかった」と評している。N. St John-Stevas, 'Bagehot's Circle of Friends,' *CW*, XV, p. 24.

（67）V・ボグダナー／小室輝久・笹川隆太郎・R・ハルバーシュタット訳『英国の立憲君主制』木鐸社、二〇〇三年［1995］、三八頁。

（68）H. J. Hanham (ed.), *The Nineteenth Century Constitution 1815-1914: Document and Commentary*, Cambridge University Press, 1969, p. 35.

（69）C. Kent, *Brains and Numbers: Elitism, Comtism, and Democracy in Mid-Victorian England*, University of Toronto Press, 1978, ch. 9. F・ハリソンの共和制観について簡単に触れておきたい。ハリソンは、「自由な統治」とは、「共和制」でなければならないと主張する。ハリソンもバジョットと同様、国政運営とは「鉄道会社あるいは銀行」といった「ビジネス」の経営と本質的には同じものと考える。このような国政観から、ハリソンは、国家経営などは「知性にあふれ、実務的な（business-like）経営者および優れた取締役会」が「毎日行っていること」にすぎないとまで言い切っている。しかしながら、ハリソンは、イギリス国民すべてを同類の「株主」と見なし、その株主たちの「意見あるいは合意事項」を傾聴しなければならないと考える点でバジョットの見解と決定的に異なっている。このような見地から、ハリソンは、「神秘的な神聖性（mystical consecration）」あるいは「国家機能における紋章官的で荘厳な要素」は消滅していかざるをえないと論じている。F. Harrison, *Order and Progress*, Longmans, Green and Co., 1875, pp. 116-22. さらに、バジョットとハリソンのビジネス観の相違点については、第二章註（45）参照。

（70）Richard Williams, *The Contentious Crown: Public Discussion of the British Monarchy in the Reign of Queen Victoria*, Ashgate, 1997, p. 41.

（71）V・ボグダナー／小室輝久・笹川隆太郎・R・ハルバーシュタット訳『英国の立憲君主制』三八頁。

（72）W. Bagehot, *The English Constitution*, ed. by M. Taylor, Oxford University Press, 2001, Introduction, pp. xxiv-xxv.

（73）Richard Williams, *The Contentious Crown*, ch. 2; M. Taylor, *The Decline of British Radicalism, 1847-1860*, Clarendon Press,

1995, p. 113; A. Taylor, 'Republicanism Reappearised: Anti-Monarchism and the English Radical Tradition, 1850-72', *Re-reading the Constitution*, ed. by J. Vernon, Cambridge University Press, 1996, pp. 154-78, esp. pp. 154-7; D. M. Craig, 'The Crowned Republic? Monarchy and Anti-Monarchy in Britain, 1760-1901', *The Historical Journal*, 46, 1, 2003, pp. 167-85; W. Bagehot, *The English Constitution*, ed. by M. Taylor, Introduction, p. xxiv.

(74) 本章第一節で論じたように、バジョットは、一八五五年に公表したマコーリー論においても、国王支配は「わかりやすさ」を有するという『国制論』を先取りする議論を展開していることからも、彼が王室の政治的利用価値を論じる必要性を、同書公表の一〇年以上前から認識していたことは明らかである。

(75) *EC*, p. 381〔二八二頁〕.

(76) *Ibid*., p. 226〔九一頁〕.

(77) *Ibid*., p. 203〔六五頁〕.「統治されている誰もが、統治における発言権を持つべきである」。J. S. Mill, 'Thoughts on Parliamentary Reform', p. 322. ただしミルは、「皆が『平等な』発言権を持つ」ことには反対している。その理由として、ミルは「もし、万人が社会によって認められたあらゆる権利規定において平等であるべきだ、と主張されるなら、私はこう答える。万人が人間としての価値において平等になるまでそうではない、と」と論じた。この後でミルは、「教育」の程度によって、各人が有する投票数に差をつける「複数投票制」の導入を提案している。*Ibid*., pp. 323-5. しかし、ミルの改革の終局目的はあくまでも民主主義的政治体制の実現であった。この目的のために『代議政治論』等でミルが採用した説得戦略については、関口正司『自由と陶冶』第五章。

(78) *PP*, p. 50〔七一—二頁〕.

(79) J・モーリーの政治的リーダーシップ構想について指摘しておきたい。モーリーは、一八七〇年に結成された「ラディカル・クラブ」を、ラディカルの新たな政党へと発展させることを企図していた。このクラブの半数が、ラディカルの政治的信条を持つ現職議員であり、クラブの多くの成員が、『フォートナイトリー・レビュー』の主流派とも言うべき寄稿者たちであった。モーリーは、これらの人々からなる政党による政治指導権の確立をめざした。D・A・ハーマーによれば、モーリーのリーダーシップ論は、『自伝』において、J・S・ミルが、第一次選挙法改正の後に必要であったと考えたリーダーシップ論を継承したものである。D. A. Hamer, *John Morley: Liberal Intellectual in Politics*, Oxford University Press, 1968, pp. 112-3; J. P. Von Arx, *Progress and Pessimism: Religion, Politics, and History in Late Nineteenth Century Britain*, Harvard University Press, 1985, pp. 144-5. ミルは、『自伝』において、第一次選挙法改正によって保守化した国民にさらなる改革の必要性を訴えることができる政治指導者、すなわち「自身も議会に席を占めて、急進派議員と日ごとに意見を交換し得る者、他人を鞭撻して指導的立場をとらせるのではなく、自身先導役を務めて他人に後に続けと命令し得る者」が必要不可欠であったと論じている。J・S・ミル／朱牟田夏雄訳『ミル自伝』岩波文庫、一九六〇年［1873］、一七二―三頁。

(80) バジョットのこうした見解は、たとえば、秩序を所与のものとして神聖視し、受容するような感情を、「内閣」や「管理委員会」に対して持つことなどできない、という議論にも表れている。IC, p. 95.

(81) *EC*, pp. 381-2〔二八二―三頁〕.

(82) *Ibid*., pp. 172-4〔三一〇―二頁〕.

(83) FER, p. 340.

(84) *EC*, p. 233〔一〇〇頁〕.

(85) *LS*, p. 81〔七八頁〕.

(86) *Ibid*., p. 81〔七八頁〕.

(87) *EC*, pp. 362-3〔二六四―五頁〕. 別の知的動因として、バジョットは「自然科学（physical science）」を挙げている。*Ibid*., p. 363〔二六六頁〕.

(88) *Ibid*., pp. 226〔九一頁〕, 231〔九七頁〕.

(89) *Ibid*., p. 243〔一一一頁〕.

(90) バジョットは、『国制論』が、「ビジネス・ジェントルマン」に向けられた支配者教育論であることを明言しているわけではない。しかし、バジョットが、そうした目的を持ちながら同書を世に送り出していることは、たとえば、国制に関する議論が現実を変革することも十分にありうることだと論じられている次の議論からも看取できる。「国制に関する理論はその実際の働きほど重要なものではないとはいえ、それでもやはり、非常に重要なものである。あらゆる変化はある理論や別の理論への言及によって促進されたり、逆に妨げられたりする。つまり、われわれは、学説によって前に進んだり後戻りしたりするのである。だからわれわれは、どの学説が、目に見える現実に一致しているものであり、哲学者たちの空想であり、昔から受け継がれている伝説であるのか、を見定めるのに注意深くなくてはならない」。この議論は、初出の第一章（六五年五月）にのみ収録されている。*Ibid*., p. 204.

第五章　「真の世論」と政治の目的

本章では、「ビジネス・ジェントルマン」がめざすべき国政運営の究極目的を、政治における世論の実現という観点から解明する。この課題を達成するために、まず第一節では、国政運営が準拠すべき「真の世論」の形成過程を明らかにする。バジョットによれば、「真の世論」が形成されるためには、様々な政治的意見の「調整過程」を必要とする。この過程を経て、政治支配者層がつくり出す見解が「真の世論」なのである。バジョットは、この過程を可能にしているのが、有権者層内部における選挙民（下層中流階級および上層労働者階級）の政治支配者層に対する「信従心（deference）」だと説明した。非有権者層（下層労働者階級）から有権者層への信従心とは別系統であるこの信従心の存在によって、イギリスでは最優秀の人々による「善き統治」が可能になっているのである。

第二節では、「真の世論」の具体的内容を解明する。バジョットは、「真の世論」の担い手を、自由党および保守党それぞれの穏健派の連合に見いだした。とはいえ、この穏健派連合は、政治的目的を欠いた単なるなれ合いの連合などではない。直面する政治状況に関して最適の「真の世論」を形成し、かつその政策的具体化を行ってきたのは、イギリス史上を通じて、穏健派に共有されるウィッギズムという「性格」そのものだったのである。このような意味において、「ビジネスとしての政治」としてバジョットがめざすイギリス政治の目的は、「ビジネス・ジェントルマン」の性格としてのウィッギズムを「真の世論」の形に具象化し、これを用いて有権者層を指導していくことであった。

第一節　「真の世論」の形成過程――選挙民の信従心

これまで見てきたように、バジョットは、政治家は「真の世論」を見いだした上で、これに準拠しながら政治的リーダーシップを発揮すべきだと考えていた。バジョットは、とりわけ一八六〇年代以降、次第に政治的リーダーとして頭角を現してきた自由党政治家グラッドストンの政治指導には、「真の世論」への配慮が不可欠であると訴えた。本節では、ここで言われている「真の世論」の形成過程に関するバジョットの議論を検討する。バジョットは、この形成過程には、有権者層の大半を占める選挙民、つまり下層中流階級と上層労働者階級の政治支配者層に対する「信従心」が不可欠であることを強調した。彼ら選挙民に信従心が存在すればこそ、凡庸な彼らが政治的実権を握ることなく、政治支配者層への政治権力の委譲が可能となる。バジョットは、この信従心を、下層労働者階級の信従心とは別個のものとして区別しつつ、有権者層内部におけるこうした信従心が「善き統治」の成立のもう一つの主要な条件であることを明らかにしたのである。

第三章で簡単に触れたように、バジョットによれば、庶民院が「真の世論」を代表することは、代議政治が機能するための最重要条件であるにもかかわらず、「容易なことではない」。それどころか、「世論がない国民」も存在しているという。なぜなら、「真の世論」が形成されるためには、多種多様な有権者の様々な見解が、整理され絞り込まれなくてはならないからである。なおかつ、その絞り込み過程において、優れた見解だけが、庶民院で生き残らなければならない。バジョットは、これを「諸判断の調整過程（the *co-ordination of judgements*）」と呼び、次のように説明している。

それ［真の世論］を持つということは、ペダンティックな著述家が言うところの諸判断の調整過程を要する。［そのための条件として」少数の人々が、他の人々よりもいっそう賢明だと認知されなければならない。つまり、あらゆる地域において、周囲の人たちが、他の誰よりも、より判断力があり、より教育を受けた知性を備え、より教養のある意見を持っていると認めるような人がいなくてはならないのである。そのような［認められた］人たちの間で、見解が一致するなどということは、当然に、あるいは不可避的に、また事実問題としてないであろう。逆に、彼らの見解は常に異なったものとなるだろう。国民的規模の大きな問題は、国民の意見を分裂させ、大きな党派が形成されるであろう。しかし、世論をつくり出すことのできる国民の特徴は、これらの党派が組織化されるということである。各党派は、指導者を持つであろう。各党派は、尊敬を受ける少数の人々と、彼らを尊敬する多数の人々とから構成されるであろう。その党派の見解は、少数者によって形成され、提案され、多数者によって批判され、受容されるであろう。この正確かつ適切な意味における真の世論［の形成］が可能となってきたことが、常にイギリス史の特殊性であり続けてきたのである。(1)

この議論が示しているように、「真の世論」が適切に表出されるためには、選挙民が政治支配者層を尊敬し彼らの政治的決定に服従していること、すなわち、「信従心」を保持していることによって可能となる調整過程を経なければならない。

議院内閣制の成立条件について検討した前章で論じたように、イギリスにおいて議院内閣制が成立し「善き統治」が可能になっている理由は、非有権者である下層労働者階級が、国王を中心とした「尊厳的部分」に対して「信従心」を抱いていることにあった。なぜなら、この「信従心」によって、政治的知識を欠き未開人と同類視される下層労働者階級が、選挙にまったく関与しない現状に違和感を持たないため、結果として、有能な議員で構成される優れた庶民院が継続的に作り出されていたからである。しかしながら、議院内閣制の成立に関しては、検討すべきことがもう一つ残されている。というのも、下層労働者階級が選挙権を放棄し、有権者層が自治を独占したとしても、それだけで自ずから優秀な立法部の形成が保証されるわけではないからである。有権者層の大多数を占める下層中流階級と上層労働者階級は、先述したように、「十分に知性を尊重する人間であり、また立派に教養の程度を判断できる」人間などではなく、自らの明確な政治的見解を持つことのできない「頭の動きの鈍い」小商店主に代表されるような人々が主に属する階級である。[2]そのため、選挙民が彼らの知性によって、有能な立法部をつくり出すのに寄与するか否かについては疑問の余地が残されている。

実のところ、『国制論』においては、バジョットは、この問題に明確に焦点を定めて十分に議論を展開しているとは言えない。[3]バジョットの信従心論を単なる「わきぜりふ」にしか評価しないD・キャバナーの議論は、こうした議論の不十分さを指摘したものとも考えられなくもない。[4]とはいえ、『国制論』全体を見渡してみれば、有権者層内部における有能な政治家の選出方法についての議論が散見されることも事実である。[5]そうした議論の中でバジョットは、選挙民の政治支配者層に対する直接の信従心の存在を、優れた庶民院議員が選出されてきたことの理由としているのである。

たとえば『国制論』第五章の中の議論を参照してみよう。ここでバジョットは、政治支配者層に対する選挙民の信従心によって、政治支配者層から庶民院議員が選出されている事実を、次のように指摘している。

　地域社会において信従感情が存在しているということは、信従を受ける階級と受けない階級のどちらへでも自由に投票することが認められている地域において、信従を受ける階級に票が集まることによって立証されている。[6]

また、「第二版の序文」では、バジョットは、政治支配者層に対する選挙民の直接の信従心が、議院内閣制の成立条件を満たしてきたことを明確に指摘している。

本書において明らかにしようと努めてきたように、優れた人々に対する旧来の選挙民の信従心は、わが国の旧制度を維持することによってのみ保たれる。(7)

この一節は、選挙民が信従心を持っていることを理由に、有権者層内部において、政治的に有能な政治支配者層の人間を議会の代表として選出してきたという、バジョットの判断を示している。

ただし、論じつくされていない重要な点が残っていることも否定できない。バジョットは、「ビジネス・ジェントルマン」が国政運営の実権を握ることを望んでいたが、果たして、選挙民は「ビジネス・ジェントルマン」に信従心を抱き彼らを選出するであろうか。むしろ、地主の家系を偶然によって継承した必ずしも有能であるとはかぎらない旧来のジェントルマンが選出されてしまうのではないか。実際、バジョットもそのような可能性を指摘している。

貴族は、「選挙区」における権力である。閣下や準男爵、あるいはさらに、本当の伯爵――アイルランドのでさえ――は、選挙民の半数によって憧れられている。そして、その他の事情が一定ならば製造業者の息子には、貴族に対抗できる機会はない。(8)

とはいえ、これについては、選挙制度をめぐる議論の中に解決策が示唆されていると言える。すなわち、選挙民の政治支配者層に対する信従心が、有能な議員の選出に直結するように選挙制度を是正するという解決策である。具体的には、北部の新興工業地帯の議席を加増し、北部の経済力に圧倒されつつあった南部農業地域の議席数を削減することであった。この方策によって、より有能な人々が、庶民院議員に選出される可能性が高まることをバジョットは期待している。

年々、北部（新たなる産業世界と大ざっぱに呼べばよいであろう）は、より一層重要性を増し、南部（旧時代の麗しき遺物と呼べばよいであろう）は、より一層重要性を失ってきている。過去に有力であった地域に大きな権力を与え、現在有力である地域にそれと同程度の権力の付与を拒否していることが、現在の代議政体に対する重大な異議申し立てとなっているのである。（こう言うと民衆の支持を得られないかもしれないが）議会改革の要求の大部分は、この不平等に帰するものだと思う。ブライト氏や彼の友人たちといった偉大な事業経営者たち（the great capitalists）は、彼ら自身が労働者により多くの権力の付与を求めていると信じている。しかし、実のところは、彼らが至極当然に、また至極適切に求めているのは、彼ら自身に対する権力の付与なのである。彼らは、裕福で有能な製造業者たちが、さほど裕福でもなく愚かなジェントリよりも大した人物でないと扱われることに耐えることができなくなっている。そして、耐えるべきでもない。(9)

このように、バジョットは、下層労働者階級のみならず有権者層の大半を構成する選挙民の信従心の存在を明らかにした。これら二つの信従心については、すでに指摘されているように、演劇的あるいは象徴的要素がともに作用していると言えるであろう。(10) ただし、すでに第四章において論じたように、下層労働者階級の信従心は宗教的な崇敬の要素が強調されている点で、下層労働者階級の信従心は選挙民の信従心とは区別される。バジョットが、下層労働者階級の信従心をこのように描き出したのは、この階級が自治とは別の領域で生きており、有権者層とは別の心性を有する人々であることを浮き彫りにすることで、この階級への選挙権の付与を徹底的に阻止するためであった。たとえば、六七年の選挙法改正において、新たに選挙権を付与された「未熟練労働者」（下層労働者階級）が、政治支配者層に対して選挙民のように信従心を抱くか否かについて考察した次の一節でも、バジョットは、なおも下層労働者階級が、選挙民と同様の投票行動をとる可能性について否定的である。

新たに選挙権を得た階級は、旧来の有権者層よりも、それ［政治支配者層による指導］を必要としている。彼らがその指導に服するであろうか、彼らは、富や地位に対して、そして、それら［富や地位］を漠とした象徴にして共通の飾り物にしている上流社会に対して同じように信従するであろうか。これが［目下の］問題の本質である。(11)

他方、選挙民の信従心に関するバジョットの議論には、下層労働者階級におけるような有権者層からの排除の論理は見られない。つまり、下層中流階級と上層労働者階級の選挙権行使能力が否定されているわけではないのである。「善き統治」の形成や維持を実現しながら、同時に議会における「表出機能」の確保を重要視するバジョットにとって、選挙民の信従心は、むしろ積極的に必要とされるものですらあったと言える。

ここで、二つの信従心に関するこれまでの議論を整理しよう。前章で検討したように、イギリスにおいては、下層労働者階級は、実際に国政運営を担っていると彼らが誤解している「尊厳的部分」に信従していた。ところが、自治を現実に運営しているのは、有権者層であった。こうした状況によって、有権者層による自治権の独占が、下層労働者階級には意識されることなく実現していた。また、有権者層内部においては、下層中流階級と上層労働者階級、つまり選挙民が、政治支配者層に対して信従心を抱いていることによって、政治支配者層の人々を議員に適切に選出することになっていた。バジョットは、イギリスでは、選挙権付与の対象として不適格な膨大な数の下層労働者階級が存在する一方で、有権者としての最低限の資格を有してはいるものの政治的知性に乏しい下層中流階級と上層労働者階級とが、有権者層の大多数を構成していると見ていた。にもかかわらず、イギリスにおいて議院内閣制が成立している理由、換言すれば優れた庶民院がつくり出され「善き統治」が実現している理由を、バジョットは、これら二つの相異なる信従心が存在していることに求めて説明したのである。

前章や本節で検討したように、バジョットの考えでは、これらの信従心は、選挙制度のあり方を誤れば、下層ジェントリや田舎牧師の政権や下層労働者階級による政治的実権の掌握に帰結する危険性もあった。このように信従の主体ならびに対象が複数存在しているにもかかわらず、『国制論』において、バジョットが「尊厳的部分」として信従の対象を一括して論じる着想を得たのは、これらの信従心が、自治運営が可能な有権者層に自治権の独占を実現する方向へと向かうような状況が、当時のイギリスにおいて「幸運にも」実現されていたからである[12]。

これらの信従心のうち、選挙民の信従心が、第三章で論じた政治支配者層による政治的決定事項の「下達」を可能とするものであった。「イギリス社会には」、有権者層内部における信従のそのような「構造」がこれまで継続してきた」ことが、「真の世論」が形成可能となる決め手となってきたのである。

国民的決定が要請されたときにはいつでも、こうしたやり方で、真に国民的な決定（a decison that is really national）が形成されたのである[13]。

この意味で、小商店主を典型とする下層中流階級の人々がいかに有権者層の大多数を構成し、彼らの見解が選挙においてどれほど有力になりえたとしても、それ自体としては、国政が依拠すべき指針とはなりえない。「真に国民的な決定」には、政治支配者層による決定の選挙民による受容が不可欠なのである。

「調整過程」を要する「真の世論」の形成は、イギリスでは、このように有権者層の大多数を構成しながらも、政治的知性に乏しい選挙民が、政治支配者層に信従心を抱いていたために可能となってきた。二種の信従心が国政運営を担うべき人々を少数に絞り込み、選り抜かれた優秀な少数者が国政運営の実権を握る。イギリスで、「自由な統治」、すなわち有権者層の自治によって、「善き統治」が成立してきたのは、このような理由からであった。『国制論』第六章における次の議論は、信従心の存在によって、「自由な統治」が「善き統治」へと到る過程が、「世論」との関連において凝縮されて示されている。

信従心のある国民は、独自の構造を持っている。一定の人々が、別の人々よりも賢明であるという一般的合意が形成されている。そのような人々の見解が、合意によって、数量的な価値以上の価値を有するものと見なされるのである。このような幸福な国民においては、票数のみならず票の重さをも量る。一方で、より恵まれない国民においては、票数を数えるのみである。しかし、自由な国民においては、量られた票か数えられた票によって決定されなければならない。完全なる自由な統治とは、このような票に従って完全に決定される統治である。他方、不完全なる自由な統治とは、同じやり方で不完全に決定される統治である。悪しき統治とは、まったく票に従って決定しない統治である。世論が、この政体の試金石である。最良の世論とは、国民が、現存の信従の習慣から受容する見解である。自由な統治が、そのような見解によって行われるならば、その類の統治としては、善き統治である。他方、そのような見解に反して行われるならば、悪しき統治である。(14)

このように、議院内閣制を採る政体において、「善き統治」は、「真の世論」が形成されることによってのみ出現する。では、「真の世論」とは、どのような内容を有する見解なのであろうか。次節では、イギリスの歴史の中で実現されてきた世論に関するバジョットの議論を採り上げ、国政運営が依拠すべき「真の世論」の具体的内容を明らかにしたい。

第二節　「真の世論」と政治の目的

これまで見てきたように、政治家は「真の世論」を見いだし、これに準拠しながら政治的リーダーシップを発揮すべきだという考えをバジョットは展開した。本節でめざされるのは、この「真の世論」を、歴史的具体的なものとして提示し、「真の世論」に基づく政治によって実現可能となる「ビジネスとしての政治」の目的を明らかにすることである。バジョットは、「真の世論」の担い手を、自由党および保守党それぞれの穏健派の連合に見いだした。バジョットが期待したこの政治連合は、争点を曖昧にして最終的に雲散霧消させてしまい、結局単なる現状肯定に堕するような妥協的野合として考えられていたわけではなかった。また、両党の穏健派の連合であるとはいえ、この連合は、政治目的を持たないイデオロギー的に無色透明なものでもなかった。バジョットの歴史解釈では、「真の世論」を見いだすことができ、さらにそれを政策に具体化することを可能にしてきたのは、双方の穏健派の人々に共有される「ウィッギズム」という「性格」そのものであった。この点から見れば、「ビジネスとしての政治」とは、個別具体的な政治状況において、「性格としてのウィッギズム」から当該状況がはらむ問題の解決にとって最適の「真の世論」を導出し、この世論を掲げて有権者層をまとめ上げ指導していく有権者層統合の営為と解釈できる。バジョットにとって、イギリス政治における第一の目的は、このような意味における「ビジネスとしての政治」が貫徹されることであり、選挙制度などの改革は、そのような指導を可能にするために必須の条件整備であった。

『国制論』において、バジョットが、一八六〇年代のパーマストン自由党政権期を、イギリス政治における理想状態に近似のものとして描き出し、そのような状態を作りだしている当時のイギリス国制の維持を原則承認していたことはよく知られている。バジョットがこうした状態を理想に近いものと見なした理由は、パーマストン政権が、自由、保守両党の「公平、穏和かつ分別のある人々からなる共通要素」を支持基盤にしていたからであった[15]。これについてバジョットは、「諸政党の状態」(一八七六年)と題する小論の中で次のように論じている。

ご存じのように、われわれは「パーマストン政権の」当時、一つの党によって支配されたのではなく、「自由党と保守党という］二つの党の「共通要素」によって支配された。パーマストン卿の勢力は、彼の名目上の仲間であったもっとも熱狂的な部分［ラディカル］によって与えられたのではなかった。それどころか、彼ら［熱狂的な部分］は、彼［パーマストン］のことを嫌っていたし信用していなかった。彼の力は、［ラディカルよりも］より穏健なトーリー［保守党員］によって、より多く与えられた。……彼ら［穏健なトーリー］とより過激ではない自由党員が彼を権力の座にとどめたのである。彼ら［穏健なトーリーと過激でない自由党員］との間には［見解に］大きな相違はなかった。また、国民の真の世論は、彼ら［穏健なトーリーと過激でない自由党員の］共通部分と一致しており、共通部分を全体として支持していた。……国民は、トーリー寄りでもなければ自由党寄りでもなく、「半々」なのである。(16)

この議論から看取できるように、バジョットは、「共通要素」として、「過激でない自由党員」つまり、ラディカルを除く多くのウィッグと「穏健なトーリー」からなる連合を想定していた。さらに、この議論には、こうした人々の見解と「真の世論」とが一致しているというバジョットの認識が明確に示されている。同論考においては、「真の世論」とは、自由・保守両党および有権者の共通要素が持つ「中道的見解（middle opinion）」であったとも言い換えられている。(17)

「穏健」であることが強調されるのは、「真の世論」を形成するための「調整」には、討論が圧倒的な重要性を有するからである。第一章で検討したように、各党の「穏健な（moderate）」人々の間においてであれば、議会における入念かつ慎重な討論の過程を確実に踏むことができるため、多様な見解を「真の世論」へと収斂させていくことが可能となる。これとは反対に、庶民院において、政治支配者層による討論と決定という過程を経ることなく、ただ議会外の政治運動において盛り上がり、自らの見解に固執するような「過激な（extreme）」ラディカルの大多数の見解は、到底、世論の地位を与えられてしかるべき代物ではない。さらに、議会内に一定の議席数を保持していたとしても、トーリーの大半をなす下級地主や教区牧師を代表する議員たちは、すでに検討したように、有能な議員たちと舌戦を繰り広げる若干の能力すら持ち合わせてはいない。バジョットの評価では、このようにそもそも討論成立の可能性すら認められないラディカルやトーリーの大部分の構成者たちもまた、「真の世論」の担い手に加えることはできない。したがって、先に引用した一節では、「真の世論」と両党の穏健派の見解とが、あたかもパーマストン政権期にかぎり一致していたかのような表現になってはいるが、実際にはより一般的に、議会において「真の世論」形成の実現可能性を有するのは、諸党派の穏健な人々からなる「共通要素」のみだということが言明されているのである。

そうである以上、たとえば、有権者の大多数が普通選挙を要求するような場合には、バジョットは、この多数派の見解を、「真の世論」であるとは承認しないはずである。「真の世論」に基づく国政の必要性を説くバジョットの真意は、左右両党派の単なる中間的立場の人々による折衷的国政運営にあるのではなく、次の議論に見られるように、「中道左派あるいは穏健な自由党員――どちらでもまったく同じことである――」による国政主導の維持ならびに促進にあった[18]。

自由な国家にとっての最善の統治（the best government）は、過去の歴史と現在の経験の双方が証明しているように私には思われるのだが、フランス人の言うところの中道左派（the left center）の統治である。……［中道左派を形成する］この共通要素には、両党が参加し、そのメンバーたちは、自党の過激派とよりも、他党のメンバーとの方がずっと同質的で似ている。中道左派は、安定的で均衡を維持する要素である（steady and balancing element）。すなわち、中道左派は、進歩を好み、新たな考えに通じてはいるが、そうした考えを暴力的に、また即座に導入することを望む極端な左派とは異なる。彼らは、既存の事物や旧来の考えとの調整を試み、現実世界がそれに耐えうるならば即座に適用することを望むのである。つまり、中道左派は、平均人が実験済みの革新を理解し始めてから、それを導入することを望み、それ以前には決して望まない。また、平均人が理解した形でのみ導入することを望み、それ以外の形での導入は決して望まない。優越的な権力がこのような人々の手中にあるならば、彼らは保守主義の最大の諸悪や革新の中でも最悪の革新から国家を守るのである。[19]

バジョットの分析によれば、先に見たパーマストン政権における「共通要素」は、まさにこの「中道左派」の支持によって成立していた。パーマストン政権期は、首相である彼自身が内政において変革を忌避する旧来型の政治家であったとはいえ、財務相を務めたグラッドストンを中心に漸次的に改革が進められたウィッグ穏健派政権の時代だったのである。[20]

しかも、バジョットは、フランスや他の大陸諸国のような革命の惨事に陥れることなく、名誉革命後のイギリス政治史の大半を堅実に導いてきたのもまた、「真の世論」に依拠するウィッグ穏健派であると解釈していた。もちろんバジョットは、たとえばマコーリーやハラムのように、一定の時代に関する体系的な歴史的著作を残してはいない。そのため、われわれには、バジョットによるイギリス政治史理解を通観するためには、彼の様々な著作から断片的な議論を蒐集するしか方法がない。しかし、このことが、いくつもの論考の中でも、「真の世論」を基盤とするウィッグ主導というバジョットのイギリス史観が確固たるものであったことを実証している。

はじめに名誉革命からジョージ二世の死去（一七六〇年）までの時代に関するバジョットの記述を見てみよう。名誉革命は、カトリック復活というジェイムズ二世による「正気とも思われない頑迷愚劣な行為」が「ピューリタンの諸階級はもちろん、国教徒の諸階級をも」、また「非国教徒のブルジョアはもちろん、全ウィッグ貴族とトーリー貴族の半数」をも憤慨させた結果起きた。こうして、イギリスでは「議会支配権」が確立されることとなる。[21] バジョットによれば、ステュアート家を復位させ議会からの支配権の奪還をねらうジャコバイトの騒擾に悩まされた一八世紀前半においては、この「議会支配権」こそが、ウィッグの主要な原理となった。そのような難局に直面しながら、ハノーヴァー家の王位を支持するウィッグ支配がこのように長期にわたって維持され続けたのは、「国民の分別と感受力（judgement and sense）とが、議会による支配を好んだ」からであった[22]。

近年のイギリス史が、この双方の好例を与えている。ハノーヴァー家の即位［一七一四年］後、多年にわたって、自由党はとぎれることなく権力の座に就いていた。自由党支配は、ジョージ一世の治世とともに始まり、［自由党は］ジョージ三世の治世が始まるまでとぎれることなく君臨した。つまり、四六年もの間である。……国民が、その時代の保守的な考えにそぐわない類の、さらにはその時代の保守党員が排除されている類の政治運営を一貫して必要としているために、自由党が一貫して権力の座を維持するということがある。これが、二つの治世全体におけるイギリスの状態であった。つまり、ジョージ一世の即位から、ジョージ二世の死にかけて、ウィッグ党は、継続的に政権を担当した[23]。

次に、ジョージ三世即位（一七六〇年）後における「真の世論」の傾向について見てみよう。ジョージ三世は、王権の強化に乗り出し、前二王時代における先述したような「ウィッグ優越」状況を打開するために、トーリーに肩入れして議会政治に干渉を始めた。その結果として、一七六〇年以後はトーリー政権が連続して成立することとなった。バジョットによれば、「ジョージ三世の治世のほとんどにおいて、彼の望みは、民衆の望みと正反対であるか、これら二者の望みが一致していたとしても、それが有害なものであった」かであった[24]。ただし、そのような状況においても、イギリス政治の基本路線は、ウィッグ寄りであった。数多くの政治家論を残したバジョットが、最高の評価を与えた政治家こそ、この時代にトーリー政権の首相を務めた小ピットであった。バジョットは、ピットが反動的であったという同時代の一般的な評価を一面的なものと批判する中で、ピットのウィッグ的な側面を前面に押し出している。

彼［ピット］の生涯において、民衆の記憶にもっとも深く埋め込まれている出来事は、フランス革命への抵抗である。極端なトーリーたちが彼を愛着の対象とするのも、そして、理知的な自由党支持者たちが彼を疑惑と不信の対象とするのも、このためである。しかし、この性急な推論ほど、根拠に乏しく誤りの多いものはない。ピットの生涯の他のすべての時期において、彼が計画として好んだものの本来的傾向は、一様に自由党寄り（liberal）であった。フランス革命期においても、彼はただ、教養のある人々も含めて、イギリス民衆の大多数がよく考えて望んだことを行ったにすぎない。つまり、彼は、不安顔で疑いながら、彼の本来的な傾向に反してそれを行っていたのである。やはり、フランス国民の気性とイギリス国民の気性とを考えれば、あの重大事に、万が一にも両国間の戦争を回避できるかは非常に疑わしかった。現代を特徴づける立法的改善の精神は、彼が主導する政治運営において始まったと言える。彼は、現在を特徴づけるように思われる教養豊かな思考と入念な思慮で政治的問題を議論したイギリス初の政治家であった。政治的知識において、彼はフォックスに優ること測り知れず、平素の出来事に正しい原理を適用する実践において、彼は同様にバークに優る[25]。

さて、名誉革命後の政治史において、トーリーによる政治主導は、よく知られているように、フランス革命後約四〇年間がもっとも強力であった。この時代は、自由主義的な政策を推進したピットですら強硬な保守へと施政方針を転換し[26]、続いてピットの死後には反動政治の象徴的人物と見なされるエルドン卿（一七五一―一八三八年）が実権を握った。さらに、フランス革命後のイギリスでは、約一年の中断（グレンヴィル内閣）をはさんで、第一次選挙法改正直前の一八三〇年まで、トーリー政権が続くこととなった。バジョット自身、フランス革命が、国制を根本から転覆させる危険性をはらむものであったため、イギリス国民が総じて保守政権を望んだことは当然であると考えていた。しかしながら、バジョットは、このような例外的な危機的事態においてもなお、国民は保守的政策よりも改革を本来的には望んでいたと論じている。

イギリス国民がこれ［エルドン卿の反改革政策］を我慢したのはどういうわけか、とお尋ねになるかもしれない。彼ら［イギリス国民］は、本性的に非自由主義的（illiberal）ではなかった。それどころか、のろのろして用心深くはあったが、彼らは着実な改革を好む傾向があった。そして、支配者たちの無欠の完全性を決して黙認したがらなかった。[27]

一八三二年の選挙法改正以後は、バジョットによれば、世論は自由党的な立場を一貫して採りつづけている。たとえば、ピールは、トーリーの党首として、首相の座に就いた。しかし、そのときすでに、穀物法廃止の流れをくい止めることができる状況ではなかった。

しかし、それ［ピール政権］には、致命的な欠点があった。それは、誤った見解に基づいて結合していたのである。農業保護の必要性に関する意識が、その団結をつくりだし、暫時それを維持した。しかし、その確信は、現実に存在する障碍に立ち向かうことのできるものではなかった。それ［確信］は、若者がロンドンへ携えて行くが、ロンドンが即座に彼らから取り上げてしまう見解に似ている。ダウニング・ストリートの風潮は、穀物法には反対であった。そして、穀物法信仰は、ただちに死滅した。[28]

逆に、非常に有能な調停型の政治家ピールであるからこそ、トーリー党首であったにもかかわらず、自由貿易政策の推進支持という世論の動向を正確に察知して、穀物法廃止という離れ業をやってのけることができたというのが、バジョットの評価である。

民の声（*vox populi*）が彼ら［調停型管理運営者］の自然宗教の一部である。……サー・ロバート・ピールは、これ［政権の管理運営における心得］をパーシヴァル氏への年季奉公から学んだ。閉鎖的な保守党との、彼の若い時分からの関係は、彼にとって不利なものと考えられてきたが、彼独自の精神が管理運営の訓練によって向上したという利点よりも、偏見に満ちた［保守党の］思想との接触によって損なわれたという欠点の方が大きいとするのは考えものである。彼は決して偉大な思想家ではなかったが、彼は本性に埋め込まれていたものを開花させた。すなわち彼は、偉大な代理人（a great agent）になったのである。(29)

次に、同時代に関するバジョットの議論を検討してみよう。一八六七年に第二次選挙法改正が成立し、新有権者の登録が完了すると、保守党首相ディズレイリは議会を解散し、総選挙が行われた。総選挙の結果、一一七議席の差をつけ自由党が大勝利を収めた。グラッドストンは、この圧倒的な多数党を擁し、第一次内閣を組織した。グラッドストンは、一八七二年二月までの長期政権を担うこととなる。この内閣は、第三章で論じたように「改革内閣」と呼ばれ、五年のうちに数多くの改革を行なった。グラッドストン自身の最重要課題であったアイルランド問題の解決――アイルランド国教会廃止（六九年）、アイルランド土地法（七〇年）――、初等教育法（七〇年）、労働組合法（七一年）、秘密投票法（七二年）などである。

ところが、グラッドストン自由党政権（六八年一二月から七四年二月）は、数々の改革を成し遂げたにもかかわらず、七三年から七四年一月までのいくつもの補欠選挙や、七四年一月の総選挙において大敗北を喫し、第二次ディズレイリ内閣が成立した。バジョットは、自由党敗北の理由を、有権者が全体として保守党支持に「実質的に転向」したからではなく、有権者がグラッドストン政権による数多くの改革の成果に満足し、当面の改革を望まなくなったからだと分析した。すなわちバジョットによれば、選挙における保守党の勝利は、有権者が「旧来の頑迷なトーリーのように反動的でもなく、……強硬なラディカルのように即座の新たな大変革にまでただちに進もうとはしなかった」ためであった[30]。バジョットは、こうした状況を、五〇年代半ばから六〇年代半ばにかけての「パーマストン時代の再来」ととらえた[31]。

バジョットによれば、パーマストン時代へのこうした回帰は、有権者が「過去四〇年間の自由党の諸法に確固とした愛着を抱いている」ことを意味していた。そのため、保守党政権は、パーマストン政権の政治手法を踏襲しなければ、長期政権を担うことは不可能と見るべきである。

保守党員たちは、国民の業務を処理できる内閣を選び、国民の諸原理［自由党的な政策］を進んで受け入れなければ、政権の座にとどまることはできない[32]。

バジョットは、このような「原理」こそが、まさに自由党により恒常的に実施されてきたものだと言い放つ。次の引用に見られるように、バジョットは、こうした原理を政策へと具体化することが可能な人材が、自由党的な精神や気性を有する人々だと判別するのである。

少なくとも、過去に固執する習慣は、それだけではあらゆる国の国民精神を不活発にする。……改良に向けて着実な変革を心から願うが暴力的な変革を嫌うような精神的あり方は、たしかに物質的繁栄にとってもっとも好ましい気性である。そして、これこそは、保守党員の気性ではなく、穏健な自由党員の気性なのである[33]。

そこで現状に目を向けてみると、保守党の中にもそのような人材を見出すことができる、とバジョットは言う。

嫌がられるといけないので、個人名は挙げないが、［現在の保守党］内閣には、ビジネスの資質を持った者（men of business）が存在する。彼らは、［保守党という］誤った立場に属している実に穏健な自由党員なのである。つまり、見解が一致するかぎりはパーマストン卿の内閣の一員であったかもしれない人々、彼［パーマストン］の統治方法が現在もっとも実行可能なものであると考えている人々、こうした人々が［現在の保守党］内閣には何人か存在している。おそらく、彼らはそのような表現で位置づけられるのを好まないであろう。しかし、より適切な言い回しで述べるなら、本質的にそういった言葉になるであろう。彼らは、不満顔の保守党員たちが、実務官僚の仕事であると……考えるような政策の権威なのである。[34]

このように、バジョットによれば、保守党内においても、「中道的見解」を必要とし、これをにらみつつ保守党政権を切り盛りできる人材が存在していた。

実際、第三章でも論じたように第一次選挙法改正後、一八八〇年代前半までは、議会内の頑迷な保守党系議員やラディカルの議員たちによる様々な議案を退けるために、自由・保守両党の指導層は協力して行動した。たとえば、三〇年代における、野党である保守党党首のR・ピールによるメルバーン政権への協力や保守党政権による穀物法廃止の成立などはこれに当たる。このように、バジョットがとりわけパーマストン政権期の議会に見いだしたように、極右・極左勢力を政治的決定の中枢から排除するという政党指導部の党運営方針は、言わば当時の憲政の常道であった。[35]

これまでに検討したバジョットの議論から判断すれば、「討論による政治」の中でイギリスを一つの国家としてまとめ上げ、政治秩序を維持しながらなおかつ政治的改良を行ってきたのは、一貫してウィッグであった。とはいえ、実際の歴史においては、ウィッグ的政策を推進しながらも、家系的事情などによってトーリーという誤った立場に属していた数多くの政治家も存在している。このような事実を加味して、より正確に言えば、バジョットの政治史観では、イギリス史において一貫して政治秩序とその漸進的改革とを同時に達成する政治的推進力となってきたのは、言うなれば「性格としてのウィッギズム」であった。小ピットやピールのようなトーリーに属した政治家もまた、イギリス政治史のメイン・ストリームに位置づけることができたのは、バジョットが、ウィッグをこのように同じ性格を共有する人々の一団として理解していたからに他ならない。この意味で、バジョットのイギリス政治史は、ウィッギズムという性格の持ち主、すなわち「ビジネス・ジェントルマン」たちが漸次つくり出してきた歴史だと言うことができる。

このような意味において、バジョットは、ウィッギズムに、イギリス人の「国民性」の典型としての位置を割り当てた。つまり、バジョットにとって、ウィッギズムこそがイギリスの「国民的な（national）」「性格（character）」なのである。バジョットにとっては、ウィッグ的であるということが、すなわちイギリス的なのである。[36] したがって、国民の意見をもっとも適切な形で表現する「真の世論」に依拠した政治運営、すなわち「善き統治」とは、党としてのウィッグあるいはトーリーに所属していることとは無関係に、ウィッギズムの持ち主である「ビジネス・ジェントルマン」が、庶民院の中心的担い手となって議論を闘わせた結果表明される結論、すなわち個別的状況における性格としてのウィッギズムの具体的発現に基づいた政治運営により実現されるものであった。

「真の世論」を歴史的に分析し、歴史の趨勢を包括的に把握するという困難な営みがウィッギズムという性格を共有する人々に可能であった理由について、バジョットは、論考「マコーリー氏」において、バークとマコーリーとを対照させて考察している。意外なことにバジョットは、同論考において、客観的に歴史を分析することができないタイプの知性の代表者としてバークを挙げている。バジョットによれば、バークは、「荘厳であるからこそ、荘厳なものには関心を抱かず、美しいからこそ美しいものには関心を抱かなかった」。なぜなら、バークは、活力に満ちあふれながらも「自らが生きる世界に完全にとけ込んで生きた」人物だったからであった。こうした「胎生の（viviparous）」知性の持ち主は、眼前を「せわしなく流れていく」現実生活との格闘に没頭するため、彼らには自らを取り巻く世界の外に立つ客観的世界理解あるいは俯瞰的歴史把握は不可能である。[37] このような知性を持つバークにとって、イギリス国制は、美的で神聖な対象としてのみ観賞しうる不可侵の存在であったため、彼は、国制を操作や活用のための道具として認識できなかった。国制には、あくまでも国政運営が依拠すべき絶対的な規則が組み込まれており、政治家はその規則を書き換えてはならない。バジョットが見るかぎり、バークの政治思想には、すぐれた政治家の手腕が国制をうまく機能させるという視点が抜け落ちている。このような歴史的視野の必要性という観点から、執筆活動開始当初に公表した「クーデタ書簡」における「ビジネスとしての政治」の創始者バークという位置づけは、論考「マコーリー氏」において修正を余儀なくされた。

このような意味に限定すれば、バークには下層ジェントリや田舎牧師ら田園地帯の人々、つまりトーリー支持層の「性格」を有する人々との類似性を見いだすことができる。すなわち、バークもトーリー的性格を有する人々も、人間の衝動性を抑制するための拘束具である服従の対象（国制、君主）が、現実世界で生きていくためには不可欠だということで一致しているのである。その結果、政治秩序の形成ならびに維持に関する他律性が、客観的・歴史的視野の保持ならびに、そうした視野に基づく客観的な状況分析を不可能にする。実際バジョットは、この点に関して、「田舎の人々は、彼ら独自の感受力（sense）を持っているのだが、壮大な世界の包括的な意味を表現するための一般的な考えや見解に近づく手段を持っていな」かったとバークに対するものと近似した評価を下している。[38]

他方、バジョットは、政治状況を突き放して客観的に見ることのできる冷静さに支えられた歴史的・総括的な視野の持ち主としてマコーリーを描き出した。バジョットは、こうした視野が「寒々とした本性（the chilled nature）」の保持に由来すると分析している。マコーリーは、この「寒々とした本性」を有していたため、偉大な「歴史家」としてイギリス史を大局的に把握し描き出すことができた。バジョットによれば、そもそも「科学的な人間」は、「自然の事物に対して大いに興味を覚える」。すなわち、貝殻や馬や鉱物や野菜に好奇心を抱き、「より高度な場合においては、壮大な現象を知り、星々の運行や波の動きを示すことができる」。このような人々の知性は、「人間の活動」ではなく、「彼が生きている世界の背景」に向けられる。歴史家も、そのような科学的な人間の一員である。すなわち、「歴史的（historical）」な人間は、「人間の過去の活動」に関心を抱き、これを研究対象とする。歴史家の知的態度は、ある出来事を「知ることだけで十分で」あり、その出来事に自らが参加する必要性を感じない。その結果、歴史家は、「もっとも多忙な生活のただ中にあってさえ、一定の超然とした態度（a certain aloofness）」をとり続けることができる。[39] すでに性格としてのウィッギズムについて考察した箇所において、この性格の持ち主は、国制を政治支配のために活用すべき道具だと見なす意識を持っていることを指摘したが、政治状況全体を客観視することのできる「寒々とした本性」を有するからこそ、そのような国制の政治的活用の意識を持つことが可能なのである。

マコーリーに見いだされるような歴史的視野の持ち主がイギリス政治を実質的に指導してきたからこそ、名誉革命以降、「真の世論」が表明され、それに基づいた国政運営が実現されてきた。たとえばバジョットは、名誉革命には、「王党派あるいは熱狂者たちを理解する」ことも、また「この世の空想物語（romance）に共感する」ことも必要ないと指摘した後、この革命の性格を次のように特徴づけている。

それ［名誉革命］には、野蛮人の粗野な熱狂も、高度な文明の繊細な優雅さもなかった。それを先導した人々は、クロムウェルを支持したピューリタンたちの篤信の精神も享楽的なイギリス・ジェントルマンたちの王党派的な忠誠心も抱いていなかった。彼ら［革命を導いた人々］は、実利的で思慮深い人々で、政治とは一種のビジネスであることを知っており、ビジネスの本質が妥協すなわち実践的譲歩であることを知っていた。彼らは理論を奉じて行き過ぎることはなかった。なぜなら、彼らは理論を持っていなかったからである。彼らの情念は、彼らを早まらせはしなかった。なぜなら、彼らの気性は平静であり、彼らの理性は計算高く落ち着いていたからである。ロックは、当時の最良の性格を有した代表的人物である。……彼は、王党派とはまったく正反対の人物であった。彼は、ピューリタン族の中から生じた。彼は、ピューリタン族の中から生まれたのである。彼は人生を通じて、一種の寒々としたピューリタニズムを奉じた。彼は、ピューリタニズムの行き過ぎの圧倒的で内面的な熱狂を持っていなかった。……ピューリタニズムを経験したあらゆる国の人々には、この世の軽薄な享楽に対する無関心のようなものを見いだすであろう。彼らは、時間と感受力（time and sense）を超越したものには強い関心を保つことができなかった。わが国の革命を起こした世代は、そのような血筋の第一世代なのである。(40)

この議論からは、名誉革命を指導した人物たちが、名誉革命以降における基本的な政治運営方針となった「ビジネスとしての政治」を開始したのだというバジョットの理解を看取できる。(41)

右に引用した議論のみならず、バジョットは、「クーデタ書簡」以来、「ビジネスとしての政治」には、「状況（circumstances）」や「時間（time）」を的確に把捉する「感受力（sense）」が不可欠だと論じ続けた。第三章や本章におけるこれまでの議論をふまえるならば、政治に必要とされる「感受力」とは、単に直面する情勢のみに対応する能力のみならず、歴史を包括的にとらえた上での状況把握の能力をも意味するものだと考えられる。この意味で、「ビジネスとしての政治」に不可欠な「感受力」とは、上述したトーリーの性格を持った人々の感受力のように、状況を客観的に把捉することのできない自己完結的な感受力とは明らかに一線を画すものである。バジョットは、当面する状況を一歩引いた視点から冷静に分析し理解することができなければ、政治的細目業務を状況全般の中に適切に位置づけることも不可能となり、その結果として、その状況の改良や改善の余地を見いだすことはできないと考えた。

政治的判断における歴史的要素の考慮の必要性という観点からは、「感受力」と理性（reason）との対照も指摘できる。すでに論じたように、バジョットが「クーデタ書簡」において、政治を「不易の倫理学」の一部門と見なすことに異議を唱え、政治における「ビジネス」の要素を前面に押し出した理由は、倫理学的な政治観に基づく政治的判断が理性一辺倒のものに陥ることになり、結果として当該状況の歴史性や個別具体性との関係を欠いた非現実的判断とならざるをえないからである。他方、感受力に基づく政治的判断には、当該状況に関連する個別具体的で歴史的な要素の引証が必要不可欠となる。この点から見れば、「ビジネスとしての政治」を行う起点として、バジョットが「細目事項（detail）」を重要視するのも、この細目事項こそが、従前の状況との密接な接続を最大限に保持している要素だからである。この意味で、卓抜した歴史的視野を持ちながら、細目事項の政治的重要性を認識することができなかったマコーリーは、第一級の歴史家ではあったが、「政治家」としては旧来型のウィッグに位置づけざるをえない、というのがマコーリーに対するバジョットの総合評価である。(42)「イギリス国制」は、そのような細目の個別的状況が集積した総体として、政治的判断のための最大の引証基準とも言うべきものなのである。ただし、すでに述べたように、この国制は、バジョットから見たバークにとっての国制のように絶対的な基準ではない。「ビジネスとしての政治」の担い手にとって、国制は、第一章で論じたように「信従」の対象ではあったが、基準としての位置づけを与えられながらも、あくまでも、この種の政治手法のために活用され、また修正を施されるべき素材として理解されている。

「ビジネス・ジェントルマン」がイギリス国制を中心とする制度に対して見いだす信従心は、既存の政治秩序に関するこのような改変可能性の認識の可否という点において、本章第一節や前章で検討してきた選挙民や非有権者層の信従心とは異なる。バジョットは、制度に対する「ビジネス・ジェントルマン」の信従心を国政運営上不可欠のものとして重視する反面、こうした制度が有する「古さ」、伝統的要素がイギリス社会の進歩の阻害要因となる危険性も指摘している。

人類が作ったもっとも威厳堂々とした制度は、もっとも古い制度である。世間は変転きわまりなく、その欲求も揺れ動いている。そのため、最上の制度であっても、外面では力を保ちながらも、内面では力を失いがちである。したがって、最古の制度が現在ももっとも実効的だと期待してはならない。古びたものが、その伝承された尊厳性のために影響力を持っていることを期待するのはよい。しかし、それが、近代世界にふさわしく本質的にその精神を宿し、近代的生活に適した新たなものにも同様に影響力を持っていると期待してはならない。(43)

選挙民や非有権者層は、いわば「古さ」それ自体の具体化である国王や地主貴族などの表象に信従する。こうした意味で、これらの人々は、改変可能性の存在しない現存の政治社会の中で生きている。他方、「ビジネス・ジェントルマン」の制度への信従は、時代状況の変化に対応して、制度とは改良されるべきものであるという視点を失わない。この点で、「ビジネス・ジェントルマン」の信従心は、制度に表現されている既存の国政運営方針に十全な配慮を払いながら、イギリス社会の新たな要請に応えることを可能にする信従心、イギリス代議政治の成立要件であるものの社会変化の抵抗要因でもある「信従社会」において、進歩を実現することが可能な信従心であった。

このように、信従が「ビジネスとしての政治」をうまく機能させる力量への信頼に寄与してこそ、時代状況に適応した「真の世論」の形成が可能となる。あるべき世論としての「真の世論」を歴史的視野に基づいて能動的に発見する営為だという点で、「ビジネスとしての政治」は、地主貴族によるあるがままの状況をそのまま後代へと伝承する単純再生産的な政治手法の対極に位置するものである。伝統的な地主政治の特徴は、彼らの存在そのものが既存の権威を体現することによって国民の服従を喚起し、秩序形成を可能にすることにある。たとえば、所領全体を見渡すことのできる高台に建つ地主のカントリー・ハウスや貴族の豪華絢爛な服装そのものが、地主貴族たちの権威となり、彼らの所領で農業に従事する労働者たちが彼らに服従するための確固たる根拠になる。(44) バジョットが指摘するように、「演劇的要素」

を構成する地主階級の人々の場合には、従前通りの生活を営むことそのものがまた、政治支配の機能を果たすことをも意味することになるのである。しかしながら、この伝統的支配層単独によって行われる経営感覚を欠いた政治運営が、ヴィクトリア時代中葉には、もはや時代遅れで誤ったものだというバジョットの認識は、本書のいくつもの箇所で明らかにしてきたことである。

「ビジネスの時代」のイギリスにおいて、政治秩序を維持しながら、様々な政治改革を行い、さらに工業化と経済成長のさらなる増進を図るためには、地主貴族が行ってきた旧来型の政治、つまり、あるがままの状態をそのまま保全するような無為の政治は、もはや不適当である。政治的、経済的情勢の変転著しい「ビジネスの時代」における政治支配者層は、国政が進むべき方向を積極的に見いだし国民を先導していかなければならない。こうした目的を達成するためにこそ、「真の世論」の発見が不可欠になるのである。すなわち、有権者層の多種多様な意見を調整し練り上げて、あるいはそうした見解が不明確な場合には、イギリス政治史を成功裡に導いてきたウィッギズムという性格に問いかけて、「真の世論」を発見するという活動を通じ、「ビジネス・ジェントルマン」は、国民を指導していく道具としての政治目標を創出しなければならない。この意味では、「ビジネスとしての政治」とは、自治の運営という世界史的に希有な難業を堅実に実施し、工業化と未曾有の経済的繁栄をなし遂げたイギリス国民の欲求や活力に積極的・能動的に働きかけることで、国民の活力を最大限に動員して、国家経営が進むべき目的へ方向づけるための「真の世論」という支配イデオロギーの創造を通じた、国民指導の営みであった。

本書の冒頭で、バジョット政治学における名望家支配的な特徴を強調したが、そうした意味において、「真の世論」の実現を重要な政治目的に掲げるバジョットの「政治」観は、大衆民主主義の足音が徐々に大きくなる当時のイギリスで、多くの政治家や知識人によって当然視されることとなった功利主義的な政治的思考とは対照的なものであった。これまでたびたび論じてきたJ・S・ミルやF・ハリソンらラディカルの知識人たちは、普通選挙制の実現を究極の政治目標にすえるという意味で、政治とは、民衆個々人のありのままの欲求を実現することを任務とするものであって、「世論」とは、そうした欲求の総和であると見なしていたと言える。そうであるからこそ、ミルは、政治が実現すべき利益の出所としての民衆個々人の欲求の質を高めるために、民衆教育の重要性を訴えたのである。また、第二次選挙法改正以降のイギリス議会政治は、「ミドロジアン・キャンペーン」を行ったグラッドストン、「トーリー・デモクラシー」の発明者ディズレイリという二人の大物政治家による有権者支持の争奪戦であった。

他方、「真の世論」に基づく政治というバジョットの政治観は、これらの知識人や政治家たちの政治観とは根本的に質を異にするものであった。バジョットがイギリス代議政治において実現させようとした、あるいは代表させようとした政治的利益は、個々人の欲求——政治的エリートのものも含めて——ではなかった。それは、秩序維持と進歩とを同時に達成する中で、政治的・経済的・社会的繁栄を可能にしてきたイギリス史の牽引役たちの「性格」が、直面する政治状況とイギリス史における成功事例の具体的集積としてのイギリス国制とを突きあわせることを通じて発見される。このような意味で、「真の世論」とは、少数の人々にしか保持を認めることのできない、歴史の中で培われてきたイギリス的「性格」と歴史との対話の産物であった。このように、バジョットが主張した「ビジネスとしての政治」は、有権者個々人の多様な要求を集約した結論として政治運営方針が決定されるような、大衆民主主義時代の管理運営ビジネスのことではなかった。バジョットの政治学とは、名望家支配の政治像を基調として、イギリスの国家的成功の要諦を引証基準にすえながら、現実の具体的政策を導き出していく方法を探り出すことをめざしたリーダーシップの政治学であった。

後世から見れば、このような特徴を持つバジョットの政治学は、グラッドストンやディズレイリという大政治家たちが推進した大衆民主主義化という大きな潮流の中で埋もれてしまったのかもしれない。こうした流れの早期の段階で、バジョットは五一歳という若さでこの世を去った（一八七七年）ため、そうした新時代に対する彼の直接の発言を聞くことはできない。しかしながら、イギリス政治におけるウィッグ政治指導の継続が十分に可能だと判断できる時代に生きたからこそ、バジョットは、熟慮を欠いた多勢の意見を、多勢の意見だからという理由で、安易に政治家自らの政治的指針とすることのない真摯さと責任感とに支えられるべき政治家の政治的リーダーシップ論を提出することができたのである。

〔註〕

（1）HUP, p. 273.

（2）*EC*, p. 168〔三〇四—五頁〕.

（3）二〇〇一年に公刊されたケンブリッジ版『国制論』の編者P・スミスも同様の指摘を行っている。W. Bagehot, *The English Constitution*, ed. by P. Smith, Cambridge University Press, 2001, 'Introduction,' p. xxi.

（4）D. Kavanagh, 'The Deferential English: A Comparative Critique,' *Government and Opposition*, Vol. 6, 1971, No. 3, p. 334. バジョット信従心論に関するキャバナーのような不十分な理解は、『国制論』第二章だけに考察対象を限定していることから生じている。しかし、本節で明らかにするように、『国制論』には、信従心に関するそうした不十分さを是正するいくつもの議論が存在している。Cf. T. A. Jenkins, *Parliament, Party and Politics in Victorian Britain*, Manchester University Press, 1996, pp. 5-7.

（5）『国制論』における「信従心」についての言及は、全部で六カ所ある。それらを順に示せば、第二章「議院内閣制の必要条件ならびにそのイギリス的特殊形態」、第四章「貴族院」、第六章「庶民院」に二カ所、第九章「国制の歴史とその成果」、「第二版の序文」である。

（6）*EC*, p. 311〔二〇〇—一頁〕.

（7）*Ibid*., p. 169〔三〇六頁〕.

（8）*Ibid*., p. 311〔二〇〇頁〕.

（9）*Ibid*., p. 310〔一九九頁〕.

（10）関口正司「バジョット『イギリス国制論』における信従の概念について」『法政研究』第七二巻四号、九五五頁。

(11) *EC*, p. 170〔三〇七頁〕.

(12)「尊厳的部分」に関するこのような解釈は、次の論文で明確に打ち出されている。関口正司「バジョット『イギリス国制論』における信従の概念について」九二九頁。同論文は、イギリス国制の歴史に関するバジョットの議論をはじめて手がかりにして、『国制論』における信従心概念を検討した論文である。前章第一節や本節で扱った議論は、この論文に多くの示唆を受けている。

(13) HUP, pp. 273-4.

(14) *EC*, p. 306〔一九四頁〕.

(15) NM, pp. 160-1.

(16) SP2, pp. 220-1; *EC*, pp. 249-50〔一一九頁〕; NMP, p. 199; CSCR, p. 227 にも同様の議論が見られる。

(17) SP2, p. 223.

(18) CLCR, p. 228.

(19) *Ibid.*, p. 227.

(20) バジョットは、パーマストン政権について、たとえば次のような評価を下している。「パーマストン卿の第二次政権時においてさえ、その［パーマストン的現状維持の］単調さを打破し、多くの革新を具体化したグラッドストン氏の偉大な予算があった」。NMP, p. 199.

(21) *EC*, p. 390〔二九三頁〕.

(22) CLCR, p. 232.「議会改革以前の歴史とその教訓」では、ここで述べられている「国民」がより具体的に表現されている。すなわち、バジョットによれば、「国民の真の見解は、裕福な商業階級（the wealthier trading and merchantile classes）の見解と一致していた。彼らはハノーヴァー家を熱望し、国民は、熱望とまではいかなかったが、ハノーヴァー家を好んだ」のであった。HUP, p. 279.

(23) CLCR, p. 231.

(24) Pitt, p. 136.

(25) *Ibid.*, pp. 124-5.

(26) この時期のトーリー支配について、バジョットは次のように論じている。「近年に関して言えば、一七九二―三年から一八三二年までの四〇年間は、ピット内閣がトーリーになった時代であるが、ただ少しの切れ間を除けば、保守党が継続的に権力の座に就いた。一八三二年から、現在［一八七四年］までは、非常に短い中断を挟んで、自由党が継続的に権力の座に就いた。国民に最適の政党が、最適であるという理由のために、政権を握るようになっているのである」。NMP, p. 200.
(27) FER, p. 315.
(28) PMP, p. 185.
(29) CSCR, pp. 256-7.
(30) NMP, p. 199. 自由党の一連の国政選挙における敗北は、ラディカルの支持を受けたグラッドストンの税制やアイルランドに関するさらなる改革熱を、自由党穏健派やその支持層が改革の行き過ぎに帰結するものとして恐れ、グラッドストン政権支持から離脱したこと、さらには、穏健派のそうした恐怖が保守党に巧みに利用されたことを原因とするものであった。A. Hawkins, *British Party Politics, 1852-1886*, Macmillan: St. Martin's Press, 1998, pp. 164-5, 170-5; J. P. Parry, *Democracy and Religion: Gladstone and the Liberal Party, 1865-1875*, Cambridge University Press, 1986, p. 383; E. Biagini, *Gladstone*, Macmillan: St. Martin's Press, 2000, pp. 52-5.
(31) CLCR, p. 237; NMP, p. 199; CSCR, p. 227 にも同様の議論が見られる。
(32) RRE, p. 196; LSM, p. 213; LDWC, p. 219 にも同様の議論が見られる。
(33) *Ibid.*, p. 219.
(34) SP2, p. 222.
(35) T. A. Jenkins, *Parliament, Party and Politics in Victorian Britain*, p. 32.
(36) このような理由から、第三章でも指摘したように、バジョットが想定している「イギリス人 (the English)」を、下層中流階級であると論じているロマーニの見解は誤りである。R. Romani, *National Character and Public Spirit in Britain and France, 1750-1914*, Cambridge University Press, 2002, pp. 235-6.
(37) MM, pp. 416-7.
(38) *Ibid.*, p. 418.
(39) *Ibid.*, pp. 397-8.
(40) *Ibid.*, pp. 409-12.
(41) このような実務家的な「寒々とした本性」や「真摯さ」が強調される一方で、バジョットは、「エジンバラ・レビュー論」で、「ウィッギズム」における「ユーモア」の重要性も指摘している。バジョットによれば、ユーモアと対照をなすウィットは「枯れ果てた樹木」のようなもので、合理的な計算によってつくり出されるものであるため、当時、すでに理論上開発されていた「計算機」と同様、ウィット「製造機」のようなものも開発可能である。他方、「緑生い茂った樹木」と形容される「ユーモア」は、「性格」と密接不可分の関係にある。バジョットは、『エジンバラ・レビュー』の編集者S・スミスを「ユーモラス」な人物として描き出している。バジョットによれば、従来のスミス像はウィットに富んだ「流行の最先端を行く道化師」というものだったが、「真の」スミスは、ロンドンの都会的洗練からかけ離れ「百姓や農夫」とともに田園地帯に馴染んで生活した教区牧師であった。スミスには「強い感受性、……熱のこもった自然な喜び、人間を扱う際の力強さ、平凡な幸福が持つ……力強さ」があった。バジョットは、ユーモアとは「にぎやかな陽気さをともなった大笑い」をつくり出すものだと説明する。こうしたユーモアに愛着を覚える「性格」こそ「生き生きした活力、満ちあふれた力、力強い生気」を活力源としながら、現実的問題と積極的に関わりあいを保つウィッギズム特有の実際人の性格であり、スミスはその代表的人物であった。バジョットは、このように、魅力ある政治家として多くの国民を説得し指導するためには、chilled や earnest という要素だけでは不十分で、ユーモアのセンスが必要だと考えたのである。

ただし、他方で、バジョットは、スミスを「ユーモリストとして第一級の人物」と評価することを、次の理由から拒否した。「[スミスのユーモアは] 思索の中に実際上のものがまるでない場合でさえ、主題は実際にあるような光景から、また具体的実体や現実にあるような諸制度、表面的な事実からとられてくる。……彼スミスの陽気さについて言及する際にわれわれが意味するものが、現象の表面上の関係にあることを示している。……しかし、こういったものはユーモアの最高の話題ではない」。バジョットによれば、スミスのユーモアは、「特定の目的に対する特定の手段の不適当な言及」に傾いている。バジョットが、スミスのユーモアをこのように評価せざるをえなかった理由は、バジョットにとって、世界とは「現象の表面」や「外的事実」といった五感ですべて説明可能なものには限定されないことにあった。バジョットは「全体としてみれば、宇宙は不条理なもの」と見る。そこでは「一つの舞台」の上に無関係な個物がランダムに散在する。このような宇宙の中で、人間の肉体に宿る不滅の霊魂が現世的な行為をなすことに、バジョットは強烈な違和感を抱いていた。「人間の精神と活動との間にはどうしようもない矛盾が存在しているように思われる。魂がどのようにして商人になることができるのか。……不朽の被造物が『多額の経費』と借り方に記入することが、『運賃前払い』を請求することができるのだろうか。……これらのものが現実的でありうるのか。たしかにそれらは現実を装っている。われわれが理屈で見いだすような真実と、それらとはどのような関係があるのだろうか。……魂が靴ひもを結ぶ。精神が洗面器で手を洗う。すべてが調和しない」。バジョットは、このような感覚をまったく「もち合わせていなかった」として、スミスの評論を批判した。バジョットが「第一級のユーモア」と考えたのは、宇宙という「一つの舞台」における多様な事物の存在と、人間の霊魂と肉体の分裂の感覚を認識しつつも、ユーモアの下にそのことをあえて不問に付すことができる想像力を備えた「シェイクスピアのユーモア」であった。FER.

pp. 334-8. ちなみに、バジョットが「シェイクスピアのユーモア」として引用している箇所は、シェイクスピア／中野好夫訳、『ヘンリー四世・第二部』岩波文庫、九四—五頁。「むすび」で論じるバジョットのリアリズムは、このような現実感覚を根底に秘めたものであったということを指摘しておきたい。

(42) 詳細に見れば、バジョットは、このような観点から、マコーリーの欠点を二つ挙げている。第一に、演説における欠点である。バジョットによれば、マコーリーは、現実世界に関わることがないため、「経験」を自らのものとすることができない。その結果、マコーリーには、演説内容における進歩がなかった。たとえば、インド総督参事会の立法委員としてインドに赴任する前後を比較すると、マコーリーのインドに関する演説の程度はむしろ帰国後の方がお粗末なものとなったほどである。加えて、マコーリーのような政治家の演説では、聴衆の関心を得ることもできない。なぜなら、バジョットによれば、次のように、たいていの人間の心持ちは、自然科学者や歴史家の「寒々とした」ものとは正反対であるため、聴衆は一般的に、科学的抽象的議論などには興味を抱かず、現実の事柄のみに執着するからである。「人間の一般的傾向性は、人間に、しかもほとんど人間にのみ興味を抱くということである。世間は、世間自身に興味を抱く。群衆の知性を分析してみよ。なにが見いだせるだろうか。……平凡な能力の持ち主の努力や活力全体は、その人の持ち物や交友関係に、その人自身やその人の仲間に費やされるのである。実際、ほとんどすべての人々にとって、こうした事柄は、単に頭の中だけで考えられるだけのものではない。彼らは眺めるだけではなく、活動もするのである。人間に関する事象でわれわれ自身を多忙にしようとする衝動は、その事象を知ったり理解したりする試み以上のものがある。その衝動は、［知ること以上の］生活でわれわれを熱くさせ、人間事象を揺り動かしそれに関わるようにわれわれを刺激する。その活気に満ちたエネルギーは、無駄な骨折りや［他人との］衝突にわれわれを追いやるまで止まることもない」。このような理由から、バジョットは、「興奮で聴衆を震わせる」ような効果的な演説を行うことができる「より偉大な人々」は、「現実により深く没頭する」人だと論じている。*Ibid.*, pp. 398-400.

マコーリーの第二の欠点は、「日常生活に素早い動き」についていけないことである。概括的な視野のみを有する歴史家マコーリーは、自ら選び熟慮した政治問題についてはうまく取り扱うことができた。しかし、彼には「政党の指導者や偉大な政治家の基本的な要件」である「移りゆく徴候を巧みに認識する」政治的能力が欠けていた。バジョットは、「偉大な政治家」であるならば「巧みに感じ取ること、素早く理解すること、優れた政治的共感、警告を与える本能、即座に行動する果敢な本能」を持っていなければならないが、マコーリーはこれらを持っていなかったと述べている。LM. pp. 430-1. なお、J・ハンバーガーによれば、現実に対する「感受力の欠如した(insensitive)」人物というマコーリーに対する慣例的な評価は、バジョットの議論からはじまった。ハンバーガーは、バジョットの同時代において、彼と同様のマコーリー評価を行った人物として、H・リーヴとグラッドストンとを挙げている。J. Hamburger, *Macaulay and the Whig Tradition*, The University of Chicago Press, 1976, pp. 76-7, 218.

（43）*EC*, p. 210〔七二頁〕.

（44）J. V. Beckett, *The Aristocracy in England 1660-1914*, Basil Blackwell, 1986, p. 479.

むすび

　バジョットは、ルイ・ナポレオンによる一八五一年のクーデタを目撃して執筆した「クーデタ書簡」以降、イギリスにおいて代議政治が成功裡に導びかれてきた要因、換言すれば、代議政治における政治的リーダーシップの要件を問い続けた。彼は、同書簡においてすでにその答えを見いだしていた。その答えとは、「性格」または「イギリス人の国民性」であった。二五歳のときに与えたこの回答のより深い意味を、バジョットは、主著である『自然科学と政治学』や『イギリス国制論』を含む以後の著述活動において探っていくこととなる。「性格」に関するバジョットの認識は、本書で論じたように、より具体的に、「ウィッギズム」や「活力ある中庸」という言葉に結実することとなった。最後に、本書全体の議論を、彼の政治的リーダーシップ論の核心をなす「性格」の観点から概観したい。

　バジョットは、彼が生きた時代における最大の政治改革問題であった選挙法改正論争の中で、政治的リーダーシップの要件について発言を重ねた。バジョットは、地主階級の政治的利益の基盤であった従来の選挙制度を改変すべきであると積極的に主張した。彼によれば、「ビジネス財産」と「ビジネス教養」という独自の財産と教養を持った上層中流階級も、地主階級に加え政治支配者層に編入させた上で、支配者層全体が再編されるべきであった。バジョットは、このような主張を展開していく中で、政治運営のあり方そのものも変革されるべきことを訴えた。すなわち、イギリスの代議政治は、銀行家や大工場経営者たち「ビジネス・ジェントルマン」が有する組織運営手法に基づいて行われなければならないものとされたのである。バジョットが、彼ら「ビジネス・ジェントルマン」の経営感覚の中核に見いだしたのが、「ウィッギズム」あるいは「活力ある中庸」という「性格」であった。このように、少数者にのみ獲得可能なウィッギズムという性格を考慮に入れれば、バジョットが想定していた代議制国家とは、ロマーニらが指摘しているような、下層中流階級の自由な討論から形成されるボトム・アップ型の国家ではなく、政界や実業界のエリートの経営手腕が十全に発揮されることで、国民全体が牽引されるトップ・ダウン型の代議制国家だと解釈しなければならない。(1)

組織運営としての「ビジネス」という営為が性格によって支えられているという議論は、ヴィクトリア時代において、バジョット独特の議論であった。第一に、実業界に対しては、金融業は除かれるものの、金儲けを目的とする商売に実業家自らがたずさわる卑しい営為だと見なす伝統的なビジネス蔑視論が、地主層を中心に、イギリス国内に広範にかつ根深く存在していた。実業家当人たちも、こうした風潮の中で、自らを典型的な中流階級――上層であっても――の一員に含めることを拒否する傾向が強かった。第二に、中流階級内部においても、個人的努力を必要とするとはいえ地主階級によりつくり出される伝統的なイギリス社会との接続を強固に有する職業としての官吏や法律家といった「専門職」に対しては高い評価が与えられたものの、実業界はそうした専門職への門をたたくことのできない成り上がりが属する格下のステージに位置づけられていた。また第三に、実業界の中には、「ビジネス」という営為の政治における重要性を積極的に主張した「行政改革協会」に属するような経営者たちもいたが、政治における「ビジネス原理」のより厳密な内容を論じるほどにはビジネスの内容を吟味しなかったことから明らかなように、人間の生における態度を基礎づけるものとされた性格との関連性にまで踏み込んで「ビジネス」が検討されることはなかった。(2)

ビジネス的価値に対する同時代のこうした冷ややかな認識を、バジョットももちろん知っていた。バジョットは、『国制論』において、「ビジネスとは、本当のところ、[単なる] 享楽 (pleasure) よりもずっと心地よい (agreeable) ものである。すなわち、それは精神全体 (the whole mind)、つまり人間本性全体 (the aggregate nature of man) をより持続的に、より深く惹きつける。しかし、ビジネスはそのようには見えない」と論じる。[3]「見えない」という一般的論調を正面から受けとめ、なおかつそうしたビジネス批判に応答する必要を痛感したからこそ、バジョットは、「ビジネス」の本質が「性格」に基礎づけられるものであるという独自の主張を力説せねばならなかったのである。

政治的リーダーシップ論の観点から論じられたバジョットの性格論は、ウィッグの政治的思考とバジョットの政治的思考との相違を示すものであった。従来のウィッグの政治論は、諸勢力の理想的混合や「均衡（balance）」による政治的安定の維持を主要な目的としていた。この意味で、ウィッグの伝統的思考は、安定的な静態的社会を政治社会のモデルとした。他方、バジョットのウィッギズム論も、相反する場合もあるような多様な事物が適度に調整された均衡をつくり出す「妥協（compromise）」の方策を高く評価するものであった。しかし、バジョットは、一八世紀に理想とされたような、外的諸勢力の静態的均衡や、コリーニがM・アーノルドの性格観に指摘したような、創造的行為を導かない精神の安定的均衡を説いたのではなかった。[4] バジョットが、地主階級のみならず、従来のウィッグの政治手法をも批判して「ビジネスとしての政治」の必要性を唱えた理由はここにある。すなわち、バジョットには、従来のイギリス国政運営は、時代遅れの「歴史的現象」と断じざるをえないものであった。急速な産業化を成功させ「ビジネスの時代」に突入したイギリスにおいては、そうした保全の政治では、社会の様々な要請に適切に対応できない。このような認識を持ちつつバジョットは、ウィッギズムという性格に、政治的改良を強く志向する動態的な特徴を見いだした。すなわち、バジョットは、彼が重視した秩序の安定を導くこの均衡を、一九世紀的語彙としては、「活力」の要素を色濃く含む「性格」内部に求めることにより、いわば、諸個人に内面化したのである。バジョットは、こうした性格論を提出することによって、マコーリーも含めた旧来型のウィッグからの脱皮を図った。すなわち、バジョットは、ウィッギズムを性格として論じることを通じて、極端に陥らない「均衡」を維持しながら、なおかつ、改善改良を追求していく進取の「活力」を内包する、という獲得することの困難な性格を有する個々人が、国家の適切な運営や実業界の指導を通じて実現する動態的な社会をめざしたのである。

バジョットがイギリス代議政治の運営を担う政治家個々人の性格そのものに「活力」と「均衡」双方の具備の必要性を強調したことに端的に表れているように、彼の性格論は、進歩の実現を多様な個性や性格の持ち主の確保によって維持していくべきと考えるJ・S・ミルやJ・モーリー、F・ハリソンらラディカルの知的潮流には含まれない。(5) ミルは、多彩な人材の多様な意見の衝突や競争それ自体が、社会の発展を生み出す活力を創出し、多様性の確保そのものが偏傾の矯正作用――たとえば、「世論の専制」に対する矯正――となると考える社会モデルに基づいて政治的思考を展開した。(6) しかし、バジョットはそうではなかった。バジョットが、このように、性格内部の均衡を重視して、個々人における自制的要素の重要性を訴えた理由は、進歩の状態の対極として、個々人が陥る狂気や社会的狂気としてのパニックに端を発する政治秩序の崩壊を、彼がもっとも恐れたからだと言える。

この点に関して、進歩の失敗に東洋的「停滞(stationary)」を見いだすミル的発想との相違を指摘できる。すなわちミルは、バロウが論じているように、進歩の条件として、宗教的権威と世俗権力、土地所有階級と産業家階級、国王と民衆など「社会(community)」における最有力の「敵対勢力(some rival power)」同士による「衝突(conflict)」を挙げ、一方が他方を抹殺することになれば、「第一に沈滞」が、続いて「衰退」が訪れると論じた。(7) つまり、ミルにおいては、進歩の決定的要因とは、多様な要素の衝突そのものであった。他方バジョットも、『自然科学と政治学』で、「討論」という意見の衝突が「進歩」や「改良」の必要条件であると論じた。しかし、彼の議論の力点は、衝突それ自体よりも、むしろ秩序を破壊することなくそうした衝突を行うことができる「活力ある中庸」という性格にあった。(8) バジョットのこのような議論から判断すれば、彼は、そのような性格の人々が存在していなければ、討論は結論を導く方向へは進まず、意見の衝突以前よりも、敵対する諸力は分裂の度を深め、秩序の維持はより困難になると考えていたと解釈できる。

「真の世論」とは、ウィッギズムという性格が具体的な政治的表現をとったものであるという議論からも、バジョット政治論における動態的社会の特徴を見いだすことができる。たとえば、数的多数者としての下層中流階級あるいは労働者階級といった特定の階級や労働組合の利益を代表するというラディカルの政治路線が徹底されれば、結果として、イギリス政治全体が、固定的な人的集団の利益を代弁するという意味における静態的な活動となってしまう。「生きた現実」を考慮しないミルらラディカルの抽象的な「紙上の解説」は、こうした観点からも批判されるべきものであった。これに対し、バジョットが論じた「ビジネスとしての政治」は、歴史的に形成されたウィッギズムという性格を通じて、直面する政治状況に対する個別具体的対応が要求される活動、すなわち歴史の中で変化するイギリス社会の潜在的欲求を顕在化させるという高度に動態的な活動であった。ただし、バジョットが想定する動態的社会には、何度も述べたように、社会の進路を偏ることなく指し示すことができるウィッギズムの「均衡」が不可欠のものとして要求されるのである。

このような均衡を伴う性格を保持しているからこそ、本書で論じてきたように、「ビジネス・ジェントルマン」は、国政運営上不可欠のものとして要請される政務に対するリアリズムの態度を貫くことが可能となる。この性格は、フランス人の国民性やイギリスの下層労働者階級に表面化しがちの無抑制的な衝動を克服しながらも、トーリーのように権威への盲目的な服従には陥らないという、自律的な一種の「本能的」状態として説明されるものであった。討論を中心的な要素とする「自由な統治」としての自治の形成・維持にとって大きな障碍となるこれら諸勢力を自治の領域から排除することの正当性を論証し、「ビジネス・ジェントルマン」による国政運営を成功させるためにこそ、『イギリス国制論』において、「尊厳的部分」の主たる役割が明らかにされたのである。バジョットによれば、こうしたウィッギズムの自律的状態とは、既存の諸制度の活用を、その制度への「信従」を通じて、いわば身体化された知性の次元において体得されるほどの人間精神の深奥部から規定されるものであった。このような心的状態にある人間こそが、現実を忘却した狂乱状態への没入と超越的存在への安易な陶酔とを回避し、現実生活の中に踏みとどまることができる強靭な精神の持ち主であると見なすことができる。このような意味におけるリアリストこそ、変転著しい「ビジネスの時代」における政治的営為において、もっとも現実的な「細目事項」の処理に有意性を見いだし、かつ多種多様な細目の前にひるむことなく、加えてそうした膨大な細目が強いるかぎられた選択肢を直視しながら、最善の現実的「妥協」の政策を打つことができる人材だとバジョットは考えた[9]。バジョットは、ウィッギズムを有する人々に固有の政治的リアリズムを、「エジンバラ・レビュー論」において、次のように描写している。

この党派［ウィッグ］に特徴的な知性は、決まって高尚な種類のものではない。その知性には、偉大な発見をしたり、無限の計画を追求したり、また帝国や名声という幾分突飛な夢によって世界を驚かそうとする欲求がない。われわれがナポレオンに見るような、また昔の征服者たちに想像するような、勇敢な天才的人物が有するかの恐ろしい本性は、彼らの冷静で穏やかな判断力にはまったく存在しない。彼らの能力は、実際ほとんど知的とは言えないものであり、それは……われわれが本性と呼ぶようなものに存している。……彼らの卓越性が知性的なものであるかぎりにおいては、それは、なんらかの優れた天賦の才をとりわけ有することにあるのではなくて、いくつかのものあるいは多くのものを一度に享受し、適切に調整することにある。すなわち、われわれが判断力あるいは感受力(judgement or sense)と呼ぶ精神的諸機能の一定の均衡(a certain balance of faculties)にある。そのような均衡は、なされるべき事柄に諸能力を落ち着いて向けさせるものであり、一様な平静さ、忍耐強く持続的な用心深さなくしては維持することができない。そうした人々においては、道徳的本性と知性的本性とが融合している[10]。

バジョットは、ウィッギズムをこのように説明することによって、「ビジネス・ジェントルマン」が、単なる小手先の政治術という次元を超えて、人間の精神や活動を深奥から規定する「性格」の次元において、代議政治の運営に適した人材を提供できることを明らかにした。バジョットの政治学とは、こうした意味において、「ビジネス・ジェントルマン」による支配の政治的有効性を主張し、かつ彼らに政治的支配の方法を伝えることを目的とした「ビジネス・ジェントルマンの政治学」だったのである。

〔註〕

（1）R. Romani, *National Character and Public Spirit in Britain and France, 1750-1914*, Cambridge University Press, 2002, pp. 234-6. Cf. R. Colls, *Identity of England*, Oxford University Press, 2002, pp. 51-5.

（2）Cf. M. J. Wiener, *English Culture and the Decline of the Industrial Spirit 1850-1980*, Penguin Books, 1981〔原剛訳『英国産業精神の衰退——文化史的接近』勁草書房、一九八四年〕; W. D. Rubinstein, *Capitalism, Culture, and Decline in Britain 1750-1990*, Routledge, 1993〔藤井泰・平田雅博・村田邦夫・千石好郎訳『衰退しない大英帝国——その経済・文化・教育 一七五〇—一九九〇』晃洋書房、一九九七年〕; G. R. Searle, *Entrepreneurial Politics in Mid-Victorian Britain*, Clarendon Press, 1993; H. L. Malchow, *Gentlemen Capitalists: The Social and Political World of the Victorian Businessman*, Stanford University Press, 1992; F. Harrison, *Order and Progress*, Longmans, Green and Co., 1875, ch. 12.

（3）*EC*, pp. 279-80〔一五九頁〕.

（4）S. Collini, *Public Moralists: Political Thought and Intellectual Life in Britain 1850-1930*, Oxford University Press, 1991, pp. 101-2.

（5）「はじめに」で述べたように、このような意味で、H・S・ジョンズらが論じているようには、バジョットをJ・S・ミルらと同質の「リベラル」に含めることはできない。H. S. Jones, *Victorian Political Thought*, Macmillan, 2000, ch. 3. Cf. J. Burrow, *Whigs and Liberals: Continuity and Change in English Political Thought*, Clarendon Press, 1988.

（6）Cf. J. S. Mill, *On Liberty and Other Writings*, ed. by S. Collini, Cambridge University Press, 1989 [1859]〔山岡洋一訳『自由論』光文社、二〇〇六年〕.

（7）J. S. Mill, *Considerations on Representative Government, Collected Works of John Stuart Mill*, Vol. XIX, ed. by J. M. Robinson, University of Toronto Press, 1977, p. 459; J. Burrow, *Whigs and Liberals*, ch. 5, esp. pp. 106-7; S. Collini, *Public Moralists*, pp. 94, 101-3.

（8）*PP*, p. 142〔二六七—八頁〕.

（9）このように「ビジネス・ジェントルマン」が非常に高い政治的能力を有する人々としてバジョットに想定されていることが、彼が新たな政治支配者層の資格要件を厳格にとらえていたことを証明する。こうした点から、バジョットは、第三章で論じたように、実務処理熱に浮かされて、本来の目的を考慮することもなく目先の事象に没頭する浅薄な部類の「実業家」を批判している。SDMB, p. 140.

（10）FER, p. 320.

文献一覧

（1）一次資料

〔略号〕

CW　*The Collected Works of Walter Bagehot*, ed. by St John-Stevas, N., The Economist, 1965-86.
ES　*Economic Studies*, ed. by Hutton, R. H., Longmans, 1880.

Hansard's Parliamentary Debates, 3rd series.
The Times.

Austin, J., *A Plea for the Constitution*, London, 1859.
Arnold, M., *Culture and Anarchy and Other Writings*, ed. by Collini, S., Cambridge University Press, 1993〔多田英次訳『教養と無秩序』岩波文庫、一九四六年〕.
Bagehot, W., 'Letters on French Coup d'Etat of 1851', *CW*, IV, 1852.
——— 'The First Edinburgh Reviewers', *CW*, I, 1855.
——— 'Dull Government', *CW*, VI, 1856.
——— 'Average Government', *CW*, VI, 1856.
——— 'Intellectual Conservatism', *CW*, VI, 1856.
——— 'Mr. Macaulay', *CW*, I, 1856.

——'The Character of Sir Robert Peel', *CW*, III, 1856.
——'Our Governing Classes', *CW*, VI, 1856.
——'Parliamentary Reform', *CW*, VI, 1859.
——'Present Aspects of Parliamentary Reform', *CW*, VI, 1859.
——'Mr. Disraeli', *CW*, III, 1859.
——'Lord Macaulay', *CW*, I, 1859.
——'The History of the Unreformed Parliament, and its Lessons', *CW*, VI, 1860.
——'Mr. Gladstone', *CW*, III, 1860.
——'William Pitt', *CW*, III, 1861.
——'Sir George Cornewall Lewis', *CW*, III, 1863.
——'Lord Palmerstone at Bradford', *CW*, III, 1864.
——'A Simple Plan for Reform', *CW*, VI, 1864.
——'Politics as a Profession', *CW*, VI, 1865.
——'Lord Palmerstone', *CW*, III, 1865.
——'The New Ministry', *CW*, VII, 1865.
——*The English Constitution*, *CW*, V, 1865-7〔小松春雄訳「イギリス憲政論」『世界の名著60　バジョット／ラスキ／マッキーヴァー』中央公論社、一九七〇年、深瀬基寛訳『英国の国家構造』弘文堂書房、一九四七年〕.
——'The State of Parties', *CW*, VII, 1867.
——'The Death of Lord Brougham', *CW*, III, 1868.
——'The Present Majority in Parliament', *CW*, VII, 1869.
——'The Special Danger of Men of Business as Administrators', *CW*, VI, 1871.

——— 'English Republicanism', *CW*, V, 1871.

——— 'Mr. Gladstone and the People', *CW*, III, 1871.

——— *Physics and Politics*, *CW*, VII, 1867-72〔大道安次郎訳『自然科学と政治学』岩崎書店、一九四八年〕.

——— *Lombard Street*, *CW*, IX, 1873〔宇野弘蔵訳『ロンバード街――ロンドンの金融市場』岩波文庫、一九四一年、久保恵美子訳『ロンバード街――金融市場の解説』日経ＢＰ社、二〇一一年〕.

——— 'The Results of Recent Elections', *CW*, VII, 1874.

——— 'Not a Middle Party but a Middle Government', *CW*, VII, 1874.

——— 'Mr. Gladstone's Ministry', *CW*, III, 1874.

——— 'The Premiership', *CW*, VI, 1875.

——— 'The Leadership of the Liberals', *CW*, VII, 1875.

——— 'Lord Salisbury on Moderation', *CW*, VII, 1875.

——— 'Lord Derby on Working Class Conservatism', *CW*, VII, 1875.

——— 'The State of Parties', *CW*, VII, 1876.

——— 'Mr. Disraeli as a Member of the House of Commons', *CW*, III, 1876.

——— 'The Chances for a Long Conservative Regime in England', *CW*, VII, 1878.

——— 'David Recardo', *ES*, 1875-7?〔岸田理訳「D・リカードゥ論」『ウォルター・バジョットの研究』ミネルヴァ書房、一九七九年〕.

Coleridge, S. T., *On the Constitution of the Church and State, The Collected Works of the Samuel Taylor Coleridge Vol. 10*, ed. by Colmer, J., Princeton University Press, 1976.

Disraeli, B., 'Vindicatoin of the English Constitution', *Disraeli on Whigs and Whiggism*, ed. by Hutcheon, W., Kennikat Press, 1971 [1835].

Grey, H. G., *Parliamentary Government Considered with Reference to A Reform of Parliament*, London, 1858.

Harrison, F., *Order and Progress*, Longmans, Green and Co., 1875.

Hare, T., *The Election of Representatives, Parliamentary and Municipal*, Longmans, Green, Reader, and Dyer, 1873 [1865].

Hazlitt, W., 'Travelling Abroad', *The Complete Works of William Hazlitt*, Vol. 17, ed. by Howe, P. P., Ams Press, 1967 [1828].

Lewis, Sir G. C., 'History and Prospects of Parliamentary Reform', *The Edinburgh Review*, CCXXI, 1859.

——— *Remarks on The Use and Abuse of Some Political Terms*, ed. by Raleigh, T., The Clarendon Press, 1898.

Mill, J., *Political Writings*, ed. by Ball, T., Cambridge University Press, 1992 [1824or5]〔小川晃一訳『教育論・政府論』岩波文庫、一九八三年〕.

Mill, J. S., *On Liberty and Other Writings*, ed. by Collini, S., 1989 [1859]〔山岡洋一訳『自由論』光文社、二〇〇六年〕.

——— 'Thoughts on Parliamentary Reform', *Collected Works of John Stuart Mill*, Vol. XIX, ed. by Robinson, J. M., University of Toronto Press, 1977 [1859].

——— *Considerations on Representative Government*, *Collected Works of John Stuart Mill*, Vol. XIX, ed. by Robinson, J. M., University of Toronto Press, 1977 [1861]〔山下重一訳「代議政治論」『世界の名著38　ベンサム／J・S・ミル』中央公論社、一九六七年〕.

——— *Inaugural Address delivered to the University of St. Andrews*, People's ed., Longmans, Green, Reader, and Dyer, 1867〔竹内一誠訳『ミルの大学教育論』御茶の水書房、一九八三年〕.

Morley, J., *On Compromise*, Watts & Co., 1933 [1874].

Smiles, S., *Self-Help: With Illustrations of Character, Conduct, and Perseverance*, ed. by Sinnema, P. W., Oxford University Press, 2002 [1859].

——— *Character*, Bibliobazaar, 2008 [1871].

T・H・グリーン／松井一麿・浅野博夫・宮腰英一・大桃俊行訳『イギリス教育制度論』御茶の水書房、一九八三年 [1877-81]。

J・プライス／永井義雄訳『祖国愛について』未來社、一九六六年［1789］。
J・S・ミル／朱牟田夏雄訳『ミル自伝』岩波文庫、一九六〇年［1873］。

（2）二次資料

Dictionary of National Biography.

Adelman, P., *Gladstone, Disraeli & Later Victorian Politics*, 3rd ed., Longman, 1997.

Altick, R. D., *The English Common Reader: A Social History of the Mass Reading Public 1800-1900*, The University of Chicago Press, 1957.

Baker, K. M., 'Public Opinion as Political Invention', *Interventing the French Revolution*, Cambridge University Press, 1990.

Beckett, J. V., *The Aristocracy in England 1660-1914*, Basil Blackwell, 1986.

Biagini, E. F., 'Liberalism and Direct Democracy: John Stuart Mill and the Model of Ancient Athens', *Citizenship and Community: Liberals, Radicals and Collective Identities in the British Isles 1865-1931*, ed. by Biagini, E. F., Cambridge University Press, 1996.

——— *Gladstone*, Macmillan: St. Martin's Press, 2000.

Bowen, J., 'Education, Ideology and the ruling class: Hellenism and English Public Schools in the Nineteenth Century', *Rediscovering Hellenism*, ed. by Clarke, G. W., Cambrigde University Press, 1989.

Brake, L., 'The Old Journalism and the New: Forms of Cultural Production in London in 1880' *Papers for The Millions: The New Journalism in Britain 1850s to 1914*, ed. by Wiener, J. H., Greenwood Press, 1988.

Briggs, A., *The Age of Improvement 1783-1867*, Longman, 1959.

——— 'The Language of "Class" in Early Nineteenth-Century England', *The Collected Works of Asa Briggs*, Vol. 1, 1985 [1960].

Barrington, R., *Life of Walter Bagehot*, Longmans, Green and Co., 1918.

Burrow, J., *Evolution & Society: A Study in Victorian Social Theory*, Cambridge University Press, 1966.

——— *A Liberal Descent: Victorian Historians and the English Past*, Cambridge University Press, 1981.

——— *Whigs and Liberals*, Oxford University Press, 1988.

Cannadine, D., *The Decline and Fall of The British Aristocracy*, Anchor Books, 1992 [1990].

——— *Class in Britain*, Penguin Books, 2000 [1998]〔平田雅博・吉田正広訳『イギリスの階級社会』日本経済評論社、二〇〇八年〕.

Checkland, S., *British Public Policy 1776-1939*, Cambridge University Press, 1983.

Chester, Sir N., *The English Administrative System 1780-1870*, Clarendon Press, 1981.

Christie, O. F., *The Transformation From Aristocracy 1832-1867*, Seeley, 1927.

Collini. S., *Liberalism and Sociology: L. T. Hobhouse and Political Argument in England 1880-1914*, Cambridge University Press, 1979.

——— *Public Moralists: Political Thought and Intellectual Life in Britain 1850-1930*, Oxford University Press, 1991.

——— 'Presentation of *History, Religion and Culture*', *History, Religion and Culture: British Intellectual History 1750-1950*, ed. by Collini, S., Whatmore, R., Young. B., Cambridge University Press, 2000.

——— *Common Readings: Critics, Historians, Publics*, Oxford University Press, 2008.

Collini, S., Winch, P., Burrow, J., *That Noble Science of Politics*, Cambridge University Press, 1983〔永井義雄・坂本達哉・井上義朗訳『かの高貴なる政治の科学——一九世紀知性史研究』ミネルヴァ書房、二〇〇五年〕.

Colls, R., *Identity of England*, Oxford University Press, 2002.

Colley, L., *Britons: Forging the Nation, 1707-1837*, Yale University Press, 1992〔川北稔監訳『イギリス国民の誕生』名古屋大学出版会、二〇〇〇年〕.

Craig, D. M., 'The Crowned Republic? Monarchy and Anti-Monarchy in Britain, 1760-1901', *The Historical Journal*, 46, I, 2003.

Cranfield, G. A., *The Press and Society*, Longman, 1978.

Crossick, G., ‘The Emergence of the Lower Middle Class in Britain : a Discussion’, *The Lower Middle Class in Britain, 1870-1914*, ed. by Crossick, G., Routledge, 1977〔島浩二訳「イギリスにおける下層中産階級の登場：問題提起」G・クロシック編／島浩二代表訳『イギリス下層中産階級の社会史』法律文化社、一九九〇年〕.

Crossman, R. H. S., ‘Introduction’, Bagehot, W., *The English Constitution*, ed. by Crossman, R. H. S., Cornell University Press, 1963.

Davis, R. W., ‘Deference and Aristocracy in the Time of the Great Reform Act’, *American Historical Review*, Vol. 81, No. 3, 1976.

Dexter, B., ‘Bagehot and the Fresh Eye’, *Foreign Affairs*, XXIV, 1945.

Dicey, A. V., *Law and Public Opinion in England during the Nineteenth Century*, 2nd ed., 1914〔清水金二郎・菊池勇夫訳『法律と世論』法律文化社、一九七二年〕.

Easton, D., ‘Walter Bagehot and Liberal Realism’, *The American Political Science Review*, Vol. XLIII, 1949.

Guttsman, W. L., *The British Political Elite*, 3rd ed., Macgibbon & Kee, 1965.

Hamburger, J., *Macaulay and the Whig Tradition*, The University of Chicago Press, 1976.

Hamer, D. A., *John Morley: Liberal Intellectual in Politics*, Oxford University Press, 1968.

Hanham, H. J.（ed.）, *The Nineteenth-Century Constitution 1815-1914: Document and Commentary*, Cambridge University Press, 1969.

Harrison, B., *The Transformation of British Politics 1860-1995*, Oxford University Press, 1996.

Harvie, C., *The Light of Liberalism: University Liberals and the Challenge of Democracy 1860-86*, Allan Lane, 1976.

Hawkins, A., *British Party Politics, 1852-1886*, Macmillan: St. Martin’s Press, 1998.

Himmelfarb, G., *Victorian Minds*, Peter Smith, 1975.

Hoppen, K. T., ‘Grammers of Electoral Violence in Nineteenth-Century England and Ireland’, *English Historical Review*, Vol.

109, No. 432, 1994.
——— *The Mid-Victorian Britain 1846-1886*, Clarendon Press, 1998.
Houchton, W. E., *The Wellesley Index to Victorian Periodicals 1824-1900*, II, University of Toronto, Routledge & Kegan Paul, 1979.
Houghton, W. H., *The Victorian Frame of Mind 1830-1870*, Yale University Press, 1957.
Jenkins, T. A., *Parliament, Party and Politics in Victorian Britain*, Manchester University Press, 1996.
——— *Disraeli and Victorian Conservatism*, Macmillan, 1996.
Jones, H. S., 'John Stuart Mill as Moralist', *Journal of the Historical Ideas*, 53, 1992.
——— *Victorian Political Thought*, Macmillan, 2000.
——— 'The Idea of the National in Victorian Political Thought', *European Journal of Political Theory*, Vol. 5, No. 1, 2006.
Kavanagh, D., 'The Deferential English: A Comparative Critique' *Government and Opposition*, Vol. 6, No. 3, 1976.
Keaney, H., *The British Isles: A History of Four Nations*, Cambridge University Press, 1987.
Kent, C., *Brains and Numbers: Elitism, Comtism, and Democracy in Mid-Victorian England*, University of Toronto Press, 1978.
Kumar, K., *The Making of English National Identity*, Cambridge University Press, 2003.
Malchow, H. L., *Gentlemen Capitalists: The Social and Political World of the Victorian Businessman*, Stanford University Press, 1992.
Mandler, P., "Race' and 'Nation' in Mid-Victorian Thought', *History, Religion and Culture: British Intellectual History 1750-1950*, ed. by Collini, S., Whatmore, R., Young, B., Cambridge University Press, 2000.
——— *The English National Character: The History of an Idea from Edmund Burke to Tony Blair*, Yale University Press, 2006.
McWilliam, R., *Popular Politics in Nineteenth-Century England*, Routledge, 1998〔松塚俊三訳『一九世紀イギリスの民衆と政治

文化——ホブズボーム・トムスン・修正主義をこえて』昭和堂、二〇〇四年〕.

Moore, D. C., *The Politics of Deference: A Study of the Mid-Nineteenth Century English Political System*, Harvester Press, 1976.

O'brien, R. B., *John Bright: A Monograph*, Smith, Elder and Co., 1910.

Ostrogorski, M., *Democracy and the Organization of Political Parties*, Macmillan, 1902.

Parry, J. P., *Democracy and Religion: Gladstone and the Liberal Party, 1865-1875*, Cambridge University Press, 1986.

——— *The Rise and Fall of Liberal Government in Victorian Britain*, Yale University Press, 1993.

Perkin, H. J., *The Origins of Modern English Society 1780-1870*, Routledge & Kegan Paul, 1969.

Pocock, J. G. A., 'The Classical Theory of Deference', *American Historical Review*, Vol. 81, No. 3, 1976.

Richter, D. C., *Riotous Victorians*, Ohio University Press, 1981.

Romani, R., *National Character and Public Spirit in Britain and France, 1750-1914*, Cambridge University Press, 2002.

Rubinstein, W. D., *Capitalism, Culture, and Decline in Britain 1750-1990*, Routledge, 1993〔藤井泰・平田雅博・村田邦夫・千石好郎訳『衰退しない大英帝国——その経済・文化・教育 一七五〇—一九九〇』晃洋書房、一九九七年〕.

Sanderson, M., *The Universities and British Industry 1850-1970*, Routledge & Kegan Paul, 1972.

Saunders, R., 'The Politics of Reform and the Making of the Second Reform Act, 1848-1867', *The Historical Journal*, Vol. 50, No. 3, 2007.

Searle, G. R., *Entrepreneurial Politics in Mid-Victorian Britain*, Clarendon Press, 1993.

Shattock, J., *Politics and Reviewers: The Edinburgh and The Quarterly in the Early Victorian Age*, Leicester University Press, 1989.

Smith, G. W., 'Freedom and Virtue in Politics: Some Aspects of Character, Circumstances and Utility from Helvesius to J. S. Mill', *Utilitas*, 1, 1989.

Smith, P., 'Introduction', Bagehot, W., *The English Constitution*, ed. by Smith, P., Cambridge University Press, 2001.

Spring, D., 'Walter Bagehot and Deference', *American Historical Review*, Vol. 81, No. 3, 1976.

Stapleton, J., 'Political Thought and National Identity in Britain, 1850-1950', *History, Religion and Culture: British Intellectual History 1750-1950*, ed. by Collini, S., Whatmore, R., Young. B., Cambridge University Press, 2000.

St John-Stevas, N., *Walter Bagehot: A Study of His Life and Thought together with a Selection from His Political Writings*, Eyre & Spottiswoode, 1959.

——— 'Bagehot's Circle of Friends', *The Collected Works of Walter Bagehot*, XV, ed. by St John-Stevas, N., The Economist, 1986.

Stocking, G. W., *Victorian Anthropology*, The Free Press, 1987.

Taylor, A., 'Republicanism Reappearised: Anti-Monarchism and the English Radical Tradition, 1850-72', *Re-reading the Constitution*, ed. by Vernon, J., Cambridge University Press, 1996.

Taylor, M., 'John Bull and the Iconography of Public Opinion in England c. 1712-1929', *Past and Present*, No. 134, 1992.

——— *The Decline of British Radicalism, 1847-1860*, Clarendon Press, 1995.

——— 'Introduction', Bagehot, W., *The English Constitution*, ed. by Taylor, M., Oxford University Press, 2001.

Thompson, D. F., *John Stuart Mill and Representative Government*, Princeton University Press, 1976.

Thompson, F. M. L., *English Landed Society in the Nineteenth Century*, Routledge and Kegan Paul, 1963.

Trevelyan, G. M., *The Life of John Bright*, Constable and Company Ltd., 1913.

Varouxakis, G., *Mill on Nationality*, Routledge, 2002.

——— *Victorian Political Thought on France and the French*, Palgrave, 2002.

——— 'Introduction: Patriotism and Nationhood in 19th-Century European Political Thought', *European Journal of Political Theory*, Vol. 5, No. 1, 2006.

——— "Patriotism', 'Cosmopolitanism' and 'Humanity' in Victorian Political Thought', *European Journal of Political Theory*, Vol.

5, No. 1, 2006.
Von Arx, J. P., *Progress and Pessimisn: Religion, Politics, and History in Late Nineteenth Century Britain*, Harvard University Press, 1985.
Wahrman, D., *Imagining the Middle Class*, Cambridge University Press, 1995.
——— 'Public Opinion, Violence and the Limits of Constitutional Politics', *Re-reading the Constitution*, ed. by Vernon, J., Cambridge University Press, 1996.
Watson, G., *The English Ideology: Studies in the Language of Victorian Politics*, Allan Lane, 1973.
Wiener, M. J., *English Culture and the Decline of the Industrial Spirit 1850-1980*, Penguin Books, 1981〔原剛訳『英国産業精神の衰退——文化史的接近』勁草書房、一九八四年〕.
Williams, Raymond, *Keywards: a Vocabulary of Culture and Society*, Oxford University Press, 1976〔椎名美智・武田ちあき・越智博美・松井優子訳『キーワード辞典』平凡社、二〇〇二年〕.
Williams, Richard, *The Contentious Crown: Public Discussion of the British Monarchy in the Reign of Queen Victoria*, Ashgate, 1997.
Woodward, E. L., *The Age of Reform*, 2nd ed., Clarendon Press, 1962.
Wright, D. G., *Democracy and Reform 1815-1885*, Longman, 1970.
Zimmerman, K., 'Liberal Speech, Palmerstonian Delay, and the Passage of the Second Reform Act', *English Historical Review*, Vol. 118, No. 479, 2003.

T・イーグルトン/大橋洋一訳『批評の機能』紀伊國屋書店、一九八八年［1984］。

B・ウィリー/米田一彦・松本啓・諏訪部仁・上坪正徳・川口紘明訳『一九世紀イギリス思想』みすず書房、一九八五年［1949］。

M・ウェーバー/大塚久雄・生松敬三訳「世界宗教の経済倫理」『宗教社会学論選』みすず書房、一九七二年。

——脇圭平訳『職業としての政治』岩波文庫、一九八〇年［1919］。

L・カザミアン／石田憲次・臼田昭訳『イギリスの社会小説（一八三〇―一八五〇）』研究社、一九五三年［1904］。

J・グロス／橋口稔・高見幸郎訳『イギリス文壇史――一八〇〇年以後の文人の盛衰』みすず書房、一九七二年［1969］。

P・J・ケイン・A・G・ホプキンス／竹内幸雄・秋田茂訳『ジェントルマン資本主義と大英帝国』岩波書店、一九九四年［1986］。

M・サンダソン／原剛訳『教育と経済変化――一七八〇―一八七〇年のイングランド』早稲田大学出版部、一九九三年［1991］。

R・ブレイク／谷福丸訳『ディズレイリ』大蔵省印刷局、一九九三年［1966］。

V・ボグダナー／小室輝久・笹川隆太郎・R・ハルバーシュタット訳『英国の立憲君主制』木鐸社、二〇〇三年［1995］。

G・M・ヤング／松村昌家・村岡健次訳『ある時代の肖像――ヴィクトリア朝イングランド』ミネルヴァ書房、二〇〇六年［1953］。


阿知羅隆夫「一八四〇年代英国土地貴族の所領経営――デヴォンシア公爵家の家産管理と負債問題」『彦根論叢』第三一七号、一九九九年。

岩重政敏「国家構造における『尊厳的部分』と『実践的部分』（一）――W・バジョットの『英国国家構造論』のカテゴリー」『福島大学商学論集』第三九巻第四号、一九七一年。

――「W・バジョットにおける『権威』の問題」『日本政治学会年報 一九七三年――危機意識と政治理論』岩波書店、一九七四年。

岡山礼子「産業企業と人的資源管理」阿部悦生・岡山礼子・岩内亮一・湯沢威『イギリス企業経営の歴史的展開』勁草書房、一九九七年。

小川晃一『英国自由主義体制の形成――ウイッグとディセンター』木鐸社、一九九二年。

神川信彦『グラッドストン――政治における使命感』潮出版、一九七五年。

君塚直隆『イギリス二大政党制への道』有斐閣、一九九八年。

木村俊道「文明・作法・大陸旅行――ジョン・ロックとシャフツベリの対話」『政治研究』第五二号、二〇〇五年。

関口正司『自由と陶冶――J・S・ミルとマス・デモクラシー』みすず書房、一九八九年。

――「ミル――代議制民主主義と自由な統治」田中浩編『現代思想とはなにか――近・現代三五〇年を検証する』竜星出版、一九九六年。

――「バジョット『イギリス国制論』における信従の概念について」『法政研究』第七二巻四号、二〇〇六年。

添谷育志「バジョット――権威・信用・慣習」藤原保信・飯島昇藏編『西洋政治思想史 Ⅱ』新評論、一九九五年。

――「世論」佐藤正志・添谷育志編『政治概念のコンテクスト――近代イギリス政治思想史研究』早稲田大学出版部、一九九九年。

高橋裕一「一八世紀イングランドに見る所領管理『専門職』――ナサニエル・ケントの場合」『史林』第六四巻第一号、一九九四年。

辻清明「現代国家における権力と自由」『世界の名著60 バジョット/ラスキ/マッキーヴァー』中央公論社、一九七〇年。

中山章「トマス・ライトにおける尊敬されうる労働者」『ジェントルマン・その周辺とイギリス近代』ミネルヴァ書房、一九九五年。

浜林正夫『イギリス宗教史』大月書店、一九八七年。

松田宏一郎『江戸の知識から明治の政治へ』ぺりかん社、二〇〇八年。

丸山眞男「政治学」『丸山眞男集 第六巻』岩波書店、一九九五年［一九五六年］。

水谷三公『英国貴族と近代――持続する統治 一六四〇―一八八〇』東京大学出版会、一九八七年。

南谷和範「世論の国制――バジョット政治論再考」『政治思想研究』第五号、二〇〇五年。

――「『権威』の秩序――ジョージ・コンウォール・ルイスの専門家権威論とその政治観」『社会思想史研究』No. 30、藤原書店、二〇〇六年。

村岡健次『ヴィクトリア時代の政治と社会』ミネルヴァ書房、一九九五年。

村岡健次・木畑洋一編『イギリス史3 近現代』山川出版社、一九九一年。

安原義仁「近代オックスフォード大学の教育と文化」橋本伸也・藤井泰・渡辺和行・進藤修一・安原義仁『エリート教育』ミネルヴァ書房、二〇〇一年。

山下重一『J・S・ミルの政治思想』木鐸社、一九七六年。

山根聡之「バジョット『ロンバード街』における信用――『自然学と政治学』との関連から」『一橋論叢』第一三四巻第六号、

二〇〇五年。

山本正「アイルランド問題とイギリス帝国」秋田茂編著『パクス・ブリタニカとイギリス帝国』、ミネルヴァ書房、二〇〇四年。

あとがき

筆者がバジョット研究を志すことになったのは、バジョットが「クーデタ書簡」を公表したのとほぼ同じ年齢である。政治あるいは政治思想史がどのようなものなのかほとんどなにも分からずに大学院に入って以来、ほぼ同年齢のバジョットの政治に関する知見に驚き、彼から政治について教えられ導かれながら、彼の政治思想の理解を進めてきた。（政治思想史研究でこのような感じ方は不適切なのかもしれないが）政治学の師としてバジョットに出会えたことには感謝の念に堪えない。

本書は、二〇〇八年に九州大学大学院法学府に提出した博士学位請求論文を原型としている。同大学院において筆者をご指導くださった関口正司先生は、J・S・ミル研究者の視点から、ヴィクトリア時代の政治思想におけるバジョット研究の重要性に気づかれ、筆者とバジョットとの出会いの場を与えてくださった。その上で、先生は遅々として進まない筆者の研究を、ご多忙の中、温かく丁寧に導いてくださった。関口先生との出会いがなければ、本書がこうした形で世に出ることはなかったであろうし、そもそも筆者のバジョット研究も、さらに言えば研究者としての筆者すら存在しなかったであろう。本書が、関口先生から受けたご恩にほんの少しでも報いるものであればと願う。関口先生への感謝の気持ちは言葉では言い尽くせない。

木村俊道先生は、筆者の博士論文の副査をお引き受けいただいたのみならず、怠惰な筆者に対し、常に忌憚のないアドバイスをくださった。木村先生から見れば、筆者の研究はまだまだ不足ばかりであろう。筆者としては、先生の厳しい目をこれからも心に留めつつ、今後もゆっくりとではあるかもしれないが、研究を一歩一歩進めていきたい。また、修士論文と博士論文の副査を務めていただいた国際政治学がご専門の石田正治先生は、政治学における政治思想史の重要性を実感され、関口先生のもとで思想史研究を行っている院生のサポーターとして常に励ましてくださった。

同門の先輩である久野真大、朝倉拓郎、鹿子生浩輝諸氏とは、隔週で行われた政治思想史研究会（研究経過報告会）などでいろいろと教えていただいた。一～二ヶ月に一度程度の研究経過報告というハードな研究会をなんとか乗り越えることができた（?）のも、やさしい先輩方の存在があってこそだとありがたく思い出される。筆者の大学院入学時にすでに就職されていた安武真隆先生や九大の助手であった清瀧仁志先生は、いつも筆者のことを気にかけてくださった。九州大学政治研究会も、厳しくもありがたい鍛錬の場であった。修行の身である院生を、温かく見守りながらも、あれほど厳しく鍛えてくれる場はなかなかないであろう。久留米大学の森茂樹先生をはじめ、多くの先生や先輩方からいただいた鋭いコメントやあの緊張感は研究者として生涯忘れてはならない財産である。また特に、国際政治学専攻の池田有日子氏、日本法制史専攻の山本弘氏、政治史専攻の金哲、北村厚、西貴倫諸氏、さらに社会人として活躍している同門の後輩たちとは、「箱崎」の夜も含めて様々な場面で幾度も議論を交わすことができた。

本書の執筆に際しては、自らの研究に忙しい中、九大助教の西氏と大学院博士課程で法哲学を専攻する城下健太郎氏に原稿を非常に丁寧に読んでいただき多くの有益な指摘をいただいた。深く感謝したい。

トクヴィル研究者の故小山勉先生は、様々な機会を通じて、筆者をいつもやさしく励ましてくださった。博士課程進学のための外国語試験直前に、半月にわたり毎日午前中マンツーマンで行っていただいたフランス語の勉強会は、生涯忘れることがない贅沢な経験であり、コーヒーの香り漂うよき思い出である。先生のご指導は、フランス語の読解のみならずより深く「文章を読む」という行為の本質に迫るものであった。小山先生に本書をお渡しできないのは非常に残念である。

筆者の出身学部である立教大学法学部では、吉岡知哉先生から古典の魅力と西洋政治思想史の奥深さを教えていただいた。現在同大学の総長を務めておられる吉岡先生のもとで、母校は今後ますます魅力を増していくことを筆者は確信している。

松田宏一郎先生には、偶然のきっかけから学部四年で日本政治思想史のゼミに参加させていただいて以来、現在に至るまで公私にわたってお世話になりっぱなしである。ヴィクトリア時代政治思想研究を希望していた筆者に、関口先生の下で学ぶことを勧めてくださったおかげで、筆者はすばらしい環境の中で研究者への道を歩むことができた。また、博士論文執筆時から本書の原稿まで、丁寧に目を通してくださり、ヴィクトリア期の時代状況や政治思想に関して多くの貴重なコメントをくださった。本書の出版も松田先生のご尽力がなければ実現していない。

さらに、立教大学法学部の先生方からは、助教を務めた二年間以後、お会いするたびに温かい応援の言葉を頂戴している。ゼミをご一緒させていただいた李鐘元先生、川崎修先生、佐々木卓也先生、小川有美先生、原田久先生、中北浩爾先生に特に感謝したい。また、助教を同時期に務めた山本卓氏をはじめ同僚諸氏とも楽しい時間を過ごさせていただいた。

慶應義塾福沢研究センター・副所長の岩谷十郎先生にもお礼を申し上げたい。二〇〇八―九年度に、同センターの嘱託研究員として在籍させていただいたことで、慶應大学の豊かな蔵書と出会う幸運に恵まれた。博士論文から本書へとたどり着けたのは、慶應大学の蔵書を利用できたおかげでもある。

二〇〇六年開催の政治思想学会では、司会を務めていただいた添谷育志先生をはじめ平石耕氏ほか多くの方々に貴重なコメントをいただいた。同学会の学会誌『政治思想研究』第九号において、筆者の投稿論文を審査し筆者の蒙を啓く丁寧かつ有益なコメントをくださった匿名の先生方には特に感謝申し上げたい。また成蹊大学思想史研究会でも、アットホームでありかつ格調高い雰囲気の中で、筆者も報告の機会をいただき多くのことを学ばせていただいた。同研究会その他でご指導くださった半澤孝麿先生ならびに同大学の加藤節先生、亀嶋庸一先生に感謝申し上げたい。そして、九大の先輩でありOD時代に筆者のことで心を砕いてくださった兵頭淳史先生にもお礼を申し上げたい。

現在の勤務校である熊本高専八代キャンパスでは、社会科系の時松雅史先生と小林幸人先生をはじめ多くの方々にお世話になっている。「一〇年一剣を磨く」という研究者にはうってつけであるように思われる言葉がある。筆者は今後も、この言葉を肝に銘じ、一〇年後の成果に向けて精進を続けていきたい。

風行社の犬塚満氏は、学術出版が非常に厳しい状況の中、筆者のような若輩の博士論文を出版する機会をくださった。また出版の最終段階まで、筆者をとても丁寧にお導きくださっている。深く感謝申し上げたい。

家族にも感謝の言葉を伝えたい。母和子は、大学院で研究するような家庭の状況にはない中、筆者の進学を応援してくれ、また政治思想史の非常に厳しい就職状況に心配しながらも辛抱強く見守ってくれた。筆者の進路選択では、父訓弘や妹久美子にも迷惑をかけた。そして、いつ終わるとも知れないOD生活の中で、そのような生活環境であるにもかかわらず娘果歩は生まれてきてくれた。ありがとう。最後に妻文重に感謝したい。妻は、日本近代法史の研究者（研究者名は宇野文重）として、筆者との厳しいOD生活をともに戦い乗り切ってくれた。育児にも忙しい中で、妻の助けがなければ、筆者はここまでたどり着けなかったであろう。今後もお互い精進を続けていきましょう。

なお、本書に結実する博士論文の執筆過程で、二〇〇四・五年度に日本学術振興会より科学研究費補助金・若手研究（B）の交付を受けた。

遠山隆淑

二〇一一年六月

索　引

〔あ〕

〔か〕

〔さ〕

〔た〕

〔な〕

〔は〕

〔ま〕

〔著者略歴〕

遠山隆淑（とおやま・たかよし）

1974年生まれ。京都府宮津市出身。

立教大学法学部卒。九州大学大学院法学府博士後期課程単位取得退学。博士（法学）。

九州大学大学院法学研究院助手、立教大学法学部助教などを経て、現在、熊本高専（八代キャンパス）共通教育科講師。

専攻：西洋政治思想史。

主要業績：「国民性と代議制――ウォルター・バジョットのウィッギズム論」『立教法学』第78号、2010年。「世論と指導――ウォルター・バジョットの政治的リーダーシップ論」『政治空間の変容〔政治思想研究　第9号〕』風行社、2009年など。

「ビジネス・ジェントルマン」の政治学

――W・バジョットとヴィクトリア時代の代議政治

2011年7月25日　初版第1刷発行

著　者　遠　山　隆　淑

発行者　犬　塚　　満

発行所　株式会社 風　行　社

〒101-0052 東京都千代田区神田小川町3－26－20

Tel. & Fax. 03-6672-4001

振替 00190-1-537252

印刷・製本　創栄図書印刷株式会社

装　　丁　後藤トシノブ

ISBN978-4-86258-062-7